Das Einsteigerseminar

C ++

von C zu C++

Walter Herglotz

Das Einsteigerseminar
C ++

von C zu C++

Copyright © 1991-2000 by
verlag moderne industrie buch AG & Co. KG
Niederlassung Kaarst
Novesiastraße 60
41564 Kaarst
Germany
www.bhv.net

03   02   01   00

10   9   8   7   6   5   4   3   2   1

8. Auflage

ISBN 3-89360-622-X

Printed in Italy

Inhaltsverzeichnis

Vorwort

C++ - die Sprache der Praxis

Nehmen Sie doch einmal eine Fachzeitschrift mit Stellenanzeigen zur Hand. Gehen Sie die Anzeigen durch und zählen Sie für welche Programmiersprache Mitarbeiter gesucht werden.

Vermutlich kommen Sie zum gleichen Ergebnis wie ich. C++ Programmierer zählen zu den gesuchten Mitarbeitern im Bereich der Anwendungsprogrammierung.

Was sind die Gründe für diese starke Stellung? Mit C++ wurde in vielen EDV-Anwendungen der Sprung von der prozeduralen, also auf Funktionen bezogenen Programmierung, hin zur Objektorientierten Programmierung geschafft. Der reiche Sprachumfang, die exzellente Unterstützung durch eine Vielzahl von Tools und ein große Auswahl an Literatur erleichtern den Einstieg und die Arbeit mit C++.

C++ integriert weitestgehend den Sprachumfang des C-Standards. Ein Umstieg von einer prozeduralen Sprache wie C oder Pascal kann schrittweise geschehen.

Als Compiler-Sprache bietet C++ die notwendige Sicherheit und Schnelligkeit auch für anspruchsvolle Anwendungen.

Bei den graphischen Oberflächen dominiert C++ ebenfalls. Denken sie nur an Windows (Microsoft) oder KDE.(Linux).

Als Erweiterung von C kann sie auf die Ausbildung und Erfahrung der vielen C- Programmierer aufbauen. Jeder C-Programmierer kann unmittelbar den neuen Compiler benutzen. Vermutlich wird ihm der genauer prüfende C++ Compiler an einigen Stellen einen Hinweis geben, daß manche Nachlässigkeit, die in C noch erlaubt war, nun besser vermieden wird.

Im Untertitel heißt das Buch "Von C zu C++". Der Leser sollte daher zumindest Grundkenntnisse in C oder Pascal besitzen. Das Buch beginnt mit der Darstellung der privaten Datentypen mit Hilfe der Strukturen in C. Sie bilden die Grundlage für die Einführung des Klassenbegriffs in C++. Die einzelnen Sprachelemente werden dann an Hand von Beispielen erläutert.

Und am Ende steht hoffentlich mehr Spaß beim Programmieren!

Den Autor erreichen Sie unter wjh@walter-herglotz.de. Die Beispiele zum Buch finden Sie unter http://www.walter-herglotz.de im Internet.

Viel Erfolg!

P.S. Mein Dank gilt an dieser Stelle den Teilnehmern an meinen Seminaren. Ihre Diskussionen und Fragen lieferten viele, viele Anregungen.

Einleitung

Computersprachen und Problemlösungen

Computersprachen dienen dazu bestimmte Probleme exakt formulieren zu können. Und natürlich soll die gefundene Lösung mit Hilfe einer Maschine, eines Computers, nützliche Arbeit verrichten. Eine Lösung besteht aus den beiden großen Teilen - Daten und Algorithmen. Die verwendete Sprache braucht also Möglichkeiten Daten und Verarbeitungsschritte zu formulieren.

Für Daten bieten die Sprachen immer eine gewisse Anzahl von eingebauten Datentypen, die uns bei der Formulierung helfen. Die bekanntesten Datentypen sind "char" (engl. character / Zeichen), "int" (engl. Integer / Ganzzahl), "float" (Fließkommazahl) und Zeiger auf solche Variable. Damit lassen sich schon viele grundlegende Anwendungen schreiben. Insbesondere konnte man damit in "C" bereits ganze Betriebssysteme entwickeln. Unix (und damit auch Linux) sind gute Beispiele dafür.

Überschreiten wir die Schwelle zu den Problemen der Benutzer, dann müssen wir in der Lage sein, Kunden und Artikel, Lagerpositionen und Auftragsbestände oder Drücke und Temperaturen zu bearbeiten. Dies geschieht an Hand eines Modells für einen Kunden oder eines beliebigen anderen Elements der Wirklichkeit. Die Frage stellt sich nach der Fähigkeit der Programmiersprachen, solche Modelle zu erstellen und korrekt einzusetzen. Das Hilfsmittel in "C" dazu ist die Struktur. Andere Sprachen, wie Pascal sagen auch "record" (Satz) dazu. Ein Element der Welt wird in "C" durch eine Struktur beschrieben. Ein solches Modell wird auch als privater Datentyp bezeichnet.

Datentypen beinhalten immer mehrere Aussagen. Zum einen verbergen sich hinter einem bestimmten Datentyp z.B. "float" Informationen zur Darstellung der Daten, wie viel Speicherplatz benötigt wird und wie der interne Aufbau einer Variablen ist. Bei dem gewählten Beispiel "float" ist eventuell festgelegt, daß der Aufbau sich nach dem "IEEE"-Standard des amerikanischen Verbandes der Elektroingenieure richtet.

Manche Sprachen (z.B. C/C++) erlauben dem Compilerautor, die genauen Eigenschaften (Größe, Aufbau) festzulegen; andere Sprachen legen diese Eigenschaften generell fest (z.B. Java).

Die zweite große Information, die zu einem Datentyp gehört, ist die Menge der möglichen Aktionen, die auf eine Variable dieses Datentyps angewendet werden dürfen.

Von C zu C++

In C können private Datentypen zwar definiert und benutzt werden, aber der Compiler kann nur einen Teil prüfen. Ihm fehlt die Fähigkeit, die richtige Anwendung der Operationen auf private Datentypen zu garantieren. Und damit sind wir beim Thema der Sicherheit der Programmierung.

Leider schleichen sich in das schönste Programm gelegentlich Fehler ein. Manche lassen sich leicht mit Hilfe des Compilers finden. Hier einen Parameter vergessen oder dort ein Komma zu viel, der Compiler meldet sich. Unangenehmer wird es, wenn der Compiler die Fehler nicht entdecken kann, weil zwar die Syntax stimmt, nur leider ein falscher Name verwendet wurde. Hier braucht man einen Debugger und viel Zeit und Intuition zum Fehlersuchen.

Noch schlimmer wird die Fehlersuche, wenn der Fehler nur manchmal oder nur bei ganz bestimmten, zufälligen Kombinationen auftritt. Solche Fehler werden manchmal über Jahre nicht gefunden.

Solange sich ein solcher Fehler in ein kleines Programm am Heimcomputer einschleicht, sind die Folgen absehbar. In einem Betriebssystem oder in einem Bankprogramm können die Folgen dramatisch sein.

Ein Lösungsansatz verbirgt sich hinter der Abkürzung OOP (Objekt Orientierte Programmierung). Die OOP ist nicht eine einzelne Methode sondern eine bestimmte Sichtweise. Man spricht hier auch vom Paradigma der OOP.

Grundidee der OOP

Mit der OOP wird gedanklich die Aktion hin zu den einzelnen Objekten verlagert. An Stelle eines allwissenden Gesamtprogramms tritt die Verknüpfung vieler Objekte mit eigener Aktionsfähigkeit.

Die Ideen der OOP, die wir an Hand von C++ erörtern wollen, lassen sich in vier Bereiche aufteilen.

1) Wie erreicht man sicherere Programme?
Man kann bei der Definition von Datenobjekten festlegen, wer sie verändern darf. Der Compiler überwacht jede Veränderung. Seiteneffekte werden erheblich reduziert.
C++ kann Daten in Objekten kapseln.

2) Wie kann man Programme natürlicher formulieren?
In C++ werden viele Beschränkungen aufgehoben. So kann man den Namen eines Unterprogramms mehrfach verwenden. Der Compiler erkennt Unterschiede an Hand der Parameterliste. Oder ein Pluszeichen kann auch Bruchzahlen oder komplexe Zahlen addieren - wenn sie dem Compiler sagen, wie.
C++ kann Operatoren überlagern.

3) Wie kann man Code wiederverwenden oder sogar zukaufen?
In einem Objekt werden Daten und Code beschrieben. Ein solches Objekt kann in einem weiteren Objekt einfach und geschützt wiederverwendet (vererbt) werden. Sollte der gekaufte Code einen Fehler besitzen, kann dieser Fehler im äußeren Objekt abgefangen werden.
C++ kann Klassen vererben.

4) Wie kann man intelligente Objekte anlegen?
In der OOP spricht man von Botschaften, die man einem Objekt sendet. Sendet man verschiedenen Objekten (einem Kreis, einem Rechteck...) die Botschaft "drucke dich", dann erscheint die richtige Figur. In der Denkweise der OOP wählt ein Objekt die Reaktion auf eine Botschaft selber aus.
C++ kann während der Laufzeit die "richtige" Aktion aus einer Menge der möglichen finden. (Polymorphismus)

Die OOP besteht damit aus den vier Bereichen:

- Kapselung
- natürliches Programmieren
- Vererbung
- Polymorphismus (Vielgestaltigkeit)

Beginnen wollen wir mit C und seinen Strukturen. Neben der Beschreibung von Strukturen wird insbesondere das Arbeiten mit Informationsdateien (header files) und Bibliotheken wichtig sein. Den Übergang von C zu C++ bildet danach die Erweiterung der Struktur zur geschützten Klasse.

Entwicklungsgeschichte von C++

Die Geschichte von C++ beginnt natürlich mit C. Die Entwickler des Betriebssystems   suchten nach einer Möglichkeit, die in Assembler geschriebene Anfangsversion in einer Hochsprache neu zu schreiben. Hilfe kam von Dennis Ritchie, der die Sprache C entwickelte. Das Standardwerk zu C war lange Jahre "The C Programming Language" von Kernighan und Ritchie (kurz: K&R). 1985 stellt Bjarne Stroustrup seine Implementierung von C++ vor. C++ sollte C um eine verbesserte Typprüfung und das Klassenkonzept erweitern. Der erste Name der Sprache war "C mit Klassen", bis ein Mitarbeiter im Inkrementieroperator von C eine treffende Beschreibung fand: C++. C++ sollte ein besseres C sein.

Viele Ideen und Details flossen in den aus dem Jahre 1989 ein (Standard X3.159). Insbesondere verhalfen die Prototypen (Funktionsdeklarationen) zu einer wesentlich verbesserten Typprüfung. Seit Anfang 1990 befasste sich ein ANSI-Kommittee mit der Standardisierung von C++. (Komitee X3.J16). Die Grundlage der Standardisierung findet sich in "The Annotated C++ Reference Manual" von Margaret Ellis und Bjarne Stroustrup (kurz: ARM). Seit November 1997 ist der Standard verabschiedet (siehe: www.cygnus.com/misc/wp).

C++ Compiler übersetzen immer auch C-Programme. Schließlich ist C++ eine Erweiterung von C. Übersetzt man existierende C-Programme neu,

---

werden wegen der strikteren Syntaxprüfung oft bisher unentdeckte Nachlässigkeiten vom Compiler gemeldet.

Hinweis zur Gestaltung des Buches

Die Dateiendungen spiegeln ihre Verwendung wider. Für Informationsdateien wird im Buch die Erweiterung ".h" für C und ".hpp" für C++ benutzt. Programmdateien enden auf ".c" für C oder ".cpp" für C++. Diese Unterscheidung ist abhängig vom Compiler und oft nicht zwingend notwendig.

An vielen Stellen finden Sie kleinere Programmausdrucke. Ein Kasten mit einem Listing, dem Zeilennummern vorangestellt sind, ist ein syntaktisch korrektes Programm, das übersetzt und danach automatisch mit der Nummerierung versehen wurde. Es eignet sich gut für eigene Experimente.

```
1 // Hello World, konventionell
2 Datei: hello1.cpp
3 #include <stdio.h>
4
5 int main ()
6 {
7 printf ("\nHello world.\n\n");
8 return 0;
9 }
```

Bild 1-1: Muster für ein Programmlisting

Ein Kasten mit einem Listing ohne Zeilennummern stellt kein übersetzbares Programmstück dar, sondern soll einen bestimmten Sachverhalt erläutern. Auf die sonst notwendigen Details, wie Blockklammern, main() etc. wurde hier verzichtet.

Bitte beachten Sie, daß der Bildschirm ANSI-Steuerzeichen verstehen sollte. Dies geschieht z.B. durch das Laden eines Treibers (ansi.sys bei DOS/Windows) oder durch Auswahl eines geeigneten Terminals (TERM-Variable bei Linux/Unix). Bitte nutzen Sie hier zur Installation die Hilfemöglichkeiten Ihres Betriebssystems.

```
/* Arbeiten mit Standardfunktionen */
#include <stdio.h>
FILE * dateizeiger;
dateizeiger = fopen ("Dateiname","Betriebsart");
```

Bild 1-2: Muster für Syntaxdarstellungen

Die Beispiele dieses Buches beschränken sich auf Programme, die Sie auf einem Terminal (oder unter Windows: einer MS-DOS Eingabeaufforderung) ausführen können.

Programme für graphische Oberflächen benötigen das Wissen um diese Oberflächen und die zugehörigen Bibliotheken. Die Darstellung des notwendigen Wissens würde sicher den Rahmen eines Einsteigerseminares sprengen.

Für Ihre Experimente können Sie frei erhältliche Compiler aus dem benutzen: g++ für Linux/Unix, oder DJGPP für DOS/Windows (siehe: www.delorie.com/djgpp/getting.html)

Auch andere Hersteller bieten Einstiegsversionen ihrer Compiler sehr preiswert oder umsonst an. Schauen Sie doch einmal auf der Web-Seite Ihres bevorzugten Lieferanten vorbei. Auch von Verlagen gibt es immer wieder Kombinationen aus einem Buch und dem Compiler,

Übrigens genügt für die allermeisten Beispiele eine ältere Compilerversion. Suchen Sie sich also möglichst gleich eine Arbeitsumgebung mit dem Compiler, um mit den Beispielen arbeiten zu können.

Und noch etwas: auch wenn die Beispiel zum Download bereitstehen-Abtippen hilft immer beim Merken.

Das Typkonzept in C

Was ist ein Datentyp?

Die bisher begonnene Diskussion kann mit Hilfe des Typkonzeptes vertieft werden. Ein Datentyp ist ein Denkmodell, das festlegt, wie Daten beschaffen sein sollen und was man damit tun kann. Der Datentyp "int" legt in ANSI-C fest, daß es sich um ganze Zahlen mit Vorzeichen handelt. Die Größe entspricht zumeist der Größe der Register der verwendeten CPU. Die erlaubten Operationen sind u.a. die Grundrechenarten oder die Boole'schen Verknüpfungen. Wichtig ist, daß der Datentyp beides festlegt, die Größe der Daten **und** die erlaubten Operationen. Unabhängig von der tatsächlichen Größe einer int-Variablen sind die damit erlaubten Operationen für alle Maschinen gleich.

Mit Hilfe des Datentyps führt der Compiler auch die Syntaxprüfungen aus. Denken Sie nur an die Prüfung der Parameter beim Aufruf eines Unterprogramms.

Ein einfaches Beispiel für eine Typprüfung sehen wir, wenn wir den modulo-Operator (Rest der Ganzzahl-Division) auf Fließkomma-Variablen anwenden. Natürlich muß der Compiler erkennen, daß bei Fließkomma-Zahlen ein Rest unsinnig ist. Die Überprüfung zeigt, daß Daten und Operationen nicht zusammenpassen. Dies führt zur Fehlermeldung. Der Compiler erkennt den Fehler bei der Übersetzung (siehe Bild 2-1 / mit Borland Turbo-C++ Compiler)

Datentyparten

Es gibt zwei unterschiedliche Arten von Datentypen: vordefinierte und private. In der Sprache sind die vordefinierten Datentypen enthalten. Dies sind die Grundbausteine zur Beschreibung von Daten. Sie können durch Attribute näher beschrieben werden.

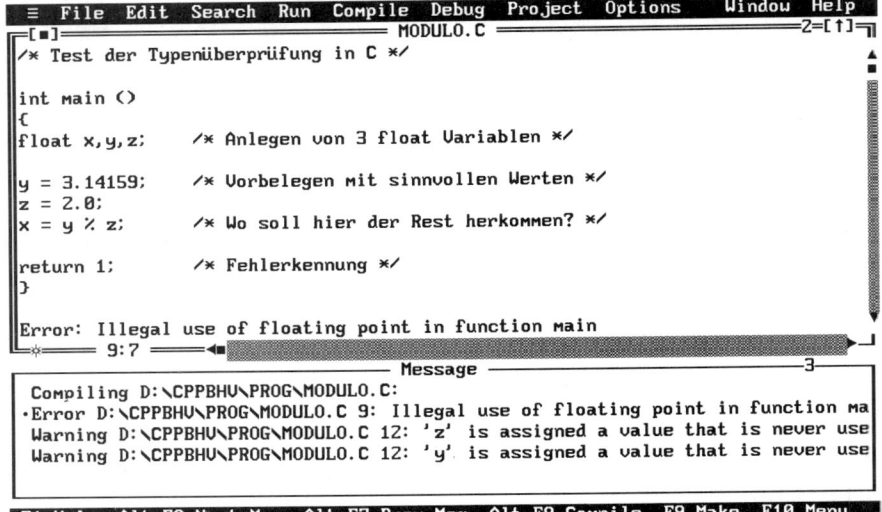

Bild 2-1: Compilermeldung bei C - Typfehler

Die Attribute legen die Größe (, long) und die Behandlung des Vorzeichens fest (signed, unsigned). Weiter gibt es Attribute, die die Speicherklasse festlegen (static, register, auto). Und letztlich dienen Attribute auch dazu, dem Compiler Hinweise über spezielle Behandlungen zu geben (extern, const, volatile).

Die andere Art der Datentypen dient dazu, allgemeine Modelle zu beschreiben. Die privaten Datentypen werden vom Programmierer selbst entwickelt und definiert. In C gibt es dazu die Struktur als Hilfsmittel. Bei der Definition einer Struktur wird ein der Sprache bisher unbekanntes Datenmodell entwickelt. Das Gesamtmodell setzt sich dabei aus den "Atomen" der vordefinierten Datentypen zusammen. Neu und einzigartig ist die Zusammenstellung.

Definition privater Typen in C

Strukturen definieren einen Namen für eine bestimmte Zusammenstellung von Daten. Die Struktur beschreibt ein Modell, das komplexer ist, als es die Grunddatentypen zulassen.

Eine Struktur kann man als Modell auffassen, das eine Sache oder eine Person der Wirklichkeit beschreibt. Das Modell umfaßt immer nur einen Ausschnitt. Nur das, was für die Bearbeitung einer Aufgabe wichtig ist, wird in das Modell aufgenommen.

Die Struktur reserviert keinen Speicherplatz. Sie wirkt wie eine Mustervorlage. Erst wenn später damit eine Variable angelegt wird, wird auch Speicherplatz vergeben. Zuerst einmal ist die Strukturdefinition nur eine Information für den Compiler.

```
/* Strukturdefinition */
struct ARTIKEL
{
char Bezeichnung[50];/* Deklaration der Elemente */
char ArtNummer[20];
float Preis;
int LieferantenCode;
Datum Aufnahme;/* Element kann eine Struktur sein*/
};            /* Strichpunkt beendet Definition */
```

Bild 2-2: Aufbau einer Struktur

Ein Element der Struktur darf nicht vom gleichen Struktur-Typ sein. Sonst würde versucht, eine Struktur rekursiv zu definieren. Zeiger auf Variable der gleichen Struktur sind erlaubt.

Definitionen und Deklarationen

In C und C++ unterscheidet man deutlich zwischen Definitionen und Deklarationen. Eine Definition liegt vor, wenn dem Compiler die Bedeutung eines Namens mitgeteilt wird. In unserem Falle definieren wir eine Struktur. Eine Deklaration ist dagegen die Bekanntgabe eines anderswo definierten Namens für die momentane Übersetzung. Die Datenelemente in unserer Struktur gibt es noch gar nicht. Erst wenn es einmal eine strukturierte Variable geben wird, dann wird es auch Datenelemente geben. Die Elemente der Struktur werden somit deklariert.

Bei Funktionen wird die Schnittstelle in der Informationsdatei (header) deklariert. Schreibt man dagegen den Programmcode, definiert man die Funktion.

Typdefinition mit Strukturen

In C ist der Strukturname allein noch keine Typdefinition. Entweder man benutzt immer die Kombination aus dem Schlüsselwort "struct" und dem selbst vergebenen Strukturnamen oder man benutzt die Anweisung "typedef". Mit "typedef" geben wir den neuen Typ dem Compiler bekannt. Den können wir genauso verwenden wie "int" oder "float".

```
/* Definition eines privaten Datentyps in C */
typedef struct ARTIKEL artikel;
```

Bild 2-3: Typdefinition mit Strukturen in C

Auch diese Anweisung reserviert noch keinen Speicherplatz. Sie sagt dem Compiler, daß ab jetzt "artikel" ein Datentyp ist und so benutzt werden kann wie ein vordefinierter Datentyp.

Die "typedef"-Anweisung wirkt wie eine Abkürzungsvereinbarung. Anstelle von "struct Artikel" kann man nun auch "artikel" verwenden.

Definition von strukturierten Variablen

Mit der Struktur hat der Programmierer beschrieben, wie eine strukturierte Variable aussehen müßte, die das gewünschte Modell nachbildet. Da es sich um einen Datentyp handelt, können Variable nach den gleichen Spielregeln angelegt werden, wie einfache Variable auch.

```
/* Anwendung des privaten Datentyps */
artikel MutternM3;      /* entweder mit dem Typ */
struct ARTIKEL MutternM4;/* oder mit struct */
int Anzahl;             /* nur zum Vergleich */
```

Bild 2-4: Definition von strukturierten Variablen

Operationen mit strukturierten Variablen

Es gibt zwei unterschiedliche Arten, mit strukturierten Variablen zu arbeiten. Entweder wir betrachten die ganze Variable, das ganze Modell, oder wir greifen auf die einzelnen Datenelemente zu. Zur Bearbeitung ganzer Strukturen kennt C nur eine vordefinierte Operation, die Zuweisung. Alle anderen Operationen müssen vom Programmierer selbst in der Form von Funktionen geschrieben werden. Diese Funktionen nennen wir Operator- Funktionen.

Datenelemente, die mit Hilfe der C- Grundtypen deklariert wurden, können auch mit den normalen C- Operationen bearbeitet werden. Für den Zugriff auf die Elemente kennt C zwei Operatoren: den Punkt und den Pfeil (Verweis).

Der Punkt wird benutzt, wenn der Name der strukturierten Variablen bekannt ist. Mit Hilfe des Verweisoperators ("->") kann mit der Adresse einer Struktur zugegriffen werden. Der Name der strukturierten Variablen muß dabei nicht bekannt sein.

```
 1 /* Zuweisung von strukturierten Variablen */
 2 /* Datei: szuweis.c */
 3 struct ARTIKEL
 4 {
 5 char Bezeichnung[40];
 6 float Preis;
 7 };
 8
 9 typedef struct ARTIKEL artikel;
10
11 artikel a,b,c;
12
13 int main ()
14 { /* Hier: Setzen der Einzelwerte ... */
15 a = b; /* Zuweisung von Strukturen */
16 return 0;
17 }
```

Bild 2-6: Zuweisung ganzer Strukturen in C

Ist ein Datenelement wieder eine Struktur, so kann ein Zugriff mit einer Kette aus Strukturnamen und Operatoren (Punkt/Verweis) geschehen.

```
/* Zugriff auf Elemente einer Struktur */

artikel MusterArtikel;
artikel * ArtikelZeiger;

MusterArtikel.Preis = 5.99;   /* Strukturname */
/* Vorbesetzen des Zeigers */
ArtikelZeiger = & Musterartikel;
ArtikelZeiger->Preis = 7.98;   /* mit Zeiger */
```

Bild 2-5: Zugriff auf die Elemente einer Struktur

Operatorfunktionen

Da die Zuweisung die einzige vordefinierte Operation ist, müssen wir alle anderen nachbilden. Dies geschieht mit Operatorfunktionen. Für die Verwendung als Operatorersatz ist ein bestimmter Aufbau sinnvoll.

```
/* Aufbau einer Operatorfunktion */
float GibPreis (artikel * azeig)
{
return azeig->Preis;   /* nur mit Zeigern */
}
```

Bild 2-7: Aufbau einer Operatorfunktion

Der erste Parameter einer Operatorfunktion, in unserem Beispiel der einzige, ist zumeist ein Zeiger auf eine strukturierte Variable. Wir benutzen diese Parameterübergabe, damit die Funktion für alle möglichen Variable anzuwenden ist, die mit Hilfe der zugehörigen Struktur angelegt wurden. Und wir benutzen einen Zeiger, da Adressen zumeist wesentlich schneller an ein Unterprogramm zu übergeben sind, als ganze strukturierte Variable.

Der Programmierer, der die Struktur definiert hat, müßte im voraus alle zulässigen Operationen mit Hilfe der Operatorfunktionen bereitstellen. Da der Programmierer, der Strukturen und die zugelassenen Funktionen schreibt, zumeist nicht derselbe ist, der sie auch anwendet, wollen wir zwischen dem Spezialisten für eine Sache oder eine Strukturdefinition auf der einen Seite und dem Anwender auf der anderen unterscheiden.

Ein Beispiel finden Sie in der Datei "stdio.h". Der Hersteller des Compilers hat in dieser Informationsdatei ("header file") die Struktur "FILE" definiert. Mit Hilfe der Struktur wurden dann eine ganze Reihe von Funktionen geschrieben. Dazu gehören "fopen()", "fclose()", "fread()", "fwrite()" oder "fprintf()". Diese Funktionen stehen Ihnen in der Standardbibliothek zur Verfügung. Mit Ausnahme von "fopen()" erhält jede Funktion als Parameter u.a. einen Zeiger auf eine strukturierte Variable des Typs

"FILE". Der Wert für den Zeiger wird von "fopen()" geliefert. Leider konnte man sich nicht über die Position in der Parameterliste einigen. So findet sich der Zeiger bei "fprintf()" an erster Stelle, bei "fread()" und "fwrite()" an letzter.

Informationsdateien

Im obigen Beispiel wurde eine typische Arbeitstechnik benutzt. Die benötigten Informationen über die Typdefinition und die zugehörigen Funktionen konnten wir einer Informationsdatei entnehmen. Der Spezialist faßt in einer Informationsdatei die Strukturdefinition, die Deklarationen der Operatorfunktionen und etwaige Konstante zusammen. Im Englischen heißen diese Dateien "header files" (Vorspann Dateien).

Der Anwender kann diese Informationsdatei mit Hilfe der Präprozessoranweisung "#include" während der Übersetzung seiner eigenen Datei mit einlesen. Der Präprozessor ist ein Programm, das dem eigentlichen Compiler vorgeschaltet ist. Er liest andere Dateien ein, kann bedingt übersetzen und symbolische Konstanten definieren. Schauen wir uns zuerst den Aufbau einer Informationsdatei an (Bild 2-8).

Ein Kommentar gibt Auskunft über den Zweck und die Version der Datei. Bei kommerziellen Programmen findet sich noch ein Vermerk über die Rechte des Autors. Die Datei wird mit Hilfe einer Präprozessoranweisung nur bedingt bearbeitet. Ein mehrfaches Einlesen wird damit verhindert. Die Abfrage "#ifndef" (if not defined / falls nicht definiert) sucht nach dem Namen "RATIOHEADER". Wird er nicht gefunden, wird der Rest der Datei bearbeitet. Wurde die Datei während einer Übersetzung bereits einmal eingelesen, dann ist der Name bekannt und der Präprozessor sucht nach dem Ende der Bedingung bei "#endif". Ein mehrfaches Einlesen kann bei verschachtelten "#include"- Anweisungen auftreten.

Danach kommt die Definition der Struktur. Zumeist folgt der Strukturdefinition die Definition der Abkürzung mit "typedef". Ab jetzt kann der mit "typedef" neu vergebene Name bei der Definition von Variablen genauso verwendet werden wie ein vordefinierter Datentyp.

```
 1 /* Arbeiten mit Strukturen */
 2 /* Datei: ratio.h */
 3 #include <stdio.h>
 4
 5 #ifndef RATIOHEADER
 6 #define RATIOHEADER
 7
 8 struct RATIO
 9 {
10 int z; /* Zaehler */
11 int n; /* Nenner */
12 };
13
14 typedef struct RATIO ratio;
15
16 void rprint(ratio *zeiger);
17 ratio raddiere (ratio *r1, ratio *r2);
18
19 #endif
```

Bild 2-8: Aufbau einer Informationsdatei

Die restlichen Zeilen sind Deklarationen von Operatorfunktionen. Zwar kann man bei der Deklaration auf die Namen der Parameter verzichten. Der Compiler benötigt zum Prüfen nur die Anzahl und die Reihenfolge der Typen. Aber man sollte gerade hier lieber aussagekräftige Namen verwenden. Schließlich benötigt ein Anwender die Informationsdatei. Wenn die Namen der Parameter ihre Funktion beschreiben, ist das eine gute Grundlage für die Dokumentation.

Der Spezialist muß noch die Implementierungsdatei schreiben. Hier stehen die Definitionen der Operatorfunktionen. In der Informationsdatei hat der Spezialist sozusagen mit den Deklarationen ein Versprechen abgegeben, welche Operationen er unterstützt. In der Testphase kommt es

---

aber häufig vor, daß mehr Funktionen deklariert werden, als bereits geschrieben wurden. Dies ist zulässig, solange die Funktionen noch nicht von einem Testprogramm aufgerufen werden.

Interessant ist in unserem Beispiel die Rückgabe einer ganzen Struktur als Wert (und nicht mit einem Zeiger). In ANSI-C können Strukturen übergeben werden.

```
 1 /* Implementierung zum ratio- Beispiel */
 2 /* Datei: ratio.c */
 3 #include "ratio.h"
 4
 5 void rprint (ratio *zeig)
 6 {
 7 printf ("%d/%d",zeig->z, zeig->n);
 8 }
 9
10 ratio raddiere (ratio *op1, ratio *op2)
11 {
12 ratio erg;
13 erg.z = op1->z * op2->n + op1->n * op2->z;
14 erg.n = op1->n * op2->n;
15 return erg;
16 }
```

Bild 2-9: Implementierung der Operatorfunktionen

Und schließlich schreibt der Anwender noch das Hauptprogramm. Anwender und Spezialist können natürlich ein und dieselbe Person sein. Die Bezeichnungen sollen nur die Rolle wiederspiegeln, in der sich der Programmierer in Bezug auf das Beispiel befindet.

Im Anwenderprogramm (im Bild 2-10), das hier der Einfachheit halber ein Hauptprogramm ist, holt der Programmierer sich die Informationsdatei mit Hilfe einer "#include"- Anweisung. Weiter vergibt er Speicherplatz für Variable. Hier werden die Variable A,B und C definiert. Interessant sind die ersten Zeilen des Hauptprogramms, in denen die Anfangswerte für die strukturierten Variablen gesetzt werden. Dies ist notwendig, da der Spezialist keine Funktion vorgesehen hat, die Anfangswerte setzt oder Zuweisungen ermöglicht.

```
 1  /* Arbeiten mit Strukturen */
 2  /* Datei: rmain.c */
 3
 4  #include <stdio.h>
 5  #include "ratio.h"
 6
 7  ratio A,B,C;
 8
 9  int main ()
10  {
11  B.z = 1;
12  B.n  = 2;
13  C.z = 1;
14  C.n  = 4;
15  A = raddiere (&B,&C);
16  printf("\x1b[2J\nAusgabe der Bruchzahl\n\n");
17  rprint (&A); printf("\n\n");
18  return 0;
19  }
```

Bild 2-10: Anwenderprogramm zum ratio-Beispiel

Beachten Sie auch, daß die Funktion "main()" mit einem Rückgabewert definiert wird. Damit wird der Programmstatus zurückgegeben. In unserem Fall melden wir mit einer "0" den Erfolg. Jeder Wert ungleich "0" wird als Fehler interpretiert. Die Rückgabe ist für Batch-Dateien notwendig. In DOS findet sich der Rückgabewert in der Batch-Variablen ERRORLEVEL, unter Linux/Unix in der Umgebungsvariablen "?".

Übersetzen und Linken

Im Beispiel verwendeten wir zwei Dateien, die übersetzt und gebunden werden mußten. Binden oder linken bedeutet hier die Bearbeitung von Objektdateien mit einem Linker. Um später Mißverständnisse zu vermeiden, soll hier der englische Begriff "Linker" verwendet werden.

Der Aufruf des Linkers mit den verschiedenen Bibliotheken, die zu durchsuchen sind, und den Objektdateien, die immer einzubinden sind, kann mühsam sein. Je nach Programmierumgebung steht eine graphische Projektverwaltung oder "make" zur Verfügung. In UNIX und vielen anderen Umgebungen wird das textbasierte "make"-Programm benutzt. Dieses Programm benötigt eine Textdatei, deren Name oft "Makefile" ist. Darin beschreibt der Programmierer die Abhängigkeiten der Dateien eines größeren Programms. Daneben gibt er an, wie übersetzt oder gelinkt werden muß. Das "make"- Programm liest nun diese Datei, ermittelt die notwendigen Programmaufrufe und führt sie aus.

Im Beispiel (im Bild 2-11) sehen Sie eine Steuerdatei (Makefile) für Linux/Unix.

```
 1 # Makefile für bhv-Einsteigerseminar C++
 2 # Ziele heißen: "p" + Seite des Hauptprogramms
 3 # Stand: 14. August 1998
 4 # wjh
 5
 6 p27: rmain.o ratio.o  # Liste der Zielobjekte
 7        g++ -o rmain rmain.o ratio.o # Linker
 8 rmain.o: rmain.c ratio.h   # Abhängigkeiten
 9        g++ -c rmain.c     # Übersetzen
10 ratio.o: ratio.c ratio.h   # Abhängigkeiten
11        g++ -c ratio.c     # Übersetzen
12
13 p55: rmainbl.o ratiobl.o
14        g++ -o rmainbl rmainbl.o ratiobl.o
15 usw.
```

Bild 2-11: Aufbau einer Steuerdatei für "make"

Einsteigerseminar C++

Eine Steuerdatei kennt drei unterschiedliche Arten von Zeilen oder Einträgen. Ein Kommentar beginnt mit einem "#". Die Zeile oder der Rest der Zeile wird ignoriert. Die nächste Zeilenart beginnt immer in der ersten Spalte. Dies beschreibt eine Abhängigkeit. Im Beispiel finden Sie derartige Einträge u.a. in den Zeilen 6,8 und 10. Das Ziel "p27" hängt von zwei Objektdateien ab. Die dritte Art findet sich z.B. in den Zeilen 7,9 und 11. Was ist zu tun, wenn "make" feststellt, daß die Ausgangsdatei verändert wurde? Diese Aktion oder diese Aktionen werden durch eingerückte Kommandozeilen beschrieben. In Zeile 7 wird der GNU-Compiler gerufen. Er erkennt am "-o"-Befehl, daß er linken muß. Der Parameter "-c" in den Zeilen 9 und 11 gibt an, daß nur übersetzt werden muß.

Für viele "make"-Programme gilt, daß die erste Abhängigkeit das Endergebnis beschreibt. Weiter kann man einzelne Marken angeben, um ein bestimmtes Programm zu erzeugen, wenn, wie im Beispiel, in einem "Makefile" mehrere Programme verwaltet werden. Der Aufruf ist dann z.B.: "make p27".

Projekte bei IDE's (Integrierte Entwicklungsumgebung)

Entwicklungsumgebungen bieten oft eine graphische Oberfläche, von der alle Tools erreicht werden können (IDE - integrated development environment). Die Projektverwaltung ist hier integriert. Der Entwickler kann über Menüs Dateien einem Projekt hinzufügen oder davon entfernen. Die Grundidee bleibt jedoch die gleiche wie beim Programm "make" mit seiner Textdatei. Man stellt neben den eigentlichen Programmdateien eine Projektdatei bereit, die die Abhängigkeiten der Dateien untereinander beschreibt und eine automatische Erstellung des Gesamtprogramms mit minimalem Aufwand ermöglicht. Wieder werden nur die Dateien neu übersetzt oder gelinkt, deren abhängige Dateien geändert wurden. Die verwendeten "#include"-Dateien werden üblicherweise dabei automatisch erkannt.

Die Überprüfung ist in beiden Fällen eine Frage des Zeitstempels der Dateien. Ist die Zieldatei jünger als die Datei, von der sie abhängt, dann muß übersetzt werden.

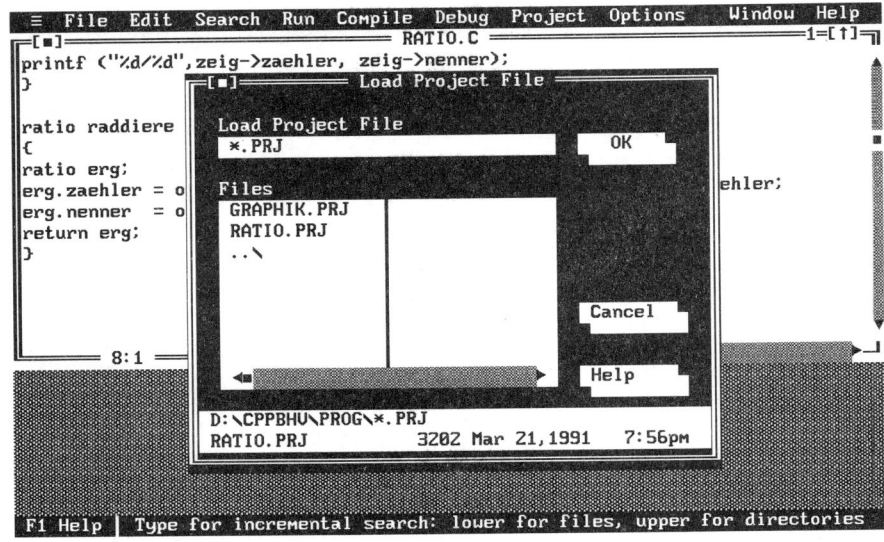

Bild 2-12: Eröffnen einer Projektdatei

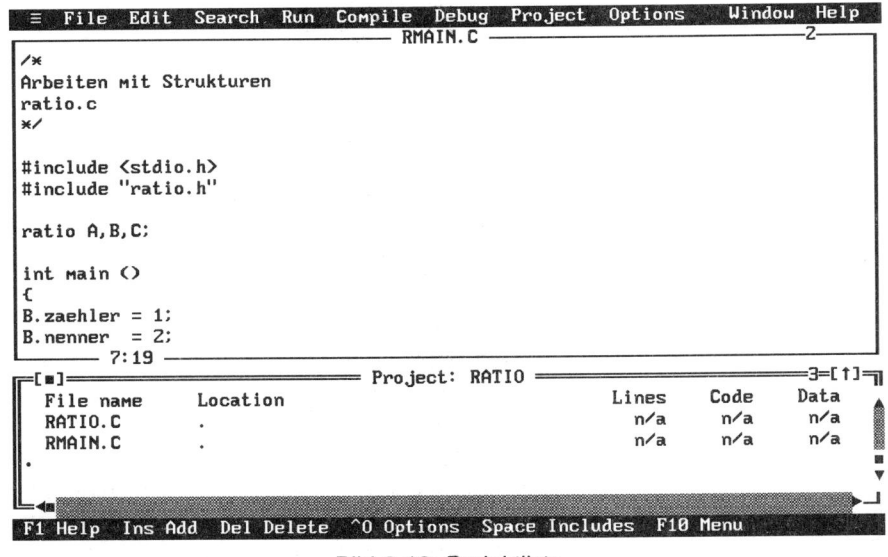

Bild 2-13: Projektliste

Im Gegensatz zu einem "makefile", wie die Beschreibungsdatei der Abhängigkeiten standardmäßig heißt, kann man mit einer Projektdatei nur eine Übersetzung steuern. "make" kann völlig universell eingesetzt werden. Beim Bücherschreiben hilft eine "makefile" z. B. die Ausdrucke und Beispiele zu formatieren, wenn sich eine Quelle verändert hat.

Probleme und Gefahren bei C

Das vorgestellte Arbeitsverfahren mit Spezialisten und Anwendern hat sich in der Praxis durchgesetzt. Nur leider erfüllt es eine ganz entscheidende Forderung nicht: der Compiler kann den privaten Typ nicht vollständig überprüfen. In werden zwar die Schnittstellen korrekt geprüft, aber niemand verhindert, daß es Seiteneffekte durch unerlaubte Manipulationen geben kann. Ganz bewusst wurde im Hauptprogramm in die Strukturen hinein Werte geschrieben. Und das obwohl es ausgemacht war, daß der Spezialist alle Bearbeitungsfunktionen für die strukturierten Variable schreibt.

```
 1 /* Katastrophale Programmierung */
 2 /* Datei: katastro.c */
 3 #include <stdio.h>
 4
 5 int main ()
 6 {
 7 FILE * datei;
 8 datei = fopen ("datei.txt","r");
 9 datei->flags = 99; /* Die flags gehören FILE */
10 ....
11 }
```

Bild 2-14: Katastrophaler Fehler

Vielleicht kann das Problem an Hand der erwähnten Dateiverwaltungsstruktur "FILE" näher untersucht werden. Dazu noch ein (katastrophales) Beispiel: Ein Programmierer liest in der Datei "stdio.h" nach und findet den Aufbau des Dateisteuerblockes "FILE". In dem Moment, wo er eine

Datei anlegt, erhält er einen Zeiger mit der Adresse des benutzten Steuerblockes von "fopen()" geliefert. Dieser Block darf nur von den Standardfunktionen benutzt werden. Trotzdem kann er mir Hilfe des Zeigers und der Typinformation aus "stdio.h" zugreifen und jederzeit für ein vollendetes Chaos in der Dateiverwaltung sorgen.

Was hier als Fehler einleuchtet, kann bei unbeabsichtigten Fehlern zu schweren Problemen führen. Seiteneffekte und sporadische Fehler, die von ganz bestimmten Konstellationen abhängen, sind bekanntlich extrem schwer zu finden.

Hinweise zur Weiterarbeit

1) Jeder Compiler hat einen Satz von "header".Dateien. Suchen in der "stdio.h" Die Strukturdefinition für "FILE" und einige Operatorfunktionen, die als Parameter einen Zeiger auf "FILE" erwarten.

2) Welche weiteren Strukturen werden in den "header"-Dateien definiert? So verwendet z.B. time.h Strukturen. Suchen Sie zwei Strukturen und die zugehörigen Operatorfunktionen.

3) Erstellen Sie mit Strukturen Modelle von wirklichen Dingen oder Personen. Wie könnte eine Struktur aussehen, die die Blumen einer Gärtnerei oder einen Autor beschreibet? Was wären passende Operatorfunktionen dazu? In welchen Programmen könnten die Operatorfunktionen sinnvoll verwendet werden?

4) Erstellen Sie für einen Gegenstand mehrere Strukturen zur Beschreibung aus verschiedenen Sichtweisen. Eine einfache Plastikflasche z.B.: wie wird sie aus der Sicht des Produzenten, des Verpackers, des Recycling-Unternehmens aussehen?

Im nächsten Kapitel

Diese Sicherheitslücke, die durch mangelnde Prüfung entsteht, werden wir mit C++ elegant schließen. Mit dieser kurzen Einführung in die Arbeitsweise mit Strukturen in C wollen wir C beenden und uns den geschützten Kollegen der Strukturen, den Klassen in C++, zuwenden.

Von der Struktur zur Klasse - von C zu C++

Das Arbeiten mit Strukturen in C zeigte entscheidende Nachteile. Ordnung und korrekter Aufbau der Dateien bleiben dem Programmierer überlassen. Die Folge ist, daß man sauber programmieren kann - aber nicht muß. Die kritischen Bemerkungen über einzelne C-Programme von anderen Programmierern sind oft nur zu berechtigt.

Weiter kann man mit den Strukturen in C keine wirklichen Datentypen definieren. Denn zu einem Datentyp gehören immer die Darstellung der Daten, die Menge der möglichen Operationen und schließlich die Überwachung durch den Compiler. In C gibt es keine Möglichkeit die richtige Anwendung von Operationen auf Strukturen zu überwachen.

Die Klasse

In C++ erweitern wir die Struktur zur Klasse und damit zu einem vollständigen privaten Datentyp. Dabei fassen wir drei Bereiche einer Informationsdatei in einer Klassendefinition zusammen.

```
struct ARTIKEL
{
float Preis;
char Bezeichnung[40];
char EAN[20];
};
```

```
typedef struct ARTIKEL artikel;
```

```
float GibPreis (artikel * zeig);
void SetzeEan(artikel * zeig, char *code);
```

```
class artikel
{
private:
float Preis;
char Bezeichnung[40];
char EAN[20];

public:
float GibPreis ();
void SetzeEan(char * code);
};
```

Bild 3-1: Übergang von der Struktur zur Klasse

Die Klasse beinhaltet:
- die Typdefinition / den Gültigkeitsbereich
- die Deklaration der Datenelemente
- die Deklaration der zugelassenen Operationen

Mit der Klassendefinition wird automatisch der Typname festgelegt. Die Anweisung "typedef" entfällt. Weiter gibt die Klasse nun beides an: wie die Daten aussehen sollen und welche Operationen damit erlaubt sind.

Den Schutzmechanismus, den ein echter Datentyp bieten muß, führt die Klasse durch Schutzbereiche ein. Der erste Bereich heißt "private". Hier werden Daten oder auch Funktionen deklariert, die niemand von außen benutzen darf. "private" kann entfallen, da es die Standardeinstellung für Elemente einer Klasse ist. Der zweite Bereich heißt "public". Die hier deklarierten Funktionen und Daten sind von außen zugänglich. Sie bilden die Schnittstelle zu den privaten Elementen der Klasse.

Die in einer Klasse deklarierten Funktionen erhalten eine Zugriffslizenz auf den privaten Teil der Klasse. Sie - und nur sie - dürfen auf die Elemente des privaten Bereiches zugreifen. Ein Element kann eine Variable, eine Funktion oder eine enum-Aufzählung sein.

Begriffe der OOP

C++ und die Objekt-orientierte Programmierung hat einige spezielle Begriffe geprägt. Die Elemente einer Klasse können nun Daten- oder Funktionsdeklarationen sein. Ein Datenelement bezeichnen wir als Eigenschaft einer Klasse. Die zugehörigen Funktionen nennt man nun Methoden. Alle Eigenschaften zusammen bilden den Zustand. Und die Variablen, die wir mit Hilfe der Klassendefinition anlegen, werden Objekte genannt.

In der englischsprachigen Literatur spricht man von Mitgliedern einer Klasse. Dort gibt es Mitgliedsdaten oder Mitgliedsfunktionen (data members / function members). Wir wollen hier die Begriffe Eigenschaften und Methoden benutzen.

Aufbau einer Informationsdatei mit Klassen

Im folgenden Beispiel bauen wir das "ratio"-Beispiel aus dem ersten Kapitel auf die Verwendung einer Klasse um. Betrachten wir die wesentlichen Unterschiede. Anstelle des Schlüsselwortes "struct"" ist "class" getreten. Die Struktur gibt es weiterhin in C++. Sie ist nun ein Sonderfall der Klasse. Sie enthält nur öffentlich zugängliche Elemente. Wir werden sie, im Gegensatz zu vielen anderen Büchern, nicht mehr verwenden.

Das Schlüsselwort "private" könnte weggelassen werden, da dies die Standardeinstellung ist. Die Datenelemente werden aus der Struktur übernommen. Bei der Deklaration der Funktionen finden wir einen wichtigen Unterschied. Es fehlt derjenige Parameter, der beschreibt, mit welcher Variable gearbeitet werden soll. In C verwendeten wir dazu einen Zeiger. Dieser Parameter ist überflüssig geworden, da der Compiler die Zuordnung Variable zu Funktion beim Aufruf automatisch erledigt.

```
 1  // Arbeiten mit Klassen
 2  // Datei: ratio.hpp
 3  #include <stdio.h>
 4  #ifndef RATIOHEADER
 5  #define RATIOHEADER
 6  class ratio          // Typdefinition
 7  {
 8  private:             // ist Voreinstellung
 9  int z;               // Eigenschaften
10  int n;               // Zähler und Nenner
11  public:              // ab hier Methoden
12  void  print ();
13  ratio addiere (ratio *r2);
14  };
15  #endif
```

Bild 3-2: Das ratio- Beispiel als Klasse

Im Beispiel sehen Sie auch das neue Kommentarzeichen "//". Die beiden Schrägstriche leiten einen Kommentar bis zum Zeilenende ein. Die bisherigen Kommentarzeichen "/*" und "*/" für Beginn und Ende eines Kommentares gelten weiterhin. Kommentare, die mit "//" beginnen, dürfen in alten Kommentaren enthalten sein.

Benennung der Informationsdatei

Der Name der Informationsdateien variiert bei verschiedenen Compilerherstellern. Am meisten verbreitet sind ".hpp" und schlicht ".h". Soll eine Informationsdatei sowohl für C als auch für C++ benutzt werden können, muß man mit Präprozessoranweisungen und bedingter Übersetzung die Unterschiede behandeln. Näheres finden Sie im Kapitel 14 über mehrsprachiges Programmieren.

Implementierung der Methoden

Dem Namen der Methode muß man mit Hilfe des neuen Bereichsoperators ("::") den Namen der zugehörigen Klasse voranstellen. Die Zuordnung der Methode zu einer Klasse benutzt der Compiler zur Überprüfung.

```
1  // Implementierung zum ratio- Beispiel
2  // Datei: ratio.cpp
3  #include "ratio.hpp"
4  void ratio::print ()
5  {
6  printf ("%d/%d",z, n);
7  }
8  ratio ratio::addiere (ratio *op2)
9  {
10 ratio erg;
11 erg.z = z * op2->n + n * op2->z;
12 erg.n = n * op2->n;
13 return erg;
14 }
```

Bild 3-3: Implementierung der ratio- Methoden

Innerhalb der Methoden kann der Programmierer auf die Eigenschaften der Klasse direkt zugreifen. Die bei Operatorfunktionen in C notwendige Verwendung von Zeigern entfällt. Methoden sind wegen dieser Regeln etwas kürzer zu schreiben, als gleichartige Operatorfunktionen in C.

Mit Hilfe der beiden vorgestellten Dateien kann nun das Hauptprogramm geschrieben werden.

```
 1 // Arbeiten mit Klassen, Hauptprogramm
 2 // Datei: rmain.cpp
 3 #include <stdio.h>
 4 #include "ratio.hpp"
 5
 6 ratio A,B,C;
 7 int main ()
 8 {
 9 B.z = 1;              // Verbotener Zugriff!
10 B.n = 2;              //      "
11 C.z = 1;              //      "
12 C.n = 4;              //      "
13 A = B.addiere (&C);
14 printf("\x1b[2J\x1b[1;1HBruchzahl zeigen\n\n");
15 A.print ();
16 return 0;
17 }
```

Bild 3-4: ratio- Beispiel mit Objekten

Arbeiten mit Objekten

Das Hauptprogramm liest mit Hilfe der "include"-Anweisung die Informationsdatei "ratio.hpp" mit der Klassendefinition ein. In der Zeile 6 werden nun die Objekte, die Strukturvariablen, definiert. Wie in C üblich sind A,B und C globale Objekte. Sie leben während des ganzen Programms und sind von allen Funktionen aus sichtbar.

In den Zeilen 9 bis 12 wird versucht, den Eigenschaften der Objekte Werte zuzuweisen. Dies ist nicht zulässig. Schließlich dürfen nur die Methoden einer Klasse auf die Eigenschaften der Objekte zugreifen. Der Compiler wird mit einer Fehlermeldung reagieren. Die Lösung des Problems der Initialisierung von Objekten werden wir uns im nächsten Kapitel erarbeiten.

Beachten Sie noch den Methodenaufruf in den Zeilen 13 und 15. Ganz allgemein kann man mit dem Punktoperator auf Elemente einer Struktur oder eines Objektes zugreifen. Da nun auch Methoden Elemente der Klasse sind, mit der das Objekt angelegt wurde, kann man auch Methoden mit einem Punkt für ein bestimmtes Objekt aufrufen.

Der Compiler weiß an Hand des Punktes, mit welchem Objekt bei diesem Methodenaufruf gearbeitet werden soll und wird dafür sorgen, daß alle Zugriffe auf Eigenschaften oder Methoden innerhalb der Methode korrekt erfolgen. Wegen dieser Dienstleistung des Compilers konnten wir innerhalb der Methoden direkt auf die Namen der Elemente zugreifen.

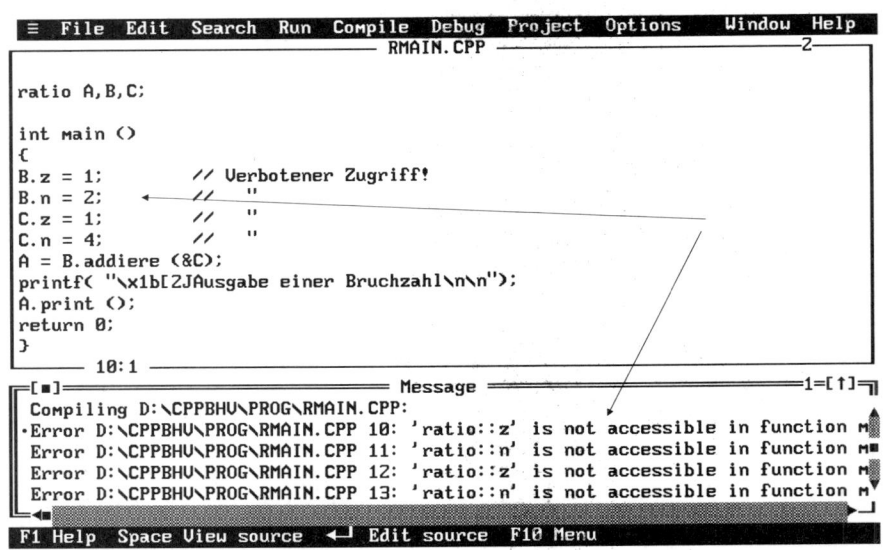

Bild 3-5: Verbotener Zugriff auf private Eigenschaften

In der Ausgabe der Zeile 14 wird ein ANSI-Steuersequenz zum Löschen des Bildschirms ausgegeben. Das Programm setzt ein ANSI-Terminal (oder einen installierten ANSI-Treiber) voraus.

Bindung

Man sagt, daß bei einem Aufruf einer Methode mit Hilfe des Punktoperators eine frühe Bindung an das Objekt erfolgt. Der hier benutzte Begriff "Bindung" hat nichts mit dem Linken oder Binden des Linkers zu tun. Er beschreibt in der OOP, der Objekt-Orientierten Programmierung, die Zuordnung des Objektes an die aufgerufene Methode.

Technisch wird die Bindung durch einen verdeckten Parameter erreicht. Beim Aufruf wird die Adresse des zu bearbeitenden Objektes in einem unsichtbaren Parameter übergeben. In allen Methoden kann man auf den Wert dieses Parameters mit dem Schlüsselwort "this" zugreifen.

```
// Methode print der Klasse ratio mit this
void ratio::print ()
{
printf ("%d/%d",this->z, this->n);
}
```

Bild 3-6: Arbeiten mit "this"

In der Verwendung sieht das Schlüsselwort "this" wie ein Zeiger auf das gerade bearbeitete Objekt aus. (this ist intern tatsächlich ein Zeiger):

Diese Art der Bindung wird als frühe Bindung bezeichnet. Früh bedeutet, daß der Compiler zur Übersetzungszeit festlegen kann, wo die Adresse herkommt und welche Methode aufzurufen ist. Im Kapitel über Polymorphismus (oder späte Bindung) sehen wir dann das Gegenstück zur frühen Bindung.

Botschaftenkonzept und andere Begriffe

Die genannten Begriffe werden in der Literatur nicht einheitlich verwendet. Die Begriffe "Eigenschaft" und "Methode" stammen aus den klassischen OOP-Sprachen. Bei C++ werden in der Sprachbeschreibung die englischen Begriffe "data member" für die Eigenschaft und "member function" für die Methode verwendet. Zu den Objekten aus C++ sagen andere Sprachen "Instanz einer Klasse" und, anstelle ein Objekt anzulegen, instanziieren sie es. In der OOP spricht man auch nicht von einem Aufruf der Methoden. Man sagt, daß man an ein Objekt eine Botschaft mit Parametern sendet. Um eine möglichst einfache Darstellung zu erreichen, werden wir erst nach und nach die Begriffe verwenden. Vorläufig bleiben wir aber noch bei der vertrauten Ausdrucksweise.

Erweiterung des Beispiels

Unser "ratio"- Beispiel ist bisher noch nicht sinnvoll zu verwenden. Rationale Zahlen umfassen die ganzen Zahlen und die Bruchzahlen. Im Laufe des Buches werden wir für rationale Zahlen alle 4 Grundrechenarten entwickeln.

Hinweise zur Weiterarbeit

1) Welche Auswirkung hat die Kapselung
- für den Programmierer
- für die Wartung von Programmen
- für Anbieter von Spezial-Klassen
- für die Sicherheit der Programme?
2) Welche Grundfunktionalitäten benötigen wir, um Objekte zu bearbeiten?
3) Welchem Teil der bisherigen Operatorfunktionen entspricht "this"?

Im nächsten Kapitel

Momentan fehlt uns noch eine Möglichkeit, überhaupt Werte in die Eigenschaften zu bringen. Die üblichen Verfahren sind dabei Initialisierung und Zuweisung. Da nur Methoden auf die privaten Elemente zugreifen dürfen, werden wir dazu im nächsten Kapitel entsprechende Methoden schreiben.

Konstruktoren und Destruktor

Operationen mit Variablen

Es gibt drei unterschiedliche Grundoperationen, die man mit einer beliebigen Variablen durchführen darf:

- Lesen
- Schreiben
- Initialisieren.

Die Operationen "Lesen" und "Schreiben" finden wir innerhalb einer Zuweisung. Auf der rechten Seite der Zuweisung wird gelesen, auf der linken geschrieben. Nachdem es sich um eine Anweisung im Programm handelt, wird der Compiler dafür Maschinencode erzeugen.

```
// Grundoperationen mit Variablen
int variable = 99;      // Initialisieren
int ergebnis;
ergebnis = 77;          // Zuweisen / Schreiben
ergebnis = variable;    // Schreiben / Lesen
```

Bild 4-1: Grundoperationen mit Variablen

Eine ganz andere Situation finden wir bei der Initialisierung vor. Das "="-Zeichen hat hier eine andere Bedeutung. Es steht für die Initialisierung. Wann und wie nun die Initialisierung durchgeführt wird, hängt von der Variablenart ab. Für globale Variable legt der Compiler einen Datensatz in die Objektdatei ab. Dieser Datensatz wird mit dem Linker weiterverarbeitet und landet schließlich in der ausführbaren Datei (.EXE unter DOS). Beim Laden des Programms wird dann der Datenbereich im Speicher aus der Datei vorbelegt. Es ist hier der Lader des Betriebssystems, der den Wert in die Variable schreibt.

Startet man nun das Programm beim Testen mehrmals mit Hilfe des Debuggers, dann wird nur beim ersten Start die Datei von der Platte geladen und die Variable initialisiert. Beim zweiten und allen folgenden Starts wird mit dem möglicherweise veränderten Wert das Programm begonnen.

Programmierer, die Firmware, also Programme in EPROM's oder ROM's schreiben, haben keine Lader und damit keine Initialisierung globaler Variable. Sie müssen dazu spezielle Routinen schreiben. Ein gängiges Verfahren ist es, die Werte im EPROM zu halten und beim Programmstart in den RAM-Bereich zu kopieren.

Ein anderes Verfahren wird verwendet, wenn es sich um eine lokale Variable handelt. Da lokale Variable nur während des Unterprogrammablaufes existieren, muß der Compiler aus der Initialisierung eine Zuweisung machen. Am Anfang des Unterprogramms wird hier zuerst die Variable dynamisch auf dem Stack angelegt und danach mit dem gewünschten Wert vorbelegt. Ein mehrmaliger Durchlauf durch das Unterprogramm führt daher immer wieder zu einer neuen Initialisierung.

Bei vordefinierten Datentypen ist diese Initialisierung einfach möglich. Für Strukturen haben ältere Compiler die Initialisierung lokaler strukturierter Variable verboten. Erst die ANSI-C Compiler erlauben auch die Initialisierung lokaler Strukturen.

Allgemein kann man sagen, daß die Initialisierung ein Auftrag an den Compiler ist, der Variablen beim Anlegen einen Wert zu geben. Eine Initialisierung kann nur ein einziges Mal erfolgen. Sie setzt eine neu angelegte, noch nie benutzte Variable voraus.

Die Zuweisung dagegen verändert den Wert einer bereits vorhandenen Variablen. Sie kann beliebig oft erfolgen.

Initialisierung für Objekte

Vielleicht fragen Sie sich, warum das Thema "Initialisierung" so wichtig ist. Zum einen können nicht richtig vorbesetzte Variable zu schwer zu findenden Fehlern führen. Zum anderen bietet C++ eine Möglichkeit, mit der Initialisierung weit mehr zu erreichen, als nur Werte vorzubesetzen. Für Objekte wird die Initialisierung verallgemeinert.

Wir können in der Klasse eine spezielle Methode deklarieren. Sie heißt genauso wie die Klasse und hat keinen Rückgabetyp. Die Parameter können wie üblich verwendet werden. Die Methode wird Konstruktor genannt. Sie wird vom Compiler automatisch aufgerufen, wenn eine Variable angelegt wird.

Konstruktor

Der Konstruktor verallgemeinert die Initialisierung, die Anfangswertzuweisung. Er kann alles erledigen, was ein Objekt am Anfang seiner Lebensdauer benötigt, nicht nur Anfangswerte setzen.

Der Konstruktor ist bis auf die genannten Besonderheiten eine normale Methode. Innerhalb des Konstruktors können wir beliebige Anweisungen schreiben. Für unsere Klasse "ratio" werden wir uns mit der Vorbesetzung begnügen. In anderen Klassen legen Konstruktoren dynamisch Speicherplatz an oder lassen ganze Fenster am Bildschirm entstehen.

```
 1  // Arbeiten mit Konstruktoren
 2  // Datei: ratiokon.hpp
 3  #include <stdio.h>
 4  class ratio
 5  {
 6  int zaehler;
 7  int nenner;
 8  public:
 9  ratio (int z, int n);    // Konstruktor
10  void rprint ();
11  ratio raddiere (ratio *r2);
12  };
```

Bild 4-2: Klasse mit Konstruktor

Wenn in einer Klasse ein Konstruktor vorhanden ist, wird er beim Anlegen von Objekten immer automatisch verwendet. In unserem Fall müssen daher bei jedem Anlegen eines Objektes die Initialisierungswerte angegeben werden.

```
1 // Implementierung des Konstruktors
2 // Datei: ratiokon.cpp
3 #include "ratiokon.hpp"
4
5 ratio::ratio (int zae, int ne)
6 {
7 zaehler=zae, nenner = ne;
8 }
9 // alle weiteren Methoden ...
```

Bild 4-4: Definition eines Konstruktors

Mit Hilfe des Konstruktors kann nun ein Objekt beim Anlegen mit beliebigen Werten vorbesetzt werden. Der Compiler stellt sicher, daß für alle
Objekte der Klasse der Konstruktor gerufen wird, falls er vorhanden ist.
Bei globalen Objekten wird intern ein zentrales Unterprogramm aufgebaut, das für alle globalen Objekte die Konstruktoren aufruft. Bei lokalen
Objekten setzt der Compiler den Konstruktoraufruf in den Code des Blockes ein.

Legen wir nun einmal Objekte an. Es gibt zwei unterschiedliche Schreib-
weisen für die Initialisierung und damit den Konstruktoraufruf.

```
// Anlegen von initialisierten Objekten
#include "ratiokon.hpp"
ratio objekt1 (1,2);
ratio objekt2 = ratio (1,4);
```

Bild 4-3: Anlegen initialisierter Objekte

Die erste Schreibweise erinnert an eine Mischung aus dem konventio-
nellen Anlegen einer Variablen und einem Funktionsaufruf. Und genau
das geschieht ja auch. Die zweite Möglichkeit verwendet das "="-Zei-
chen der Initialisierung. Diese Schreibweise ähnelt einer Zuweisung des
Konstruktorergebnisses an ein Objekt. Wir werden hier die erste
Schreibweise bevorzugen.

> Objekte und Variablen können an beliebigen Stellen angelegt und automatisch initialisiert werden. Die Trennung zwischen Vereinbarungen und Anweisungen ist aufgehoben.

Überlagerung von Methoden

Da wir in der Klassendefinition einen Konstruktor deklariert haben, fordert der Compiler den Konstruktor bei jedem Anlegen eines Objektes der Klasse "ratio" an. Zu den rationalen Zahlen gehören auch die ganzen Zahlen. Die Frage ist, ob wir auch eine Initialisierung mit einer einzelnen ganzen Zahl vornehmen könnten? Unser bisheriger Konstruktor eignet sich dazu nicht. C++ kennt zwei unterschiedliche Verfahren, unser Problem zu lösen. Die erste Lösung besteht in der Überlagerung der Methoden (oder allgemein der Funktionen). Die zweite wird initialisierte Parameter benutzen.

Der Begriff Überlagerung besagt, daß der gleiche Funktionsname mehrfach verwendet werden darf. (Manchmal wird auch der Begriff "Überladen" benutzt.) Damit der Compiler die verschiedenen Funktionen gleichen Namens auseinander halten kann, verwendet er interne Namen. Der interne Name für eine Funktion setzt sich aus dem Namen des Unterprogramms, dem Klassennamen, falls vorhanden, und der Liste der Parametertypen in codierter Form zusammen.

```
// Interne Namen aus: Name - Klasse - Schnittstelle
// Name für einen Operator (hier Konstruktor)
___ct__5ratioNii
// Name für eine Methode - Compiler-abhängig
_addiere__5ratioN5ratio
```

Bild 4-5: Aufbau interner Namen

In den beiden Beispielen wurden ein Konstruktor und eine Methode verschlüsselt. Man nennt diese interne Namen auch "Signaturen". Für manche Methoden und Operatoren gibt es Kurzbezeichnungen. Hier gehört der Konstruktor zur Klasse "ratio", deren Name aus fünf Buchstaben besteht. Er wird nach C++ Spezifikation gebunden und hat zwei Parameter vom Typ "int". Der Name für die Methode wurde aus einem Unterstrich, dem Methodennamen, der Länge des Klassennamens, einer Linkinformation und dem Typen des Parameters gebildet.

Mit Hilfe der internen Namensgebung ("type safe linkage", "name mangling") kann nun ein Name wiederholt verwendet werden. So kann es für jede Klasse eine "print()"-Methode geben. Oder es kann sogar innerhalb einer Klasse der Name der Methode wiederholt werden, vorausgesetzt, die Parameterschnittstelle ist unterschiedlich.

```
1  // Überlagern von Konstruktoren
2  // Datei: ratkon2.hpp
3  #include <stdio.h>
4  class ratio
5  {
6  int zaehler;
7  int nenner;
8  public:
9     ratio (int);       // Konstruktoren
10    ratio (int z, int n);
11 void  rprint ();
12 ratio raddiere (ratio *r2);
13 };
```

Bild 4-6: Überlagerung von Methoden: Konstruktoren

Die Namensbildung variiert zwischen den einzelnen Compilern. Bitte lesen Sie evtl. im Handbuch nach. Allgemein gilt jedoch, daß der Programmierer keine Namen mit einem Unterstrich am Anfang oder zwei Unterstrichen in der Mitte eines Namens verwenden sollte.

Interne Namen können sehr lang werden. In C++ wurde daher die Längenbegrenzung für Namen aufgehoben.

Der zweite Konstruktor akzeptiert nun eine ganze Zahl. Er hat den gleichen Namen, nämlich den Klassennamen, wie unser bisher benutzter Konstruktor. Der Unterschied liegt in der Schnittstelle. Er hat einen Parameter vom Typ "int", unser bisheriger hatte zwei Parameter des Typs "int". Dies ist das Unterscheidungsmerkmal für den Compiler.

Die Implementierung ist einfach. Der Nenner wird mit Hilfe einer Konstanten, der eins, vorbesetzt.

```
 1 // Implementierung der Konstruktoren
 2 // Datei: ratkon2.cpp
 3 #include "ratkon2.hpp"
 4
 5 ratio::ratio (int zae, int ne)
 6 {
 7 zaehler=zae, nenner = ne;
 8 }
 9 ratio::ratio(int z)
10 {
11 zaehler = z, nenner = 1;
12 }
13 // alle weiteren Methoden ...
```

Bild 4-7: Überlagerung von Konstruktoren

Legen wir nun verschiedene Objekte mit unterschiedlichen Initialisierungslisten an, so wird der Compiler an Hand der Anzahl, der Reihenfolge und der Typen der übergebenen Parameter die richtige Methode auswählen. In unserem Fall gibt es nur den Unterschied zwischen einem oder zwei "int"-Werten.

```
// Anlegen von Objekten mit versch. Konstruktoren
ratio Objekt1 (1,4);
ratio Objekt2 (5);
```

Bild 4-8: Aufruf verschiedener Konstruktoren

Die Überlagerung von Funktionsnamen ist ein wichtiger Schritt zur Unterstützung des Programmierers. Bisher konnte er in jedem Unterprogramm immer wieder seine bevorzugten Namen für Variable verwenden. Da diese lokal sind, ist es zulässig, jeder Programmierer seine Zählvariable z.B. "i" nennt. Nun kann jeder Programmierer in seiner Klasse auch beliebige Funktionsnamen verwenden. Jede Klasse kann nun z.B. ihr "print()" bekommen. Es können alle Funktionen überlagert werden, nicht nur Methoden.

Ein Problem bleibt bestehen. Wir können noch immer nicht ein Objekt anlegen, ohne einen Initalisierungswert anzugeben. Da wir Konstruktoren geschrieben haben, erwartet der Compiler einen passenden Konstruktor bei jeder Objektdefinition. Wir könnten einen Konstruktor schreiben, der keinen Parameter benötigt. Dieser Konstruktor wird Standardkonstruktor genannt. Da er benötigt wird, sollte man ihn in jeder Klasse anlegen.

Initialisierte Parameter

Eine weitere Möglichkeit, Konstruktoren aufzurufen, ohne Parameter angeben zu müssen, bieten die initialisierten Parameter.

In der Schnittstellendeklaration kann man jedem Parameter einen Initialisierungswert zuordnen. Ein solcher Parameter kann dann beim Aufruf weggelassen werden. Parameter mit Initialisierungswerten stehen immer am Ende der Parameterliste.

Damit wollen wir nun zum letzten Mal unseren Konstruktor umschreiben. Wir ordnen jedem Parameter einen Initialisierungswert zu. Damit können wir diesen Konstruktor dann mit keinem, mit einem oder mit zwei Werten benutzen.

```
1  // Initialisierte Parameter
2  // Datei: ratkon3.hpp
3  #include <stdio.h>
4  class ratio
5  {
6  int zaehler;
7  int nenner;
8  public:
9  ratio (int z = 0, int n = 1);   // Konstruktor
10 void  print ();
11 ratio addiere (ratio *r2);
12 };
```

Bild 4-10: Konstruktor mit initialisierten Parametern

Die Implementierung ist einfach, da sie von Standardwerten nichts wissen muß. Die Initialsierungswerte werden nur in der Deklaration angegeben. Der Konstruktor mit einem Parameter kann nun entfallen.

```
1  // Initialisierte Parameter
2  #include "ratkon3.hpp"
3
4  ratio::ratio (int zae, int ne)
5  {
6  zaehler=zae, nenner = ne;
7  }
8
9  // ... alle weiteren Methoden
```

Bild 4-9: Allgemeiner Konstruktor

Beim Anlegen der Objekte kann der Konstruktor nun mit unterschiedlicher Parameteranzahl aufgerufen werden. Beachten Sie den Fall ohne Parameter. Hier wird kein rundes Klammernpaar benutzt. Dies geschieht, um zu den bisherigen Versionen von C die größtmögliche Kompatibilität zu wahren. Der C++ Compiler soll ja auch in der Lage sein, C-Programme zu übersetzen. Geben Sie runde Klammern ohne einen

Parameter an, missversteht Sie der Compiler. Er sieht es dann als Funktionsdeklaration alten Stils (nach K&R: ohne Parameterprüfung).

```
// Anlegen von Objekten
ratio R_Obj1;          // Keine Klammern schreiben!
ratio R_Obj2 (2);      // ein Parameter, ganze Zahl
ratio R_Obj3 (1,2);    // zwei Parameter, Bruchzahl
```

Bild 4-11: Anlegen von "ratio"-Objekten

Destruktor

Neben der automatischen Initialisierung bietet C++ noch die Möglichkeit, für jede Klasse eine Methode zu schreiben, die am Ende der Lebensdauer eines Objektes automatisch aufgerufen wird: den Destruktor.

```
1 // Destruktor
2 // Datei: ratkon4.cpp
3 #include "ratiokon.hpp"
4
5 ratio::~ratio ()
6 {
7 printf ("\nDestruktor gerufen.");
8 }
9 // ... alle weiteren Methoden
```

Bild 4-12: Prinzipieller Aufbau eines Destruktors

Der Name des Destruktors wird aus dem Klassennamen gebildet. Man stellt eine Tilde voran. Die Tilde soll die logische Invertierung des Konstruktors andeuten. Ein Destruktor hat keinen Parameter.

```
1  // Klasse mit Destruktor
2  // Datei: ratkon4.hpp
3  #include <stdio.h>
4  class ratio
5  {
6  int zaehler;
7  int nenner;
8  public:
9  ratio (int z = 0, int n = 1); // Konstruktor
10 ~ratio();                      // Destruktor
11 void  print ();
12 ratio addiere (ratio *r2);
13 };
```

Bild 4-13: Definition der Klasse mit Destruktor

Die Objekte der Klasse "ratio" liegen abhängig von der Definition im globalen oder lokalen Datenbereich. Der globale Bereich ist das Datensegment. Der lokale Bereich ist der Stack. Ein lokal angelegtes Objekt wird beim Verlassen des Funktionsblockes entfernt. Dabei wird der vom Programm benutze Speicherbereich an das Betriebssystem zurückgegeben. Zur Erinnerung: ein Block wird durch ein geschweiftes Klammerpaar gekennzeichnet. Ein globales Objekt lebt bis das Programm beendet wird.

Im Falle der Klasse "ratio" benötigen wir keinen Destruktor, da nichts "aufzuräumen" ist. In anderen Klassen kann z.B. die Notwendigkeit bestehen, dynamisch angelegten Speicherplatz zurückzugeben. Bei einem Fenstersystem für den PC könnte man den Destruktor für ein Objekt "Fenster" benutzen, um das Fenster wieder vom Bildschirm zu entfernen.
Einem Destruktor der Klasse "ratio" bleibt also nichts zu tun. Nur um seine Existenz zu zeigen, kann man sich seinen Aufruf durch eine "print()"-Anweisung anzeigen lassen.

Das erweiterte "ratio"-Beispiel

Das "ratio"- Beispiel, das uns bisher gute Dienste geleistet hat, wollen wir nun noch einmal ausbauen und als ganzes betrachten.

```
 1 // Beispiel 1:
 2 // Datei: ratiob1.hpp
 3 #include <stdio.h>
 4
 5 #ifndef RATIOHEADER
 6 #define RATIOHEADER
 7 class ratio
 8 {
 9 private:         // ist Voreinstellung
10 int zae;         // Eigenschaften der Klasse
11 int nen;         // zaehler und nenner
12 public:          // Methoden/Konstruktor
13        ratio (int zaehler = 0, int nenner = 1);
14 void   print (); // Inhalt anzeigen
15 ratio addiere (ratio *operand2);
16 ratio subtrahiere (ratio *operand2);
17 void   zuweisung (int zz, int nn);
18 };
19 #endif
```

Bild 4-14: Erweiterte Klassendefinition für "ratio"

In der Klasse "ratio" gibt es keine Methoden, die ausschließlich intern benutzt werden. Daher finden Sie im geschützten Bereich keine Methodendeklarationen.

Die Schnittstelle zur Außenwelt wird von einem Satz aus Methoden und dem Konstruktor gebildet. Da für beide Parameter Initialisierungswerte angegeben wurden, kann der Konstruktor in drei unterschiedlichen Fällen benutzt werden: wenn kein, ein oder zwei Parameter bei der Definition von Objekten angegeben werden. Im Hauptprogramm wird dies demonstriert.

```
1  // ratio- Beispiel
2  // Datei: ratiob1.cpp
3  #include "ratiob1.hpp"
4
5  ratio::ratio (int za, int ne)
6  {
7  zae=za, nen = ne;
8  }
9  void ratio::print ()
10 {
11 printf ("%d/%d",zae, nen);
12 }
13 ratio ratio::addiere (ratio *op2)
14 {
15 ratio erg;
16 erg.zae=zae* op2->nen + nen* op2->zae;
17 erg.nen  = nen * op2->nen;
18 return erg;
19 }
20 ratio ratio::subtrahiere (ratio *op2)
21 {
22 ratio erg;
23 erg.zae=zae* op2->nen- nen * op2->zae;
24 erg.nen  = nen * op2->nen;
25 return erg;
26 }
27 void ratio::zuweisung (int za, int ne)
28 {
29 zae=za, nen = ne;
30 }
```

Bild 4-15: Erweitertes "ratio"-Beispiel

In den Methoden wird nur ein Operand als Parameter mitgegeben. Der
Aufruf der Methode erfolgt durch die Bindung. Damit liegt der erste Operand fest.

Innerhalb der Addition und der Subtraktion mußte eine lokale Ergebnis-variable eingeführt werden. Der Programmierer könnte auch dem eigenen Objekt das Ergebnis direkt zuweisen. Aber dann würde er die Spielregeln verletzen, nach denen eine Addition abläuft. Die Addition oder Subtraktion verändert die Operanden nicht. Daher legt man die Ergebnisvariable an, die auch zurückgegeben wird. Die Rückgabe eines Objektes ist genauso möglich, wie die Rückgabe einer Variablen der vordefinierten Datentypen.

Die Klasse wird in einer Informationsdatei definiert. Um ein mehrfaches Einlesen während einer Übersetzung zu verhindern, wurde die Klassendefinition in eine Präprozessoranweisung eingeschlossen (bedingte Übersetzung).

Für die Klasse "ratio" gibt es auch eine Methode zum Anzeigen. Diese Methode wurde so geschrieben, daß sie nur die Information ausgibt, die tatsächlich in einem Objekt der Klasse enthalten sind. Auf Führungstexte, wie "Zähler ist:" wurde bewusst verzichtet. Derartige Texte müssen getrennt ausgeben werden.

Zusätzlich wurde im ratio- Beispiel auch noch eine Zuweisung aufgenommen. Wir hätten sonst keine Möglichkeit, die Werte eines bereits angelegten Objektes zu verändern.

```
 1 // Hauptprogramm
 2 // Datei: rmainb1.cpp
 3
 4 #include <stdio.h>
 5 #include "ratiob1.hpp"
 6
 7 ratio A,B(3),C(1,2); // dreimal Konstruktor
 8 int main ()
 9 {
10 printf( "\x1b[2J\nAusgabe von Bruchzahlen\n");
11 A = B.addiere (&C);
12 printf( "\nAusgabe der Addition\n");
13 A.print();
14 A = B.subtrahiere (&C);
15 printf( "\n\nAusgabe der Differenz\n");
16 A.print();
17 A.zuweisung (2,4);
18 printf( "\n\nAusgabe nach der Zuweisung\n");
19 A.print(); printf("\n\n");
20 return 0;
21 }
```

Bild 4-16: Hauptprogramm für "ratio"

Im Hauptprogramm werden zuerst die benötigten Informationsdateien eingelesen. Es ist dabei zweckmäßig, zuerst die Standard-Dateien einzulesen und danach die selbst geschriebenen. Der Name der "ratio"- Informationsdatei hat hier die Erweiterung "hpp". Diese Erweiterung ist nicht Pflicht. Sie soll in dieser Einführung zur leichten Unterscheidung benutzt werden.

Die Objekte wurden global definiert. Dabei wurden alle möglichen Aufrufe des Konstruktors verwendet.

Der "()"-Aufruf verwendet eine ANSI-Steuersequenz zum Löschen des Bildschirms ("\x1b[2J\x1b[1;1H"). In der Zeile 11 erfolgt der Aufruf der Additionsmethode. In der OOP sagt man auch, daß man an das Objekt B die Botschaft "addiere" mit dem Parameter "&C" sendet.

Im Hauptprogramm werden zwei verschiedene Zuweisungen verwendet. In der Zeile 11 oder 14 benutzen wir die Standardzuweisung des Compilers für Strukturen und Objekte. Er wird dabei Datenelement für Datenelement kopieren. In der Zeile 17 wird die selbst geschriebene Zuweisung benutzt.

Der Bildschirm sieht nach Ablauf der Programms wie folgt aus.

```
Ausgabe von Bruchzahlen

Ausgabe der Addition
7/2

Ausgabe der Differenz
5/2

Ausgabe nach der Zuweisung
2/4
```

Bild 4-17: Ausgabe des "ratio"- Beispiels

Damit haben wir in einem ersten Beispiel einige Möglichkeit kennen gelernt, Klassen zu definieren und zu benutzen.

Hinweise zur Weiterarbeit

1) Schreiben Sie vorhandene Strukturen zu Klassen um.

2) Welche Möglichkeiten bieten Konstruktoren für:
- mathematische Klassen
- Fensterklassen für Benutzeroberflächen
- dynamische Daten
- Kommunikationsklassen?

3) In den bisherigen Methoden haben wir Objekte mit Hilfe eines Zeigers an Methoden übergeben. Warum können wir ganze Objekte (noch nicht) übergeben?

4) Welche Notwendigkeiten oder welche Möglichkeiten sehen Sie für Destruktoren?

5) Kennen Sie Fälle von Überlagerung in prozeduralen Programmiersprachen?

6) Ein interner Name (die Signatur) wird aus drei Information aufgebaut. Welchen?

7) Definieren Sie eine Klasse "Punkt", die u.a. eine Ausgabemethode hat. Schreiben Sie damit ein Hauptprogramm, das mit Hilfe von Objekten der Klasse "Punkt" eine Linie am Bildschirm ausgibt. Zur Positionierung des Cursors können Sie das folgende Makro "POS" verwenden
#define POS(zeile,spalte) printf("\x1b[%d;%dH",zeile,spalte)

Im nächsten Kapitel

Die Konstruktoren und Destruktoren eignen sich nicht nur zur Initialisierung sondern auch für beliebige andere Aufgaben. Je komplexer eine Klasse wird, desto größer werden auch die Aufgaben, die am Anfang und am Ende der Lebensdauer eines Objektes erledigt werden müssen. Bei unserem "ratio"-Beispiel war z.B. der benötigte Speicherplatz bekannt. Bei anderen Objekten ergibt sich der Speicherplatzbedarf erst während des Ablaufs.

Dem Problem der Speicherplatzreservierung während der Laufzeit wenden wir uns im nächsten Kapitel zu.

Dynamische Speicherverwaltung

Ein Überblick

Viele Programme folgen einem einfachen Schema. Der Programmierer legt in seinem Programm fest, welche Variable er benötigt und schreibt den Quellcode zur Bearbeitung des Problems.

Es gibt aber eine ganze Reihe von Aufgaben, die erst zur Laufzeit ermitteln können, wie viele Variable oder Speicherplatz sie benötigen.

Zur Menge dieser Programme gehören alle Übersetzer (Assembler und Compiler). Der Autor eines Compilers kann nicht im voraus wissen, wie viele Namen im gerade übersetzten Programm definiert wurden.. Er muß jedoch alle Namen intern in einer Symboltabelle speichern. Wie groß die Tabelle sein muß, ergibt sich erst, wenn das Programm läuft.

Ein weiteres Beispiel ist ein Editor. Er weiß auch nicht, wie groß die jeweils zu bearbeitende Datei oder eine einzelne Zeile sein wird. Es gibt Editoren, die beschränken einfach die Größe des Textes, legen für jede Zeile den maximal benötigten Speicherplatz an und umgehen damit das Problem. Das Beispiel "Zeile" wollen wir nun näher untersuchen. Unsere Zeile soll eine variable Länge erhalten, um keinen Speicherplatz zu verschwenden.

Eine Leerzeile enthält nur ein Zeilenendezeichen; eine volle Zeile kann in vielen Editoren bis zu 255 Zeichen lang sein. Was wir benötigen, ist eine Klasse, mit der man Zeilen unterschiedlicher Länge anlegen kann. Die Länge soll bei der Initialisierung eines Zeilenobjektes ermittelt werden.

Die Halde, der Heap

Wollen wir während der Laufzeit dynamisch Speicherplatz für das Programm reservieren, benötigen wir einen Speicherbereich, der dafür angelegt wird. Diesen Speicherbereich nennt man Halde. Ein anderer Ausdruck ist - auf gut Englisch - "heap". Die Implementierung hängt sehr von der verwendeten Maschine und dem darauf laufenden Betriebssystem ab.

Ein Compiler übersetzt ein Programm und legt verschiedene Segmente (durchgängige Abschnitte) an. Die einzelnen Segmente enthalten den Code (oder "text" bei Linux/), die globalen Daten und schließlich ein Segment für den Stack (Stapelbereich).

Je nach Betriebssystem wird der verbleibende Speicher oder ein eigenes Segment benutzt, um mit Hilfe des Betriebssystems dem Programm während der Laufzeit zusätzlichen Speicher zur Verfügung stellen zu können.

In der Welt der DOS/Windows PC's wurden noch zusätzlich sogenannte Speichermodelle erfunden. Das Bild 5-1 zeigt das Small-Modell der Daten für DOS-Compiler. Das Beispiel kann man gut zur Erklärung benutzen.

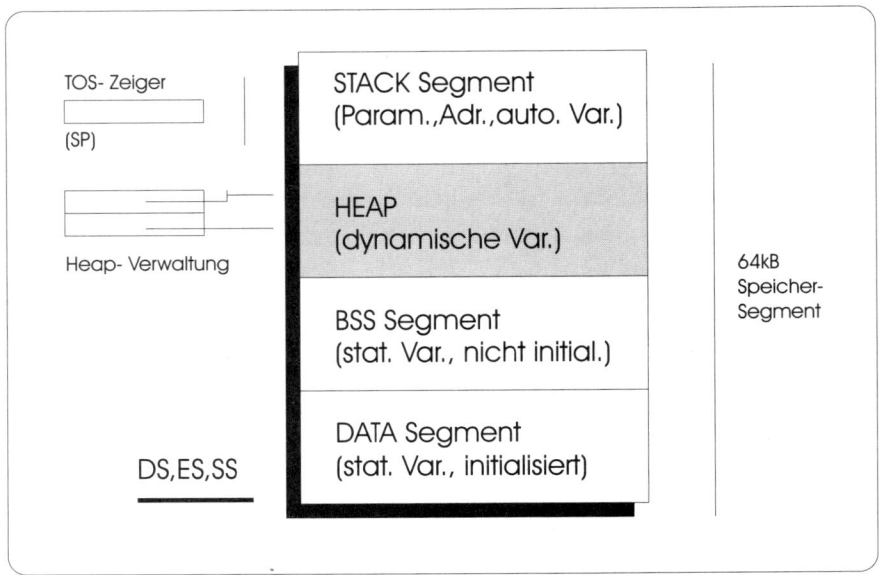

Bild 5-1: Aufbau der Halde im "small"-Modell

Im "small"- Modell fasste man alle logischen Datensegmente in einem einzigen physikalischen Speichersegment zusammen. Der Stack wird ans obere Ende gelegt, die Daten nach unten. Nach alter C-Tradition unterscheidet man noch zwischen initialisierten globalen Daten (in "data") und nicht initialisierten (in "bss"), die beim Laden mit "0" vorbelegt werden. Der Segmentname "bss" steht dabei für "block started with symbol".

Der verbleibende Speicherplatz zwischen Stack und Daten blieb frei und konnte für die Halde genutzt werden. Da das gesamte Speichersegment nicht über 64kB groß werden konnte, konnten auch dynamische Variable (Felder) diese Grenze nicht überschreiten.

Je nach Betriebssystem gelten andere Spielregeln. Das Beispiel sollte nur helfen, den Begriff "heap" etwas anschaulicher zumachen.

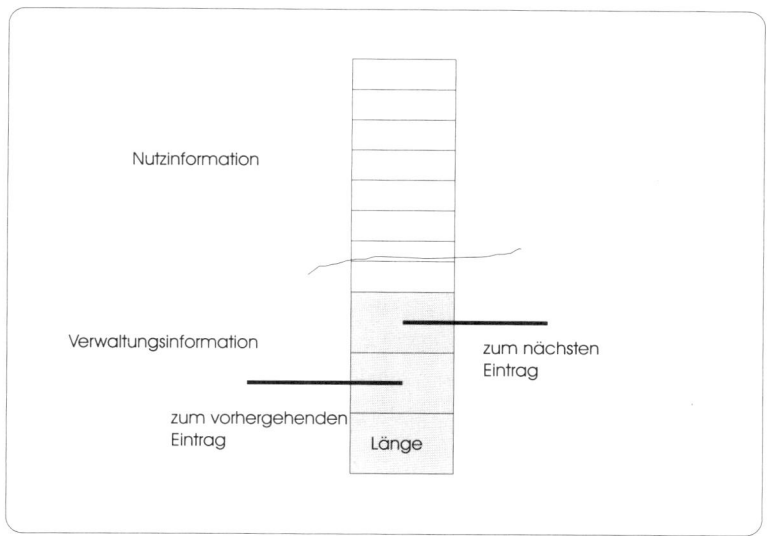

Bild 5-2: Beispiel für den Aufbau eines Eintrages

Die Halde wird über eine Liste verwaltet. Jeder neu reservierte Bereich wird in die Liste eingehängt und beim Freigeben wieder ausgekettet. Dieses Verfahren ist aufwendiger als z.B. die Stackverwaltung. Es hat aber den Vorteil, daß man Speicher in beliebiger Reihenfolge wieder freigeben kann (siehe Bild 5-2).

Mit Hilfe der Halde wollen wir nun die Klasse "Zeile" entwickeln. Eine Zeile läßt sich einfach als Klasse definieren, wenn wir zwischen Verwaltung und Inhalt unterscheiden. In einem Zeilenobjekt speichern wir die gewünschte Länge und einen Zeiger auf den Inhalt. Den Platz für den Inhalt können wir dynamisch anlegen.

Im folgenden betrachten wir zuerst die Funktionen "()" und "free()" in C. Dabei können wir wichtige Grundlagen sehen. Danach wenden wir uns den neuen Schlüsselworten "new" und "delete" zu. Die dynamische Speicherverwaltung ist für die Bearbeitung dynamischer Probleme so wichtig, daß viele Sprachen, darunter C++ und Pascal, sie in die Sprachdefinition aufgenommen haben.

Funktionen malloc() und free()

Die Funktionen "malloc()" und "free()" finden sich in der C-Standardbibliothek. Auch wenn sie bei C++ normalerweise noch vorhanden sind, sollte man sie nicht mehr verwenden. Sie dienen hier nur der Demonstration.

```
// Deklarationen/Prototypen für malloc() und free()
void * malloc (size_t anzahl);
void free (void * dynzeiger);
```

Bild 5-3: Prototypen

Die Funktion "malloc()" erhält als Parameter die Anzahl der gewünschten Bytes. Mit der Länge wird "malloc()" einen Bereich im Hauptspeicher reservieren und einen Zeiger darauf zurückgeben. Im Fehlerfall, wenn kein Speicherbereich mit der gewünschten Länge gefunden werden konnte, dann gibt "malloc()" die ungültige Adresse "NULL" zurück. "NULL" wird in der Datei "stdio.h" zumeist als die Zahl "0" definiert, die man als Adresse benutzt.

```
void * malloc (size_t Laenge);  // Deklaration
double * dp;               // Zeiger definieren
dp = (double *) malloc (sizeof (double));
id (dp == NULL)
  printf ("\nFehler beim Anlegen."), exit(1);
else
    printf ("\nAnlegen in Ordnung.");
// Hier: benutze die Variable
free (dp);                 // Speicher freigeben
```

Bild 5-5: Speicherverwaltung mit "malloc" und "free"

Die Funktion "malloc()" erhält einen Parameter des Datentyps "size_t". Dieser Datentyp wird von "sizeof" als Rückgabetyp benutzt und bedeutet meist: Länge in Bytes. Oft wird dieser Typ in der "stdlib.h" als "unsigned int" definiert. Bei der Übersetzung wird mit dem Präprozessor "size_t" durch "unsigned int" ersetzt. Den Begriff "Bytes" gibt es in C eigentlich nicht. Das einzige Schlüsselwort, das eine grundlegende Speichereinheit kennt, ist "sizeof". C++ kennt inzwischen den Begriff "Byte".

Der Rückgabewert ist ein typloser Zeiger: "void *". Da in C++ einem Zeiger nur eine typgerechte Adresse zugewiesen werden darf, muß die Typwandlung beim Aufruf angegeben werden.

```
void * vp;      // Zeiger ohne Typ
int * ip;       // Zeiger auf int
vp = ip;        // erlaubt, Typ geht verloren
ip = vp;        // verboten, Typ nicht bekannt
```

Bild 5-4: Typgerechte Benutzung von Zeigern

Weist man einem Zeiger ohne Typinformation den Inhalt eines beliebigen anderen Zeigers zu, dann ist dies zulässig. Bei der Zuweisung geht für den Zielzeiger die vorhandene Typinformation verloren. Will man umgekehrt einem Zeiger mit Typinformation den Inhalt eines typlosen Zeigers zuweisen, dann fehlt die Typinformation. Daher ist dies unzulässig.

Die Fehlerabfrage erkennt am Rückgabewert "NULL" (der in anderen Sprachen auch NIL heißt), den Erfolg oder Misserfolg des Aufrufes. Bei Misserfolg bricht das Programm mit "exit (1)" ab. Bei Erfolg wird das Programm abgearbeitet und gelangt schließlich zum Gegenstück von "malloc", der "free"-Funktion (siehe Bild 5-4).

Die Funktion "free()" erwartet als Parameter die Adresse eines Speicherbereiches, der mit "malloc()" dynamisch angelegt wurde. An "free()" dürfen keine anderen Adressen übergeben werden.

Bei der Benutzung dynamischer Variable gilt in allen Fällen der Grundsatz, daß jeder reservierte Bereich genau eine Freigabe erhalten muß. Wird in einem Programm immer wieder Speicherbereich reserviert, aber nie zurückgegeben, dann ist es nur eine Frage der Zeit, bis das Programm an einen "malloc()"-Aufruf gerät, der keinen Speicher mehr findet. Im guten Fall, wenn der Programmierer den Rückgabewert geprüft hat, dann bricht das Programm ab. Ohne Prüfung ist das Ergebnis nicht vorhersagbar. Da solche Fehler zusätzlich auch vom momentan verfügbaren Speicher des Computers abhängen, sind sie oft schwer zu finden.

Das Gegenstück dazu ist die mehrfache Freigabe. Auch das kann erst während der Laufzeit gefunden werden. Je nach Compiler meldet die Verwaltungsroutine dann "Heap corrupted" (Halde zerstört) oder auch gar nichts. In jedem Fall ist es ein schwerer Fehler.

Es ist daher sicher eine gute Empfehlung, die Verwaltung dynamischer Variablen im Programm möglichst einfach zu halten und genau zu kontrollieren.

Die Operatoren "new" und "delete"

In C++ nahm man die dynamische Speicherverwaltung mit in den Sprachumfang auf. Dazu dienen die beiden Schlüsselworte "new" und "delete".

"new" liefert, wie "malloc()", eine Adresse auf einen reservierten Speicherplatz zurück. Die Adresse wird mit dem korrekten Datentyp versehen.

```
 1  // new und delete
 2  // Datei: new1.cpp
 3  #include <stdio.h>
 4  #include <stdlib.h>
 5
 6  int main ()
 7  {
 8  int * ip;
 9  ip = new int (22); // mit Init. Wert
10  if (ip == NULL)
11      printf ("\nFehler."),exit(1);
12  delete ip;
13  return 0;
14  }
```

Bild 5-6: Dynamische Speicherverwaltung

Im obigen Beispiel nimmt der Zeiger "ip" die Adresse der dynamischen Variablen auf. Nach "new" wird der gewünschte Typ angegeben. Der Compiler kann aus dieser Information die benötigte Speichergröße ableiten. Weiter kann für eine einzelne Variable der gewünschte Initialisierungswert in runden Klammern angegeben werden. Die Syntax ähnelt dem Anlegen von Objekten. Bei jedem Anlegen einer dynamischen Variablen muß der Rückgabewert geprüft werden. Am Ende der Bearbeitung wird mit "delete" der reservierte Speicher wieder freigegeben.

Anlegen von Feldern mit Grunddatentypen

Felder können ebenfalls mit "new" angelegt werden. Die explizite Initialisierung ist nicht möglich. Sie erfolgt mit dem Default-Konstruktor. Da die Speicherverwaltung sich die Länge des Speicherbereiches merkt, genügt bei Standarddatentypen wieder eine einfache "delete"-Anweisung zum Freigeben.

Die Syntax läßt es aber zu, daß man zwischen dem Schlüsselwort "delete" und dem Zeiger auf den dynamischen Speicherbereich dem Compi-

ler mitteilt, dass es sich um ein Feld handelt. Eine Angabe der Feldgrö-
ße bei "delete" ist nicht (mehr) erlaubt.

Wichtig für die Anwendung ist es noch, daß die Größenangabe auch
eine Variable oder ein Ausdruck sein darf. Die tatsächlich verwendete
Größe kann damit während der Laufzeit berechnet werden.

```
1  // new und delete mit Feld
2  // Datei: new2.cpp
3  #include <stdio.h>
4  #include <stdlib.h>
5
6  int main ()
7  {
8  int     * ip;
9  int groesse = 100;
10 ip = new int [groesse];       // Feld
11 if (ip == NULL)
12     printf ("\nFehler."),exit(1);
13 delete [] ip;                 // oder: delete ip;
14 return 0;
15 }
```

Bild 5-7: Dynamisches Anlegen von Feldern

Dynamische Objekte

Objekte können entweder als Einzelobjekt mit expliziter Initialisierung
oder als Feld mit Standardinitialisierung angelegt werden. Ein uninitiali-
siertes Objekt wird nur bei völligem Fehlen von Konstruktoren angelegt.
Bei Feldern wird automatisch der parameterlose Standard-Konstruktor
gerufen.

Zusätzlich zur Größenermittlung und der typgerechten Adreßrückgabe
kommt beim Anlegen von Objekten im Normalfall der Konstruktoraufruf
für jedes Objekt des Feldes hinzu.

```
 1  // new und delete mit Objektfeld
 2  // Datei: new3.cpp
 3  #include <stdio.h>
 4  #include <stdlib.h>
 5  #include "ratiob1.hpp"
 6
 7  int main ()
 8  {
 9  ratio  * rp, * rpf;
10  rp = new ratio (2,3);
11  if (rp == NULL)
12      printf ("\nFehler."),exit(1);
13  delete rp;
14  rpf = new ratio [10];   // Standardkonstruktor
15  if (rpf == NULL)
16      printf ("\nFehler."),exit(1);
17  delete [] rpf;
18  return 0;
19  }
```

Bild 5-8: Anlegen eines Objektes

Im Gegensatz zu den Feldern mit Grunddatentypen muß man bei "delete" dem Compiler mitteilen, daß es sich um ein Feld handelt. In älteren C++-Versionen mußte man auch beim "delete" die Größe des zu löschenden Feldes angeben. Dies hat sich jedoch als zu fehleranfällig erwiesen, so daß im Standard keine Größenangabe mehr erlaubt ist.

Ein Beispiel: die Zeile

In den bisherigen Beispielen mit der Klasse "ratio" war der gesamte Speicherbedarf eines Objektes bereits während der Übersetzungszeit bekannt. Anders verhält es sich, wenn ein Objekt nicht die gesamte Speicherung der Eigenschaften beinhaltet, sondern nur mit einem Zeiger auf den aktuell benutzten Speicher zeigen will, wie es bei einem allgemeinen Text der Fall sein kann.

Mit Hilfe der dynamischen Speicherverwaltung können wir nun beginnen, die Klasse "Zeile" zu programmieren. Als (private) Eigenschaften benutzen wir eine Längenangabe und einen Zeiger auf den dynamisch anzulegenden Datenbereich. Die (öffentlichen) Methoden sollen vorerst nur aus Konstruktor, Destruktor und der Ausgabe bestehen.

```
 1  // Klasse mit dynamischer Speicherverwaltung
 2  // Zeile1.hpp
 3  class Zeile
 4  {
 5  int Laenge;          // Länge nicht erlaubt
 6  char * Inhalt;
 7
 8  public:
 9    Zeile (char * ctext);
10    ~Zeile();            // Destruktor
11  void print();
12  };
```

Bild 5-9: Klasse mit dynamischer Eigenschaft

Der Konstruktor erwartet einen normalen C-Text. Texte in C sind "Felder aus char" und tragen die Endekennung "\0". Beim Anlegen eines Zeilenobjektes wird dynamisch Speicherplatz reserviert. Der reservierte Speicherplatz muß spätestens am Ende der Lebensdauer eines Objektes wieder zurückgegeben werden. Dies ist die typische Aufgabe für den automatisch gerufenen Destruktor.

```
 1  // Implementierung der Zeile1n
 2  // Datei: Zeile1.cpp
 3  #include <stdio.h>
 4  #include <string.h>
 5  #include <stdlib.h>
 6  #include "zeile1.hpp"
 7
 8  Zeile::Zeile (char * text)
 9  {
10  Laenge = strlen (text) +1;// Länge merken
11  Inhalt = new char[Laenge];// Speicher holen
12  if (Inhalt == NULL)
13             exit(1);
14  strcpy (Inhalt,text);        // Inhalt kopieren
15  }
16  Zeile::~Zeile()
17  {
18  delete Inhalt;
19  }
20  void Zeile::print()
21  {
22  printf (Inhalt);
23  }
```

Bild 5-10: Implementierung der Zeile

Im Konstruktor im Bild 5-10 ermitteln wir zuerst die tatsächlich vorhandene Länge in "char". Dabei setzt die Funktion "strlen()" voraus, daß der Text mit einem Endezeichen "\0" abgeschlossen ist. Um auch den Platz für das Endezeichen zu berücksichtigen, erhöhen wir die von "strlen()" ermittelte Anzahl um eins.

Damit wissen wir den benötigten Speicherbedarf und können ihn mit "new" anlegen. Im Fehlerfall, wenn "new" durch Rückgabe der NULL meldet, daß kein Speicher mehr vorhanden ist, bricht der Konstruktor das Programm mit der Funktion "exit()" ab. Deren Parameter ist der Programmendestatus. Ein Programmendestatus ungleich 0 wird innerhalb einer Batch-Datei als Fehlermeldung interpretiert. Schließlich kopiert "strcpy()" noch den Inhalt des Initialisierungstextes in den eigenen Puffer (Zeile 14).

Das einfache Gegenstück zum Konstruktor ist der Destruktor. Hier wird der dynamisch angelegte Speicherplatz wieder freigegeben. Da der Destruktor automatisch am Ende der Lebensdauer aufgerufen wird, brauchen wir uns um die Verwaltung der Halde keine weitere Gedanken zu machen.

Wichtig ist nur, daß der Zeiger "Inhalt" im Konstruktor auf einen eigenen Speicherbereich zeigt. Es darf also nie vorkommen, daß nur eine Adresse kopiert wird, ohne einen eigenen Speicherbereich zu reservieren. Verwendet man in mehreren Objekten einen Zeiger auf den gleichen Speicherbereich, dann würde im jeweiligen Destruktor der Operator "delete" hintereinander mehrfach aufgerufen und die Halde damit zerstört.

Als bisher letzte Methode der Klasse "Zeile1" gibt es noch die Ausgabe. Sie beschränkt sich auf die Ausgabe des Textes im Objekt.

```
 1  // Hauptprogramm für Zeile
 2  // Datei: z1main.cpp
 3  #include <stdio.h>
 4  #include "zeile1.hpp"
 5
 6  int main ()
 7  {
 8  Zeile z1("\nGuten Tag!\n");
 9  printf("\x1b[2J\x1b[1;1H"); //Bildschirm löschen
10  z1.print(); // Inhalt ausgeben
11  return 0;    // Alles OK
12  }
```

Bild 5-11: Anwendung der Klasse "Zeile1"

Das Hauptprogramm (Bild 5-11) ist sehr knapp geraten. Schließlich können wir (noch) kein umfassendes Programm schreiben. Aber die Grundzüge des Arbeitens mit den Klassen und der dynamischen Speicherverwaltung sind gut zu sehen.

Wie immer beginnt das Programm mit einem Kommentar und dem Einlesen der Informationsdateien. Zuerst wird der Bildschirm gelöscht.

In "main()"" wird ein Objekt "z1" der Klasse "Zeile" angelegt und mit einem beliebigen Text initialisiert (Zeile 8). Nach dem Löschen des Bildschirms wird das Objekt ausgegeben. Oder: an das Objekt "z1" der Klasse "Zeile1" wird die Botschaft "print()" ohne Parameter gesendet (Zeile 10).

Diskussion des Beispiels

Im obigen Beispiel haben wir die Anwendung der Klasse mit Hilfe der dynamischen Speicherverwaltung einfach gemacht. Derjenige, der ein Objekt der Klasse anlegt, braucht sich keine Gedanken um mögliche Begrenzungen der Textlänge zu machen. Der Anwender hat es leichter, weil der Spezialist die Verwaltungsarbeit intern erledigt hat.

Die OOP-Sprechweise mit dem Senden von Botschaften beeinflusst die Denkweise. Ruft man ein Unterprogramm auf, hat man das Gefühl, selbst die Steuerung in der Hand zu haben. Sendet man eine Botschaft, überlässt man dem Empfänger die Auswertung und Bearbeitung. Die Aktivität wird logisch in das Objekt hinein verlagert.

In C++ wird das Senden von Botschaften durch den Aufruf von Methoden realisiert. Vielleicht werden einmal in einem komplexeren Computersystem die Objekte auf mehrere Prozessoren verteilt. Dann müßten tatsächlich Botschaften zwischen Prozessoren ausgetauscht werden. Angesichts der fallenden Hardwarepreise und der wachsenden Vernetzung der Maschinen untereinander ist das gar nicht so abwegig.

Hinweise zur Weiterarbeit

Erweitern Sie das Beispiel "Zeile" wie folgt:
1) Definieren Sie weitere Methoden.
2) Erstellen Sie einen Standardkonstruktor (ohne Parameter).
3) Ergänzen Sie Konstruktor und Destruktor um eine Meldung "Hier ist der Konstruktor" bzw. "Hier ist der Destruktor". Lassen Sie das Programm ablaufen.

---

4) Führen Sie einen weiteren Block im Hauptprogramm ein. Legen Sie innerhalb der geschweiften Klammern des neuen Blocks ein lokales Objekt an. Beobachten Sie, wann Destruktoren gerufen werden.

Im nächsten Kapitel

Die Zeile hat uns ein Beispiel für die dynamische Speicherverwaltung geliefert. So einfach das Anlegen der Objekte mit unterschiedlichen Initialisierungen ist, so problematisch sind nun andere Operationen. Die einzige Operation mit ganzen Strukturen oder Objekten, die in der Sprache vordefiniert ist, war die Zuweisung. Was passiert, wenn wir ein Zeilenobjekt einem anderen zuweisen? Bisher wurden einfach die Eigenschaften des Quellobjektes eins zu eins den Eigenschaften des Zielobjektes zugewiesen. Bei der Klasse "ratio" funktionierte das wunderbar. Da eine Eigenschaft der Zeile ein Zeiger auf einen dynamisch angelegten Bereich ist, würde beim Kopieren die Adresse verdoppelt. Für beide Objekte würde aber am Ende der Lebensdauer der Destruktor gerufen Und damit würde versucht, den gleichen Speicherbereich zweimal freizugeben. Die "normale" Zuweisung funktioniert daher bei Objekten mit dynamischer Speicherverwaltung nicht mehr.

Das gleiche gilt, wenn wir ganze Objekte an Unterprogramme als Parameter übergeben wollen. In den folgenden Kapiteln sehen wir uns daher zuerst den Aufruf und die Übergabe von Parametern genauer an. Mit den dabei gewonnenen Erfahrungen können wir dann auch das Problem der Zuweisung einfach lösen.

Parameterübergabe bei Unterprogrammen

Die bisher verwendeten Beispiele "ratio" und "Zeile" kamen wir mit relativ einfachen Methoden aus. Methoden können aber auch komplexer werden. So könnte es eine Methode geben, die als Parameter eine Bruchzahl akzeptiert und sie in Text in einer Zeile umwandelt. Oder wenn man das Beispiel umdreht, könnte man auch an die Ausgabe einer Bruchzahl denken, die zusätzlich einen beliebigen Führungstext in einem Zeilenobjekt als Parameter erhält.

Um solche Aufgaben zu lösen, müssen wir wissen, wie man Variable und Objekte über die Schnittstelle einer Methode oder allgemein eines Unterprogramms übergibt. Zuerst wenden wir uns den Möglichkeiten der Übergabe von Variablen der vordefinierten Datentypen zu und besprechen danach die Übergabe von Objekten.

Formale und aktuelle Parameter

Beim Aufruf eines Unterprogramms sind immer zwei Sätze von Parametern beteiligt: die beim Aufruf benutzten aktuellen Parameter und die formalen Parameter des Unterprogramms. Wenn man ein Unterprogramm schreibt, es also definiert, dann definiert man in der Schnittstelle die formalen Parameter.

```
// Unterprogrammdefinition: 2 formale Parameter
float addiere (float op1, float op2)
{
float ergebnis;          // lokale Variable
ergebnis = op1 + op2;
return ergebnis;
}
```

Bild 6-1: Definition eines Unterprogramms

Formale Parameter sind lokale Variable des Unterprogramms. Sie können, wie jede andere Variable auch, verändert werden.

Beim Aufruf werden nun die jeweils verwendeten aktuellen Parameter an die formalen Parameter zugewiesen. Das Unterprogramm bearbeitet mit den Parametern und seinen lokalen Variablen das gestellte Problem und erzeugt einen Rückgabewert. Wird ein Unterprogramm als Prozedur geschrieben, entfällt der Rückgabewert.

```
// Aufruf der Funktion addiere
float a,b;
b = 3.14;
a = addiere (b, 2.7); // aktuelle Parameter


// Übergabe: op1 und op2 sind formale Parameter
```

Bild 6-2: Formale und aktuelle Parameter

Lokale Variable und formale Parameter haben eine begrenzte Lebensdauer. Sie existieren nur während des Ablaufes des Unterprogramms. Es gehört daher zum Aufruf des Unterprogramms, diese Variable am Stack anzulegen und zu initialisieren. Der Wert der aktuellen Parameter wird genaugenommen nicht für eine Zuweisung verwendet, sondern zur Initialisierung der formalen Parameter. Dieser kleine Unterschied wird uns gleich noch beschäftigen.

Übergabemethoden: per Wert oder per Referenz

Bei der Übergabe von Parameter kann man die Frage nach dem Typ und der Übergabemethode stellen. In C ist die Übergabemethode klar. Es gibt nur die Wertübergabe. In C++ und in anderen Sprachen, wie z.B. Pascal, gibt es noch die Übergabe per Referenz. Um Mißverständnisse zu vermeiden, unterscheiden wir hier deutlich zwischen dem, was übergeben wird und der verwendeten Methode.

Wenn eine Adresse als aktueller Parameter vorliegt und ein Zeiger als formaler Parameter, dann passen beide zusammen. Der Compiler braucht nur dafür sorgen, daß der Zeiger angelegt und mit der Adresse initialisiert wird. Es handelt sich also um die Übergabe einer Adresse mit Hilfe der Wertübergabe.

Wertübergabe bedeutet, daß der aktuelle Parameterwert vom Compiler in den formalen Parameter des Unterprogramms kopiert wird.

Referenzübergabe bedeutet, daß der Compiler selbständig und für den Programmierer verdeckt statt eines Parameters dessen Adresse übergibt und bei der Verwendung automatisch mit der Adresse indirekt zugreift.

```
1  // Parameterübergaben
2  // Datei: param1.cpp
3  #include <stdio.h>
4  void incr (int param) // formaler Parameter !
5  {
6  param++;              // Ändern der Kopie !
7  }
8  int main ()
9  {
10 int variable = 77;
11 incr (variable); // aktueller Parameter
12 printf ("\nNach INCR-Aufruf: %d\n\n",variable);
13 return 0;
14 }
```

Bild 6-3: Wertübergabe mit Wertvariablen

Im Beispiel Bild 6-3 wird beim Aufruf in der Zeile 11 der formale Parameter "param" erzeugt und mit dem Wert aus der Variablen "variable" initialisiert. Die Veränderung des formalen Parameters in der Funktion "incr" hat keinen Einfluß auf die Originalvariable "variable". Es sind zwei völlig unabhängig voneinander existierende Variablen. Die "printf"-Anweisung der Zeile 12 wird daher "77" ausgeben, den ursprünglichen Wert. Der formale Parameter "param" verliert am Ende der Funktion in der Zeile 6 seine Gültigkeit. Die Veränderung geht verloren.

Die Wertübergabe kann natürlich auch zu Übergabe von Adressen benutzt werden. (Adressen bezeichnet man gelegentlich auch als Referen-

---

zen (leider).) Hier muß in diesem Fall die Adresse bei der Übergabe gebildet werden. Als formaler Parameter wird dann ein Zeiger benutzt.

```
 1 // Parameterübergaben
 2 // Datei: param2.cpp
 3 #include <stdio.h>
 4 void incr (int * param_p)  // Zeiger
 5 {
 6 (*param_p)++;
 7 }
 8 int main ()
 9 {
10 int variable = 77;
11 incr (&variable); // Adresse
12 printf ("\nNach INCR-Aufruf: %d",variable);
13 return 0;
14 }
```

Bild 6-4: Wertübergabe einer Adresse

Der formale Parameter ist jetzt ein Zeiger, der mit einer übergebenen Adresse initialisiert wird. Greifen wir in der Zeile 5 mit dem Zeiger indirekt zu, ändern wir das, worauf der Zeiger zeigt: den aktuellen Parameter, dessen Adresse wir übergeben haben.

Adreßübergaben werden benutzt, um innerhalb von Funktionen auf die aktuellen Parameter zugreifen zu können oder um große Datenstrukturen nicht kopieren zu müssen. Die Adresse ist schließlich nur zwei oder vier Byte groß, ein Feld kann Tausende von Bytes erreichen. Hier ist die Übergabe einer Adresse die viel schnellere Methode.

Eine andere Situation liegt vor, wenn der Compiler beim Übergeben eines Wertes eine Dienstleistung erbringt. Die Leser, die mit Pascal vertraut sind, kennen die Referenzübergabe unter einem anderen Namen: "var-Parameter". (Wirth spricht von einem Parameter, der den aktuellen Parameter repräsentiert.) Wir wollen deshalb einen kurzen Abstecher zu Pascal machen.

Für viele C-Programmierer war ein hartes Stück Arbeit, sich an die Zeiger und Adressen zu gewöhnen. Will man innerhalb einer Funktion in C auf die Originalvariable zugreifen, dann muß man deren Adresse übergeben und innerhalb der Funktion damit indirekt zugreifen (mit dem "*"-Operator). In Pascal schreibt man einfach vor den Parameter das Schlüsselwort "var". Damit teilt man dem Compiler mit, daß er sich selbst um die Übergabe kümmern soll. Der Programmierer braucht keinen indirekten Zugriff anzugeben.

```
{ Pascal-Beispiel für Referenzübergaben }
procedure minmax( var g:list; var j,k:integer);
var i:1..n; u,v: integer;
begin j := g[1]; k := j; i := 2;
while .....
....
end; { minmax }
```

Bild 6-5: Referenzübergabe in Pascal

Im Pascal-Beispiel wird in der Parameterliste den drei Parametern das Schlüsselwort "var" vorangestellt. Innerhalb der Prozedur kann der Programmierer nun einfach mit der Anweisung "k := j;" auf die aktuellen Parameter zugreifen und sie verändern. Die formalen Parameter repräsentieren (verweisen auf) die aktuellen Parameter, die in Pascal *Variable* sein müssen. Würde "var" fehlen, dann würden die Werte in formale Parameter kopiert und die Originalvariable blieben unverändert. Das Beispiel stammt aus dem Buch "Pascal User Manual and Report" von Jensen/Wirth.

```
 1 // Parameterübergaben
 2 // Datei: param3.cpp
 3 #include <stdio.h>
 4 void incr (int & param)
 5 {
 6 param++; // Verändert die Original-Variable
 7 }
 8 int main ()
 9 {
10 int variable = 77;
11 incr (variable); // "variable" wird verändert
12 printf ("\x1b[2J\nDanach: %d\n",variable);
13 return 0;
14 }
```

Bild 6-6: Referenzübergabe einer Variablen

In C++ gibt es einen fast identischen Mechanismus. Wie immer bei C (und C++) wurde er völlig allgemein und nicht nur für die Parameterübergabe realisiert.

Im Bild 6-6 werden die formalen Parameter mit Hilfe von Referenzvariablen realisiert. Ähnlich der Definition eines Zeigers mit einem "*" stellen wir bei der Referenz nun dem Namen ein "&" davor: "" wird als Referenz auf eine "int"-Variable definiert.

Innerhalb der Funktion benutzen wir den Parameter wie wir es von normalen Variablen gewohnt sind. Das gleiche gilt für den Aufruf. Intern erbringt der Compiler jedoch eine Dienstleistung. Beim Anlegen des formalen Parameters weiß er, daß er die Referenz auf den aktuellen Parameter "variable" bilden soll. Technisch wird deshalb die Adresse übergeben. Beim Zugriff mit Hilfe einer Referenzvariablen weiß der Compiler, daß es eine Referenz, ein Verweis, ist und wird automatisch auf das zugreifen, auf das sich die Referenz bezieht: auf den aktuellen Parameter. Der Typ des Parameters ist hier Referenz auf "" oder kurz "int &".

Für den Programmierer ist das sehr angenehm. Er definiert nur an einer einzigen Stelle, bei der Definition der formalen Parameter, daß eine Adresse übergeben werden soll und braucht sich danach nie wieder Gedanken über Adressen und indirekten Zugriff mit dem "*"-Operator zu machen. Deklariert man eine Funktion mit Referenzparametern muß auch hier der Typ "Referenz auf" angegeben werden. Verändert wird im Unterprogramm nun die Variable im aufrufenden Programm.

Anders als in Pascal kann dieser Mechanismus nicht nur für Parameter sondern auch für spezielle Variablen (sogenannte Aliasvariablen) und Funktionsrückgaben benutzt werden.

```
 1  // Parameterübergaben
 2  // Datei: param4.cpp
 3  #include <stdio.h>
 4  int & incr (int & param)
 5  {
 6  param++; // verändert die Original-Variable
 7  return param;     // zusätzliche Rückgabe
 8  }
 9  int main ()
10  {
11  int variable = 77;     // wird verändert
12  printf("\nNach Aufruf:%d\n\n",incr(variable));
13  return 0;
14  }
```

Bild 6-7: Funktionsrückgabe mit Referenz

Im Beispiel des Bildes 6-7 wird auch der Rückgabewert per Referenz zurückgegeben. Der Rückgabewert wird in der, gegenüber den anderen Beispielen veränderten, "printf()"-Anweisung benutzt. Wieder gibt es nur eine einzige Stelle, an der dem Compiler die Verwendung einer Adresse mitgeteilt wird.

Bei so einfachen Variablen mit dem Datentyp "int" hat die Rückgabe mit Referenz keinen Sinn, da hier der Aufwand mit einer Adresse zu arbei-

---

ten größer ist, als wenn man gleich das Ergebnis zurückgibt. Bei Feldern, Strukturen und natürlich Objekten ist das anders.

Bei aller Einfachheit der Referenz gibt es doch eine sehr gefährliche Mißbrauchsmöglichkeit. Schauen wir uns dazu wieder ein Beispiel im Bild 6-8 an. Versuchen wir einmal, eine lokale Variable oder einen Parameter per Referenz zurückzugeben.

```
 1  // Parameterübergaben
 2  // Datei: param5.cpp
 3  #include <stdio.h>
 4  int & incr (int param)
 5  {
 6  return param;        // FEHLER!
 7  }
 8  int main ()
 9  {
10  int variable = 77;
11  printf("\nNach INCR-Aufruf: %d",incr(variable));
12  return 0;
13  }
```

Bild 6-8: Verbotene Rückgabe lokaler Variable

Wenn wir uns erinnern, daß intern bei der Referenz-Rückgabe mit Adressen gearbeitet wird und wenn wir weiter daran denken, daß Parameter und lokale Variable am Ende der Funktion ihre Gültigkeit verlieren, dann zeigt die zurückgegebene Adresse auf eine ungültige Variable. Die zurückgegebene Adresse wird erst nach dem Beenden der Funktion weiterbenutzt.

Nicht alle Compiler melden hier einen Fehler.

Wichtig: Versuchen Sie niemals lokale Variable oder Wertparameter per Referenz zurück zu geben!

Allgemeine Referenz oder Alias-Variable

Wie schon erwähnt steht der Referenzmechanismus in C++ auch für normale Variable zur Verfügung. Diese Variable werden auch Alias-Variable genannt, da sie einen zweiten Namen für eine Wertvariable einführen.

Referenzvariable und Referenzparameter unterscheiden sich nur durch die Initialisierung. Bei allgemeinen Referenzvariablen wird der Initialisierungswert bei der Definition der Variablen, bei Referenzparametern beim Aufruf angegeben.

Referenzvariable könnte man auch als "Zeigervariable mit Zugriffsautomatik" bezeichnen. Schauen wir uns den Umgang mit Referenzen an.

```
int intvar;   // Normale variable anlegen
int & refvar = intvar; // Referenz mit Init.
intvar = 99; // neuen Wert an intvar
refvar = 88; // neuen Wert wieder an intvar
intvar = refvar;        // Zuweisung auf sich selbst
```

Bild 6-9: Allgemeine Referenzvariable

Bei der Definition einer Referenzvariablen nehmen wir einen selbstdefinierten Namen und schreiben den Typ davor. Der Typ ist hier " &", Referenz auf "int". Beim Definieren muß initialisiert werden. Der Initialisierungswert ist eine normale Variable. Wegen der Referenz nimmt der Compiler automatisch die Adresse und legt sie in der Referenzvariablen ab. Verwendet man dann die Referenzvariable in einer Zuweisung, greift der Compiler automatisch mit der Adresse in der Referenzvariablen indirekt zu. Dabei greift er auf die Variable zu, auf die wir uns beziehen; hier "intvar".

Beachten Sie auch den Unterschied zwischen der Initialisierung, bei der automatisch eine Adreßgewinnung erfolgt und der Zuweisung, bei der automatisch ein indirekter Zugriff erfolgt. Bei der Initialisierung wird in-

---

tern der Adreßoperator "&" verwendet, bei der Zuweisung die indirekte Adressierung "*".

Die Adreßermittlung nennt man auch "Referenzieren", den indirekten Zugriff "Dereferenzieren". Damit läßt sich der Vorgang auch so beschreiben: beim Initialisieren referenziert der Compiler automatisch die Initialisierungsvariable, beim Zugriff dereferenziert er automatisch die Referenzvariable.

Aliasvariable werden sehr selten verwendet; der bei weitem häufigste Anwendungsfall sind Parameter.

Ablauf eines Unterprogrammaufrufes

Im folgenden wollen wir uns den Übergaben von Objekten zuwenden. Schauen wir uns dazu zuerst einmal an, was der Compiler bei einem einfachen Unterprogrammaufruf in einer Hochsprache machen muß.

Die Grund, warum es genau dieser Ablauf sein muß, ist die Fähigkeit von C und C++, Code für Multitasking-Systeme zu erzeugen. (Bild 6-10)

Im ersten Schritt werden die formalen Parameter dynamisch angelegt und initialisiert. Die Parameter liegen auf dem Stack. Im Assembler für die 80x86-Prozessoren ist dieser Schritt ganz einfach. Der Maschinenbefehl "push" kann gleichzeitig Speicher auf dem Stack reservieren und mit einem Wert initialisieren. Bei größeren Variablen wird der Stackpointer (Stapelzeiger) SP explizit verringert und der damit reservierte Bereich mit dem aktuellen Parameter initialisiert.

Nachdem alle formalen Parameter am Stack angelegt und mit den zugehörigen aktuellen Parametern initialisiert wurden, geschieht im zweiten Schritt der Aufruf des Unterprogrammcodes (call).

Ein Unterprogramm wird zu Beginn die notwendigen Verwaltungsarbeiten erledigen. Dazu gehören das Retten von CPU-Registern und das Anlegen der lokalen Variablen. Die lokalen Variablen können auch initialisiert werden. Damit ist alles für die eigentlichen Anweisungen des Unterprogramms vorbereitet.

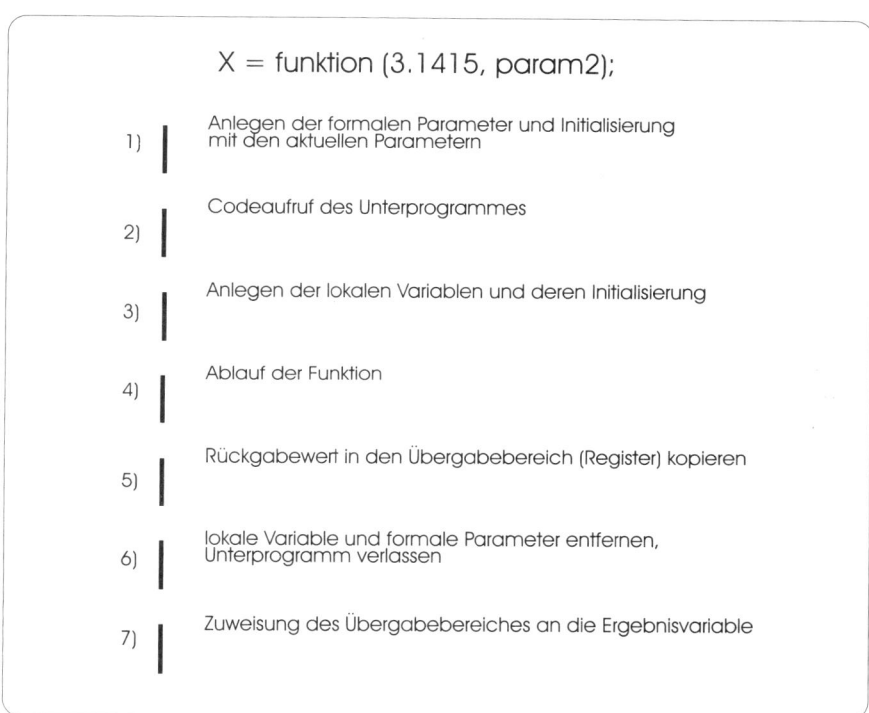

$X = \text{funktion}(3.1415, \text{param2});$

1) | Anlegen der formalen Parameter und Initialisierung mit den aktuellen Parametern

2) | Codeaufruf des Unterprogrammes

3) | Anlegen der lokalen Variablen und deren Initialisierung

4) | Ablauf der Funktion

5) | Rückgabewert in den Übergabebereich (Register) kopieren

6) | lokale Variable und formale Parameter entfernen, Unterprogramm verlassen

7) | Zuweisung des Übergabebereiches an die Ergebnisvariable

Bild 6-10: Einzelschritte beim UP-Aufruf

Nehmen wir an, daß das Unterprogramm eine Funktion ist. Dann kommen wir während des Ablaufes zur "return"-Anweisung. Sie wird den Wert oder das Ergebnis des nachfolgenden Ausdrucks zurückgeben. Dabei stehen wir aber vor dem Problem, wie und wo diese Rückgabe stattfinden soll. Eine Idee wäre, sie auf dem Stack zu lassen. Aber der Stack wird beim Verlassen des Unterprogramms aufgeräumt: alle Parameter und die lokalen Variablen werden entfernt. Ein Rückgabewert wird aber erst später, nach dem Verlassen, im aufrufenden Programm benötigt, z. B. in einer Zuweisung.

Der Rückgabewert muß deshalb zwischengespeichert werden. Dazu brauchen wir einen Platz, der das Ende des Unterprogramms überlebt. Die meisten Compiler benutzen die Prozessorregister als Übergabebereich. Bei Rückgaben von einfachen Variablen wird das gut gehen. Für

---

große Objekte werden uns aber die Register nicht genügend Speicherplatz zur Verfügung stellen können. Hier muß der Compiler ein "anonymes Übergabeobjekt" dynamisch anlegen.

Und schließlich wird dann im siebten und letzten Schritt der Übergabebereich an die Ergebnisvariable zugewiesen.

Diese Aufzählung der einzelnen Schritte führt uns zu einem Initialisierungsproblem: was passiert, wenn wir ein Objekt über eine Schnittstelle übergeben? Hier muß ein formaler Objektparameter angelegt und mit einem aktuellen Objekt initialisiert werden. Das neue Objekt soll so sein, wie das bereits existierende.

Der Compiler hat dafür eine Standardmethode: er benutzt die Zuweisung und kopiert Eigenschaft für Eigenschaft vom vorhandenen Objekt in das neu angelegte. Solange wir, wie bei "ratio", nur Werteigenschaften haben, funktioniert das. Wenn wir, wie bei "Zeile", auch Zeiger als Eigenschaften verwenden, dürfen wir nicht mehr eins zu eins kopieren. Dann gäbe es zwei Objekte, die die gleiche Adresse benutzen. Im Destruktor würde dann zweimal versucht, den gleichen Speicherbereich freizugeben.

Der Kopier-Konstruktor

Das Problem können wir mit Hilfe eines speziellen Konstruktors lösen: dem Kopierkonstruktor. Er erwartet als Parameter ein Objekt der Klasse.

```
// Aufruf des Kopierkonstruktors
// Konstruktor mit zwei "int"-Parametern benutzen
ratio altes_objekt (1,2);
// Kopierkonstruktor benutzen
ratio neues_objekt (altes_objekt);
```

Bild 6-11: Initialisierung mit dem Kopierkonstruktor

Der Kopierkonstruktor wird auch beim Übergeben von Objekten über die Funktionsschnittstelle aufgerufen, falls er vorhanden ist. Dabei stoßen wir auf eine Schwierigkeit. Wenn ein Objekt an eine Funktion übergeben wird, rufen wir eine andere Funktion, den Kopierkonstruktor auf. Dieser Funktion übergeben wir ein Objekt. Bei der Übergabe eines Objektes rufen wir den Kopierkonstruktor. Dem Kopierkonstruktor übergeben wir ein Objekt.... Wir brechen hier besser ab, denn das ist ein Teufelskreis geworden.

Ein Kopierkonstruktor darf also seinen Parameter, ein bereits existierendes Objekt niemals per Wertübergabe erhalten, sonst würden wir in den beschriebenen Teufelskreis geraten. Hier muß die Referenzübergabe verwendet werden. Sicherheitshalber erklären wir auch das Objekt, auf das sich die Referenz bezieht, als konstant.

Wichtig: Der Kopierkonstruktor erhält als Parameter eine Referenz auf ein konstantes Objekt ! (hier: const ratio &)

Damit können wir nun den Kopierkonstruktor für die bisherigen Beispiele "ratio" und "Zeile" schreiben. Schauen wir uns zuerst die einfachere Klasse "ratio" an.

In der Klassendefinition haben wir nun die Methode "Kopierkonstruktor" aufgenommen. Damit können wir auch in der Methode "addiere()" den Parameter als ganzes Objekt übergeben. Bisher hatten wir an dieser Stelle die Adresse übergeben.

Die Namen der Eigenschaften (hier: z und n) sollten im Normalfall ihre Bedeutung erkennen lassen. Sie sind hier nur wegen der schmalen Buchseite so kurz.

```
 1 // Kopier- Konstruktor
 2 // Datei: ratkop.hpp
 3 #include <stdio.h>
 4
 5 class ratio
 6 {
 7 int z;   // Zähler
 8 int n;   // Nenner
 9 public:
10 ratio (int zz = 0, int nn = 1);// Konstruktor
11 ratio (const ratio & robjekt);  // Kopier-Konst.
12 void   print ();
13 ratio addiere (ratio r2); // mit Wertübergabe
14 };
```

Bild 6-12: Klasse "ratio" mit Kopierkonstruktor

Für die Klasse "ratio" muß der Kopierkonstruktor nicht unbedingt geschrieben werden. Seine Implementierung entspricht genau der Standardmethode des Compilers, nämlich Eigenschaft für Eigenschaft zu kopieren.

Um die Benutzung sichtbar zu machen, finden Sie im Kopierkonstruktor eine "printf()"-Anweisung.

```
 1  // Kopier- Konstruktor
 2  // Datei: ratkop.cpp
 3  #include "ratkop.hpp"
 4
 5  ratio::ratio (int zae, int ne)
 6  {
 7  z = zae, n = ne;
 8  }
 9  ratio::ratio (const ratio & robjekt)
10  {
11  printf ("\nHier ist der Kopierkonstruktor.");
12  z = robjekt.z;
13  n = robjekt.n;
14  }
15  // Nur ausgeben, was unbedingt zu ratio gehört
16  void ratio::print ()
17  {
18  printf ("%d/%d",z, n);
19  }
20
21  ratio ratio::addiere (ratio op2)
22  {
23  ratio erg;
24  erg.z = z * op2.n + n * op2.z;
25  erg.n = n * op2.n;
26  return erg;
27  }
```

Bild 6-13: Implementierung des Kopierkonstruktors

Zum Testen benötigen wir noch ein kleines Hauptprogramm.

Bevor wir das Beispiel im Bild 6-14 diskutieren können, brauchen wir noch das Ergebnis des Programms am Bildschirm. Die Programmausgaben wurden mit Hilfe der Ein-/Ausgabe-Umleitung in eine Datei geschrieben und dann mit Zeilennummern versehen.

```
 1 // Arbeiten mit dem Kopier- Konstruktor
 2 // Datei: rmainkop.cpp
 3 #include <stdio.h>
 4 #include "ratkop.hpp"
 5
 6 ratio A,B(3),C(1,2); // dreimal Konstruktor
 7 ratio D (C);              // Kopierkonstruktor
 8 int main ()
 9 {
10 printf( "\nAusgabe von Bruchzahlen\n");
11 printf ("\nAusgabe des Objektes C: ");
12 C.print();
13 printf ("\nAusgabe des Objektes D: ");
14 D.print();
15 A = B.addiere (C);
16 printf( "\nAusgabe der Addition B+C: ");
17 A.print();
18 return 0;
19 }
```

Bild 6-14: Hauptprogramm

Der Kopierkonstruktor wird zuerst aufgerufen. Dies geschieht in der Zeile 7 des Hauptprogramms. Dort wird eine globale Variable angelegt. Ihre Initialisierung erfolgt, bevor "main()" zu arbeiten beginnt. Innerhalb von "main()" wird kein lokales Objekt angelegt. Die Aufrufe des Kopierkonstruktors stammen aus der Zeile 15. Dort rufen wir die "addiere" -Methode auf. Bei der Wertübergabe eines Objektes muß der formale Parameter ("robjekt" in der Zeile 9 der Implementierung Bild 6-13) mit Hilfe des aktuellen Parameters (hier "C")" initialisiert werden. Dies ist ein Fall für den Kopier-Konstruktor.

Der dritte Aufruf des Kopierkonstruktors (Zeile 8 im Bild 6-15) erfolgt bei der Initialisierung des anonymen Zwischenobjektes bei der Rückgabe. "addiere" liefert ein Objekt per Wertübergabe zurück. Dazu wird ein anonymes Zwischenobjekt angelegt und mit Hilfe der lokalen Variablen "erg" initialisiert. Und das ist wieder ein Fall für den Kopier-Konstruktor.

```
1
2 Hier ist der Kopierkonstruktor.
3 Ausgabe von Bruchzahlen
4
5 Ausgabe des Objektes C: 1/2
6 Ausgabe des Objektes D: 1/2
7 Hier ist der Kopierkonstruktor.
8 Hier ist der Kopierkonstruktor.
9 Ausgabe der Addition B+C: 7/2
```

Bild 6-15: Bildschirmausgabe des Hauptprogramms

Wertübergaben von Objekten führen zum Aufruf eines Konstruktors. Nach Möglichkeit wird man daher vermeiden, die oft großen Objekte auf diese Art zu übergeben. Schließlich kostet ein Methodenaufruf Laufzeit. Die Übergabe per Referenz würde diesen Aufwand an Laufzeit vermeiden. In unserem Fall könnte bei der Methode "addiere()" der Parameter per Referenz übergeben werden. Das Ergebnis darf auf keinen Fall per Referenz zurückgegeben werden, da das Ergebnis in einer lokalen Variablen steht. Das Ergebnis wird erst nach dem Verlassen der Methode weiterverarbeitet. Und da gibt es die lokale Variable schon nicht mehr. Die Referenz würde sich auf eine nicht mehr vorhandene Variable beziehen.

Bei manchen Compilern würde das Ergebnis sogar noch am Stack liegen, da die Stackkorrektur beim Verlassen des Unterprogramms nicht den alten Inhalt löscht. Trotzdem kann man nicht davon ausgehen, daß das immer der Fall ist. Ein Interrupt-Programm verwendet schließlich auch den Stack. Und Interrupts kommen zu beliebigen Zeitpunkten.

Bei "ratio" könnte der Kopierkonstruktor entfallen. Bei "Zeile" brauchen wir ihn wegen der verwendeten Zeiger unbedingt. Schauen wir uns daher noch unser zweites Beispiel an und schreiben einen Kopier-Konstruktor für "Zeile".

```
1  // Klasse mit dynamischer Speicherverwaltung
2  // Datei: zeile2.hpp
3  class Zeile
4  {
5  int Laenge;          // mit "ä" nicht erlaubt
6  char * Inhalt;
7
8  public:
9    Zeile (char * ctext);
10   Zeile (const Zeile & anderesObjekt);// K.-Kon.
11   ~Zeile();            // Destruktor
12   void print();
13   Zeile konkat(Zeile *Z2);
14 };
```

Bild 6-16: Klasse "Zeile" mit Kopier-Konstruktor

In der Zeile 10 sehen Sie den Kopier-Konstruktor. Eine häufig benutzte Kurzbezeichnung für ihn in der Klasse "X" ist : X::X (const X &).

Im bewusst sehr einfachen Hauptprogramm im Bild 6-17 werden zwei Objekte angelegt (z1 und z2). Mit "clrscr()" wird der Bildschirm gelöscht. Diese Routine heißt nicht bei allen Betriebssystemen gleich. An die beiden Objekte wird dann die Botschaft "print()" gesandt.

Die Implementierung des Kopierkonstruktors entspricht nun nicht mehr der Standardannahme des Compilers. Eine eins zu eins Kopie der Eigenschaften des vorgegebenen Objektes in die Eigenschaften des gerade initialisierten Objektes ist nicht möglich.

```
 1 // Zeilen-Implementierung mit X::X(const X &)
 2 // Datei: zeile2.cpp
 3 #include <stdio.h>
 4 #include <string.h>
 5 #include "zeile2.hpp"
 6
 7 Zeile::Zeile (char * text)
 8 {
 9 Laenge = strlen (text) +1;// Länge merken
10 Inhalt = new char[Laenge];// Speicher holen
11 strcpy (Inhalt,text);        // Inhalt kopieren
12 }
13
14 Zeile::Zeile (const Zeile & ZObj)
15 {
16 Laenge = ZObj.Laenge;
17 Inhalt = new char [Laenge];
18 strcpy (Inhalt,ZObj.Inhalt);
19 }
20
21 Zeile::~Zeile()
22 {
23 delete Inhalt; // Speicher freigeben
24 }
25
26 void Zeile::print()
27 {
28 printf (Inhalt);
29 }
```

Bild 6-17: Implementierung des Kopier-Konstruktors

Jedes Objekt braucht seinen eigenen, dynamisch angelegten, Speicherbereich. Schließlich wollen wir eine Variable auch verändern können,
ohne den Inhalt einer anderen zu verändern. Deshalb dürfen die Inhalt-
szeiger nicht kopiert werden. Nur der Inhalt selbst wird von dem vorgegebenen dynamischen Speicherbereich in den neu angelegten kopiert.

```
 1 // Hauptprogramm für Zeile
 2 // Datei: z2main.cpp
 3 #include <stdio.h>
 4 #include "zeile2.hpp"
 5 int main ()
 6 {
 7 Zeile z1("\nGuten Tag!");
 8 Zeile z2(z1);              // Kopierkonstruktor
 9 printf("\x1b[2J\x1b[1;1H"); //Bildschirm löschen
10 z1.print();                // Inhalt ausgeben
11 z2.print();
12 return 0;                  // Alles OK
13 }
```

Bild 6-18: Hauptprogramm für die Klasse "Zeile"

Damit haben wir den letzten Konstruktor kennen gelernt, den wir bei Objekten mit Zeigern auf dynamisch angelegte Speicherbereiche unbedingt brauchen. Wir kennen nun den Standardkonstruktor, der keinen Parameter hat, den Konstruktor mit Werten und den Kopier-Konstruktor.

Hinweise zur Weiterarbeit

1) Was sind die Vorteile einer Referenz gegenüber einem Zeiger?

2) Wann werden die anonymen Zwischenobjekte vom Compiler entfernt? Mit Hilfe einer Textausgabe und Experimentieren mit Blöcken ({}) findet man es heraus.

3) Wie viele Methodenaufrufe spart die Referenzübergabe ein bei:
- der Parameterübergabe
- der Ergebnisrückgabe?
Probieren Sie es einfach aus.

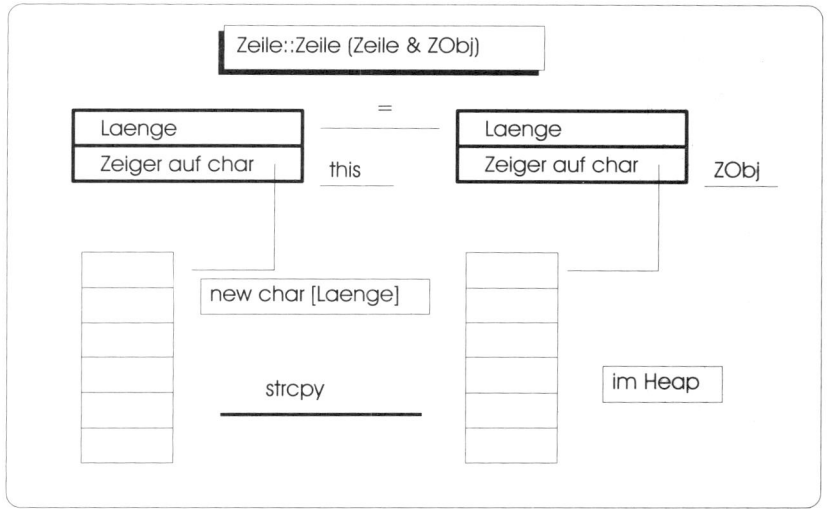

Bild 6-19: Kopier-Konstruktor für Zeilenobjekt

Im nächsten Kapitel

Für die Klasse "ratio" gibt es eine "addiere()"-Methode, die zwei Objekte addiert und ein Ergebnisobjekt liefert. Dieses Ergebnis wird dann einem anderen Objekt zugewiesen. Etwas ähnliches gibt es auch für Zeilen oder allgemeine Texte. Hier nennt man das Addieren "Zusammenhängen" oder "Konkatenieren".

Einmal angenommen, wir wollten eine Methode "konkatinieren()" schreiben, die ganz ähnlich der Methode "addiere()" arbeiten soll. Das Objekt, an das die Methode beim Aufruf gebunden wurde, und das Objekt, das als Parameter übergeben wurde, sollen ihre Texte liefern. Wir hängen sie zusammen und speichern den neuen Text in einem lokalen Objekt der Klasse "Zeile". Dieses Objekt wollen wir zurückliefern und einem anderen Objekt der Klasse "Zeile" zuweisen.

```
#include "zeile.hpp"
Zeile z1 ("Hallo, ");
Zeile z2 ("liebe Leser!");
Zeile z3(" ");
z3 = z1.konkatiniere (z2); // Problem der Zuweisung
z3.print();
```

Bild 6-20: Das Problem der Zuweisung bei Zeilen

Das obige Beispiel könnten wir bis jetzt schon schreiben - bis auf eine Stelle. Das Ergebnis der Konkatenierung (des Zusammenhängens) der Texte wird zugewiesen. Da aber in unserem Zeilenobjekt eine Eigenschaft ein Zeiger auf einen dynamisch angelegten Speicherbereich ist, darf diese Adresse nicht eins zu eins kopiert werden. Hier tritt das gleiche Problem wie beim Kopier-Konstruktor nun bei der Zuweisung auf.

Um das Problem lösen zu können, müssen wir dem "="-Zeichen für die Klasse "Zeile" eine neue Bedeutung geben.

Überlagerung von Operatoren

Im Kapitel über das Typkonzept haben wir sowohl die vordefinierten wie auch die selbstdefinierten Operationen besprochen. Für die vordefinierten Datentypen hat die Sprache einen Satz von Operatorsymbolen zur Verfügung. Bei privaten Datentypen schreibt der Programmierer eine Menge von Unterprogrammen zur Bearbeitung. Im Falle der Klassen schreiben wir eine spezielle Form der Funktionen, die Methoden.

Mit den Methoden haben wir die exakte Typüberprüfung, die bei den vordefinierten Datentypen schon lange selbstverständlich war, auch für private Datentypen eingeführt.

Ein Operatorsymbol, wie "+" oder "=", ist nicht auf einen Typ festgelegt. Wir dürfen die Zuweisung "=" auf "int", "char", "double" oder sogar auf Objekte und Strukturen anwenden. Ähnliches gilt für "+", mit dem jedoch keine Objekte bearbeitet werden können.

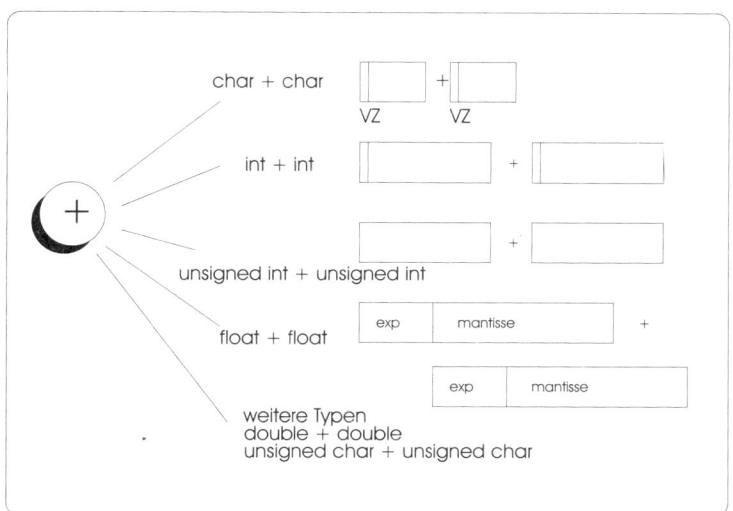

Bild 7-1: Verschiedene "+"-Operationen

Hinter einem Operatorsymbol stehen also unterschiedliche Operationen. Der Compiler muß nun bei der Übersetzung des Quelltextes selbst herausfinden, welche Operation gerade benötigt wird. Er entscheidet sich mit Hilfe der Umgebung, in der das Operatorsymbol steht. Man sagt daher auch, daß Operatoren "kontextsensitiv" sind, d.h. sie erhalten ihre exakte Bedeutung erst aus den beiden Informationen, welches Symbol benutzt wurde und in welcher Umgebung es steht.

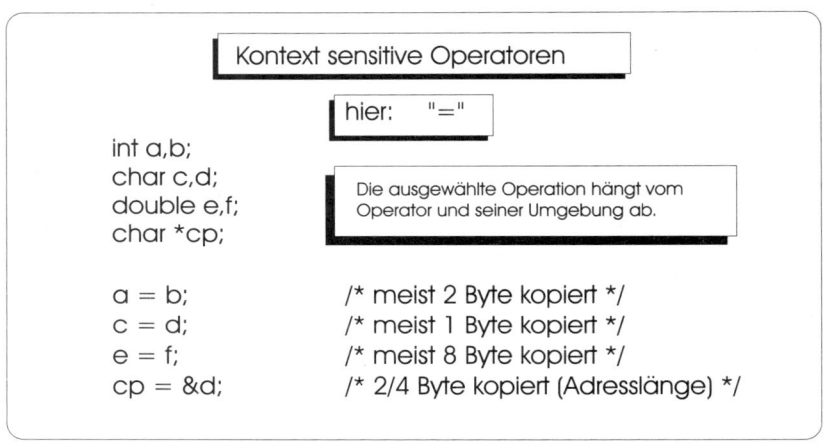

Bild 7-2: Kontext sensitiver Operator "="

Im Bild 7-2 wurde das Symbol für die Zuweisung verwendet. Der Einfachheit halber wurde die Umgebung, also die rechte und linke Seite, jeweils vom gleichen Typ gewählt. Die Variablen von Typ "char" und "int" können wahrscheinlich mit Hilfe von Maschinenbefehlen zugewiesen werden. Beide Datentypen haben in Registern Platz. Damit kann die Zuweisung mit einfachen "move"-Befehlen übersetzt werden. Im Fall der beiden "double"-Variablen geht das nicht. Um acht Byte zu kopieren, benötigen wir entweder mehrere Maschinenbefehle oder ein allgemeines Unterprogramm zum Kopieren von Daten beliebiger Größe.

Mit Hilfe eines Debuggers läßt sich leicht herausfinden, wie der jeweilige Compiler in diesem Fall übersetzt.

Der Compiler kann die Operation, die mit einem Symbol angefordert wird, entweder mit Code oder durch Aufruf eines Unterprogramms realisieren. Auch wir haben bei den privaten Datentypen die gewünschten Operationen durch eigene Unterprogramme realisiert. Es wäre schön, wenn wir dem Compiler sagen könnten, daß er bei einem "+"-Symbol, das zwischen "ratio"-Objekten steht, nun selbständig eine Methode der Klasse "ratio" rufen soll.

Dazu müssen wir dem "+"-Symbol eine oder mehrere neue Bedeutungen hinzufügen. In C++ ist das möglich und wird "Überlagerung von Operatoren" genannt. Bisweilen findet sich auch der Begriff "Überladen" von Operatoren (engl. overloading).

Wir benötigen folgende Schritte zur Überlagerung:
- der Compiler wird informiert, daß es eine neue Bedeutung für ein Symbol gibt
- wir schreiben ein Unterprogramm für einen Datentyp, das der Compiler aufrufen kann
- wir verwenden das Symbol in der neuen Typumgebung

Werfen wir zuerst einen Blick auf ein Detail im Compiler.

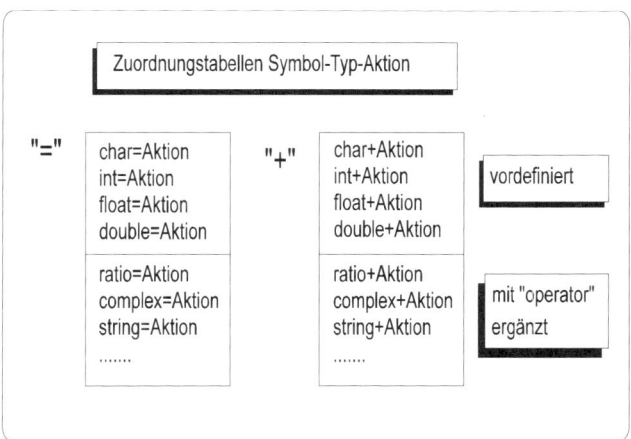

Bild 7-3: Interne Compilertabellen für Operatorsymbole

Viele Compiler benutzen interne Tabellen, in denen das Operatorsymbol und für jeden Typ die notwendige Aktion gespeichert ist. Trifft der Compiler auf ein Symbol, z.B. ein "+"-Zeichen, dann stellt er fest, in welcher Umgebung es steht und sucht sich dann aus der Zuordnungstabelle die gewünschte Aktion heraus. Diese internen Tabellen können mit Hilfe des Schlüsselwortes "operator" in C++ ergänzt werden.

Dazu müssen wir in C++ eine Zuordnung Symbol-Typ-Aktion definieren. Als Typ dient eine Klasse, als Symbol nehmen wir zuerst einmal ein "+"-Zeichen und die Aktion soll eine Methode sein. Der Name der neuen Methode kann mit der Kombination aus dem Schlüsselwort "operator" und dem gewünschten Symbol gebildet werden.

Das Schlüsselwort "operator" trägt in die internen Tabellen die gewünschte Zuordnung ein.

```
// Benutzung des Schlüsselwortes "operator"
ratio ratio::operator+(ratio op2)    // Definition
{
.......
}
```

Bild 7-4: Benutzung des Schlüsselwortes "operator"

Im Bild 7-4 haben wir eine Methode der Klasse "ratio" definiert. Sie muß wie jede andere Methode in der Klassendefinition deklariert werden.

Mit dieser Voraussetzung können wir nun die Klasse "ratio" neu definieren. Als überlagerte Operatoren nehmen wir die vier Grundrechenarten und die Zuweisung. Weitere Methoden, wie "print()", sollten zusätzlich deklariert werden.

Bei diesen Methoden können wir die Referenzübergabe aus dem Kapitel 6 (Parameterübergaben) benutzen. Die Methoden für die vier Grundrechenarten sollen die Operanden nicht verändern. Niemand hindert uns, dies doch zu tun. Um aber der normalen "+"-Operation möglichst nahe zu kommen, sollten wir die Operanden nur lesen. Daher brauchen wir

ein Zwischenergebnis. Ebenso wie bei "addiere" dürfen wir keine Rückgabe mit Referenzen auf eine lokale Variable einführen. Anders liegt der
Fall bei der Zuweisung. Hier sollen wir den linken Operanden verändern.

```
                    Operatoren mit Überlagerung


    class ratio
    {                       Klassendefinition
    int nenner, zaehler;
    public:
    ratio operator+ (ratio &);   // Operatorfunktion +
    ratio operator - (ratio &);  // Parameter ist ein Objekt
    ratio operator * (ratio &);  // mit Referenz- Übergabe
    ratio operator / (ratio &);  // Rückgabe ist ein Objekt
    ratio & operator= (ratio &);  // Zuweisung
    };

    ratio var1;             Objektdefinition
    ratio var2;
    ratio var3;
                                    Anwendung

    var1 = var2 + var3;   // "operator+" und "operator="
```

Bild 7-5: Klasse "ratio" mit überlagerten Operatoren

Aufruf der Operatormethoden

Vorausgesetzt, wir haben die obige Klasse "ratio" definiert und alle Methoden geschrieben, dann kann der Compiler erkennen, daß ein
"="-Symbol zwischen "ratio"-Objekten steht und die selbstdefinierte Operatormethode aufrufen.

Der Methodenaufruf geschieht mit einer Bindung an den linken Operanden. Bei Operatoren, die einen zweiten Operanden benötigen, wie bei
der Zuweisung, wird der zweite Operand als Parameter übergeben.

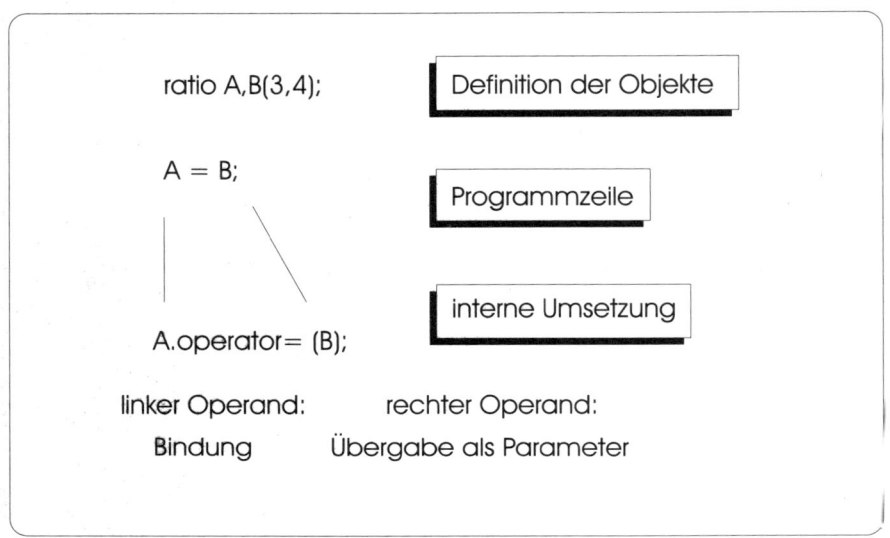

Bild 7-6: Umsetzung von Symbol auf Methodenaufruf

Die Methoden liefern auch einen Rückgabetyp. Im einfachsten Fall wird er gar nicht verwendet. Es gibt in C und C++ viele Stellen, wo ein Rückgabewert zwar bereitgestellt, aber fast nie abgeholt wird. Ein Beispiel ist die "printf()"-Funktion, die als Rückgabewert die Anzahl der ausgegebenen Zeichen oder im Fehlerfall EOF liefert. Ausgewertet wird dieser Rückgabewert sehr selten. Doch wann brauchen wir den Rückgabewert? Schauen wir uns dazu eine Addition von drei Objekten im folgenden Bild 7-7 an.

Wenn ein Ausdruck mehrere Operatorsymbole umfaßt, brauchen wir Spielregeln, um die Reihenfolge der Bearbeitung festzulegen. Operatoren haben Prioritäten. Eine Operatorpriorität heißt z. B.: Punkt vor Strich. Multiplikation und Division haben eine höhere Priorität als die Addition oder Subtraktion. Die Zuweisung hat eine sehr geringe Priorität. Nur der Komma-Operator zum Trennen von Anweisungen hat eine noch geringere.

In unserer Formel werden wir zuerst addieren und dann das Ergebnis zuweisen.

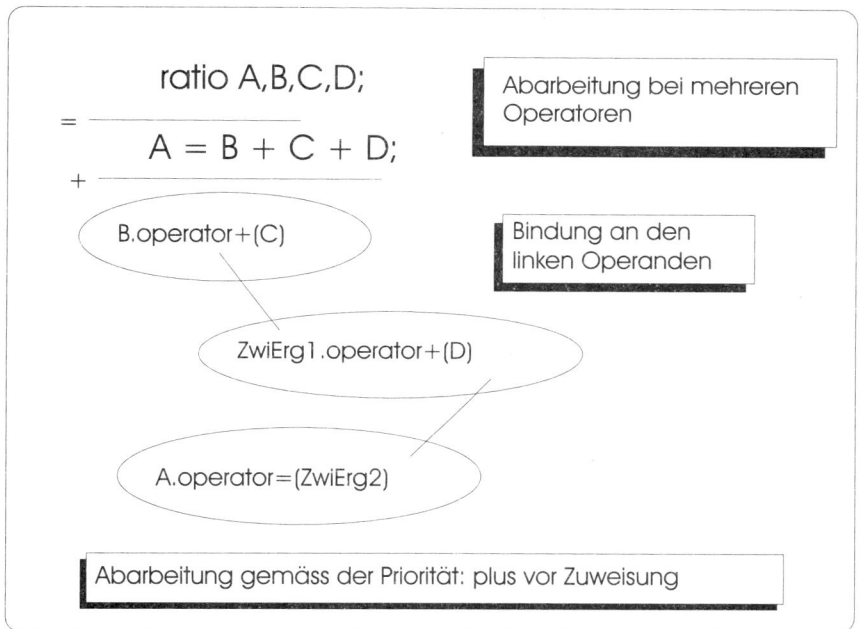

Bild 7-7: Reihenfolge der Formelauswertung

Die Addition tritt zweimal auf. Die Reihenfolge legt jetzt die sogenannte Abarbeitungsrichtung (Assoziativität) fest. In C und C++ haben nur die Zuweisung und die unären (unär = mit einem Operanden) Operatoren die Abarbeitungsrichtung von rechts nach links; alle anderen von links nach rechts. Bei der Zuweisung muß zuerst das rechts stehende Ergebnis berechnet werden, bevor ein Ergebnis zugewiesen werden kann.

Fangen wir daher mit der Addition der Objekte "B" und "C" an. Das "+"-Zeichen hat eine höhere Priorität als die Zuweisung und innerhalb der Additionskette wird von links nach rechts abgearbeitet. Die Methode liefert die Summe als Zwischenergebnis in einer anonymen Zwischenvariablen, die vom Compiler intern verwaltet wird. Nur für die Erläuterung wird der Name "ZwiErg1" verwendet. Dieses erste Zwischenergebnis addieren wir dann mit dem Objekt "D" zu einem zweiten Zwischenergebnis. Die letzte Operation ist dann die Zuweisung. Deren Rückgabe wird nicht weiter benutzt.

Eine Formel wird schrittweise berechnet, wobei in einem folgenden Schritt das bisherige Zwischenergebnis weiter verarbeitet wird.

Das Zwischenergebnis wird in der Methode durch die "return"-Anweisung bereitgestellt. Dabei wird eine anonyme Zwischenvariable erzeugt, die das Ende des Unterprogramms überlebt. (Die einzelnen Schritte haben wir bereits im Kapitel 6 (Parameterübergabe) behandelt.)

```
ratio A,B,C;                    ratio Objekte anlegen

A = B.addiere(C);

ratio ratio::addiere(ratio p1)
  {
  ratio ergebnis;               Es gilt: this = &B; ratio p1( C);
  .....
  .....                         new ratio temp(ergebnis);
  return ergebnis;
                                ergebnis stirbt bei } !!
  }
                                Zuweisung mit anonymem Objekt
A = temp;
                                Anonymes Objekt entfernen
```

Bild 7-8: Rückgabe des Methodenergebnisses

Im Beispiel werden Objekte übergeben. Innerhalb einer Methode steht uns automatisch mit "this" ein Zeiger auf das gerade bearbeitete Objekt zur Verfügung. Er wird beim Aufruf entsprechend vorbesetzt. Der Parameter "p1" wird angelegt und mit dem Kopier-Konstruktor initialisiert. Die "return"-Anweisung legt ein dynamisches Zwischenergebnis an, das mit dem Rückgabeobjekt initialisiert wird. Wieder tritt der Kopier-Konstruktor in Aktion. Das anonyme Zwischenergebnis wird bei der anschließenden Zuweisung verwendet. Jetzt wird es nicht mehr benötigt und kann gelöscht werden. Der Compiler wird dies zu einem ihm passenden Zeitpunkt automatisch tun.

Es gibt neben der beschriebenen, sehr allgemeinen Methode noch andere Möglichkeiten, Objekte zurückzugeben. Es kann daher bei Ihrem Compiler auch geringfügig anders ablaufen.

Gibt man an eine Methode ein Objekt nicht per Wertübergabe, sondern per Referenz zurück, dann genügen zumeist die Register, um die verwendete Adresse aufzunehmen. Die Parameterobjekte und das Rückgabeobjekt entfallen. Und mit den Objekten entfallen auch die Kopier-Konstruktoraufrufe. Die Objekt-Übergabe per Referenz ist erheblich schneller als die Wertübergabe. Wo es möglich ist, wurde daher in den Operatormethoden der Klasse "ratio" die Referenz verwendet.

Bei der Diskussion der Implementierung werden wir noch einmal auf den Unterschied zwischen Referenz- oder Wertübergabe zurückkommen.

Liste der Operatoren

Sie können mit Hilfe des "operator"-Schlüsselwortes kein neues Symbol definieren und auch keine Eigenschaft der Symbole ändern. Die Symbole, die Anzahl der Operanden, die Prioritäten und die Abarbeitungsrichtung bleiben erhalten. Man kann nur zu vorhandenen Symbolen zusätzliche Aktionen hinzufügen.

Die verwendbaren Operatoren können Sie der folgenden Liste entnehmen. Auf den ersten Blick erscheinen "new" und "delete" sowie die runden und die eckigen Klammern etwas merkwürdig. Aber auch das sind Operatoren und können überlagert werden.

Überlagern wir die eckigen Klammern, können wir Zugriffe auf Felder schützen, indem wir die Grenzen abprüfen. Mit einem neuen "new" und "delete" kann man die Speicherverwaltung selbst in die Hand nehmen.

Hier eröffnet sich für den Programmierer viele Möglichkeiten, ein Programm für den Anwender sehr einfach und benutzerfreundlich zu gestalten. Aber auch der schönste Compiler kann nicht verhindern, daß ein Programmierer hinter dem "+"-Symbol eine Subtraktion versteckt.

Mit der Möglichkeit der Überlagerung von Operatoren können wir nun für "ratio", "complex" oder auch "matrix" das "+"-Zeichen (und die anderen auch) definieren. Für den Anwender ist die Benutzung von Operatorsymbolen sehr einfach. Blättern Sie kurz zurück. Im Bild 7-5 sehen Sie als Schlußzeile eine Addition von Bruchzahlen in der für ganze Zahlen gewohnten Schreibweise.

Bild 7-9: Liste der Operatoren in C++

Das Beispiel "ratio"

Die Klasse "ratio" ist wieder wegen ihres einfachen Aufbaus gut geeignet, die Möglichkeiten der Überlagerung von Operatoren zu zeigen. Für "ratio" wollen wir die vier Grundrechenarten und die Zuweisung überlagern. Obwohl die Zuweisung nicht notwendig wäre, da sie der Compilervorgabe entspricht, ist sie zur Demonstration mit aufgenommen. Beachten Sie bei den Methoden auch die Verwendung der Rückgabewerte.

```
 1 // Überlagerung von Symbolen
 2 // Datei: ratioop.hpp
 3 #include <stdio.h>
 4
 5 #ifndef RATIOHEADER
 6 #define RATIOHEADER
 7 class ratio        // Typdefinition
 8 {
 9 int z;             // Eigenschaften
10 int n;
11 void kuerzen (ratio & robj); // private Methode
12
13 public:            // ab hier Methoden
14   ratio (int zaehler = 0, int nenner = 1);
15 ratio operator+ (ratio & op2);
16 ratio operator- (ratio & op2);
17 ratio operator* (ratio & op2);
18 ratio operator/ (ratio & op2);
19 ratio & operator= (ratio & op2);
20 void print ();
21 };
22 #endif
```

Bild 7-10: Klasse "ratio" mit überlagerten Operatoren

Im nächsten Listing folgt die Implementierung. Danach kommen wir zur Diskussion der Klasse.

In der Zeile 4 der Informationsdatei (Bild 7-10) wird durch die bedingte Übersetzung verhindert, daß die gleiche Informationsdatei in einem Übersetzungsvorgang mehrfach eingelesen wird. Die Namen der Eigenschaften sind wieder sehr kurz, um die Buchbreite besser zu nutzen. Nach dem Konstruktor folgen die vier Grundrechenmethoden und die Zuweisung. Um die Ergebnisse ausgeben zu können, wurde noch die Methode "print()" vorgesehen.

```
 1  // Überlagerung der Operatorsymbole
 2  // Datei: ratioop.cpp
 3  #include "ratioop.hpp
 4  ratio::ratio (int zae, int ne)
 5  {
 6  z = zae, n = ne;
 7  }
 8
 9  void ratio::print ()
10  {
11  printf ("%d/%d",z, n);
12  }
13
14  ratio ratio::operator+ (ratio & op2)
15  {
16  ratio erg;
17  erg.z = z * op2.n + n * op2.z;
18  erg.n = n * op2.n;
19  return erg;
20  }
21
22  ratio ratio::operator- (ratio & op2)
23  {
24  ratio erg;
25  erg.z = z * op2.n - n * op2.z;
26  erg.n = n * op2.n;
27  return erg;
28  }
29
30  ratio ratio::operator* (ratio & op2)
31  {
32  ratio erg;
33  erg.z = z * op2.z;
34  erg.n = n * op2.n;
35  return erg;
36  }
```

```
37
38 ratio ratio::operator/ (ratio & op2)
39 {
40 ratio erg;
41 erg.z = z * op2.n;
42 erg.n = n * op2.z;
43 return erg;
44 }
45
46 ratio & ratio::operator= (ratio & op2)
47 {
48 z = op2.z;
49 n = op2.n;
50 return *this;
51 }
```

Bild 7-11: Implementierung der Operatormethoden

Eine Neuerung gibt es noch im privaten Teil der Klasse. Hier wurde eine private Methode "kuerzen()" vorgesehen. Sie kann nur innerhalb der anderen Methoden aufgerufen werden. Geschrieben wurde sie der Kürze halber in der Implementierung nicht (siehe auch: Wiener/Pinson im Literaturverzeichnis).

Das "#endif" schließt die bedingte Übersetzung.

In der Implementierung wurde in allen Methoden der Parameter mit einer Referenz übergeben. Damit muß der Compiler kein Objekt anlegen und mit dem Kopierkonstruktor initialisieren. Die Übergabe ist damit erheblich schneller. Allerdings steigt die Gefahr der Seiteneffekte. In den Methoden könnten wir das aktuelle Objekt versehentlich verändern.

In den Methoden für die vier Grundrechenarten wird das Ergebnis immer mit Wertübergabe zurückgegeben. Anders liegt der Fall bei der Zuweisung. Wir sind in der Methode an das links der Zuweisung stehende Objekt gebunden. Es lebt länger als der Methodendurchlauf dauert. Und der Parameter ist eine Referenz auf ein nicht-lokales Objekt. Ein lokales

Zwischenergebnis haben wir auch nicht. Schließlich soll die Zuweisung ja im Gegensatz zu den anderen Methoden, das eigene Objekt verändern. Daher können wir ein Objekt der Klasse "ratio" per Referenz zurückgeben. Aber welches?

Wir geben das Objekt zurück, an das wir gebunden sind und das wir verändert haben. Als einzigen Hinweis auf dieses Objekt haben wir "this": einen Zeiger auf das Objekt. Also müssen wir dereferenzieren, das "*" verwenden, um nicht den Zeiger, sondern das Objekt, auf das wir zeigen, zurückzugeben. Es schaut ein bißchen ungewöhnlich aus, aber es funktioniert. Dies ist eine der ganz seltenen Stellen, wo wir "this" benötigen.

Die private Methode "kuerzen()" würde unsere Ausgaben schöner ausschauen lassen. Um das Beispiel nicht zu groß werden zu lassen, wurde sie hier nicht geschrieben.Wenden wir uns dem Hauptprogramm im Bild 7-12 zu. Hier können wir den Erfolg der überlagerten Operatoren testen. Mit "#include" wird die Informationsdatei für die Standard-Ein- und Ausgabe und die Klassendefinition eingelesen. Die "printf()"-Anweisung löscht den Bildschirm mit einer ANSI-Steuersequenz und gibt eine Überschrift aus.

Nacheinander werden danach die vier Grundrechenarten ausprobiert. Die Tabulatoren sorgen für eine ausgerichtete Bildschirmausgabe.

Die Zuweisung wird bei den Rechenoperationen zwar verwendet, aber nie deren Rückgabewert. Um auch die Rückgabe der Zuweisung zu testen, gibt es die Zeile 24. Der Zuweisungsoperator hat in C und C++ keine Sonderstellung. Man kann ihn in einer Kettenzuweisung benutzen. Und dabei wird auch der Rückgabewert unbedingt benötigt. Die Kettenzuweisung folgt in ihrem Ablauf dem Bild 7-7 (Reihenfolge der Formelauswertung).

Die Überlagerung von Operatoren kann im Falle von aufwendigeren Klassen auch etwas schwieriger werden. Definieren wir dazu auch die Klasse "Zeile" neu und führen hier ebenfalls die überlagerte Zuweisung und die Addition ("Konkatenieren") ein.

```
 1 // Test der überlagerten Symbole
 2 // Datei: rmainop.cpp
 3 #include <stdio.h>
 4 #include "ratioop.hpp"
 5
 6 int main ()
 7 {
 8 ratio A,B(1,2),C(1,4);
 9
10 printf("\x1b[2J\x1b[1;1HOperatorüberlagerung\n");
11 printf("\nAddition (1/2 + 1/4):\t\t ");
12 A = B+C;
13 A.print();
14 printf("\nSubtraktion (1/2 - 1/4):\t ");
15 A = B-C;
16 A.print();
17 printf("\nMultiplikation (1/2 * 1/4):\t ");
18 A = B*C;
19 A.print();
20 printf("\nDivision (1/2 / 1/4):\t\t ");
21 A = B/C;
22 A.print();
23 printf("\nZuweisungskette:\t\t ");
24 A = B = C;
25 A.print();
26 return 0;
27 }
```

Bild 7-12: Testprogramm für die "ratio"-Operatoren

Die Informationsdatei für das Zeilenbeispiel finden Sie auf der folgenden Seite.

```
 1  // Operatoren und Speicherverwaltung
 2  // Datei: Zeile3.hpp
 3  class Zeile
 4  {
 5  int Laenge;
 6  char * Inhalt;
 7  public:
 8    Zeile (char * ctext);
 9    Zeile (Zeile & Objekt);    // X::X (X &)
10    ~Zeile();              // Destruktor
11  void print();
12  Zeile operator+ (Zeile & Z2);
13  Zeile & operator= (Zeile & op2);
14  };
```

Bild 7-14: Die erweitere Klasse "Zeile"

Beim Anlegen von Objekten der Klasse "Zeile" wird im Konstruktor ein Speicherbereich dynamisch angelegt.

```
 1  // Operator = für Zeile
 2  // Datei: zeile3.cpp
 3  #include <string.h>
 4  #include "zeile3.hpp"
 5
 6  Zeile & Zeile::operator= (Zeile & op2)
 7  {
 8  delete Inhalt;   // alten dyn. Speicher entf.
 9  Laenge = op2.Laenge;
10  Inhalt = new char[Laenge];
11  strcpy (Inhalt, op2.Inhalt);
12  return (*this);
13  }
```

Bild 7-13: Implementierung der Zuweisung für "Zeile"

Wollen wir nun eine Zuweisung durchführen, dann verweist der Zeiger "Inhalt" auf einen verwendeten Speicherbereich. Die Zuweisung muß zuerst den vorhandenen Speicher freigeben und kann danach erst mit der eigentlichen Zuweisung beginnen.

Typwandlung mit dem Schlüsselwort "operator"

Das Schlüsselwort "operator" dient noch einem anderen Zweck. Mit "operator" und einem Datentypnamen kann man Konvertierungsroutinen definieren. Bei der Konvertierungsroutine entfällt die Angabe des Rückgabetyps. Die Routine wird auf ein Objekt der Klasse angewendet und liefert den Typ zurück, der Teil des Methodennamens ist.

```
1  // Konvertierungsmethode
2  // Datei: konvert.cpp
3  #include "zeilekov.hpp"
4  int main ()
5  {
6  cout << "\x1b[2J";
7  Zeile z1 ("Text");
8  Zeile z2;
9  if ((void *) z1)
10    cout << "\nZ1 hat Text.";
11 if (z2)
12    cout << "\nZ2 hat Text.";
13 return 0;
14 }
```

Bild 7-15: Typkonvertierung bei if-Abfragen

Häufig werden solche Konvertierungen verwendet, um den Zustand der Klasse in Schleifen oder Entscheidungen abzufragen. Abfragen akzeptieren entweder einen ganzzahligen Ausdruck oder einen Zeiger auf "void".

```
 1 // Klasse mit inline-Funktionen
 2 // Datei: zeilekov.hpp
 3 #include <fstream.h>
 4
 5 class Zeile
 6 {
 7 int Laenge;
 8 char * Inhalt;
 9 public:
10 Zeile (char * ctext = "");
11 Zeile (const Zeile & Objekt);   // X::X(cnst X&)
12 ~Zeile(){cout<<"\nDestruktor.";delete Inhalt;}
13 void print();
14 Zeile operator+ (Zeile & Z2);
15 Zeile & operator= (Zeile & op2);
16 operator void*() {return(Laenge > 1 ? this:0);}
17 };
18 // inline- Makros gehören in den Header
19 inline void Zeile::print()
20 {
21 cout << Inhalt;
22 }
```

Bild 7-16: Klasse "Zeile" mit Typkonvertierung

Im Hauptprogramm kann dann in einer Abfrage die Typkonvertierung benutzt werden. Im Beispiel 15 sind zwei Arten der Typkonvertierung gezeigt. Entweder geben wir die gewünschte Konvertierung durch Voranstellen eines Typs bekannt ("cast") oder die Konvertierung erfolgt in der
zweiten if-Abfrage automatisch.

Hinweise zur Weiterarbeit

1) In der Klasse "Zeile" wurde der "+"-Operator für Zeilen deklariert. Schreiben Sie ihn. Achten Sie besonders darauf, wo der Speicherplatz für beide Zeilen zusammen liegen soll und berücksichtigen Sie den Rückgabewert. Kann er mit einer Referenz zurückgegeben werden?

2) Fügen Sie in die Konstruktoren und den Destruktor "printf()"-Anweisungen ein. Experimentieren Sie dann mit Weglassen bzw. Hinzufügen der Referenz bei Parameterübergaben und Objektrückgaben.

3) Prüfen Sie die "operator=()"-Methode für die Klassen "ratio" und "Zeile", ob sie in allen Fällen genauso funktionieren, wie Zuweisungen mit "int".

4) Die Implementierung der "operator=()"-Methode für die Klasse "Zeile", hat eine Beschränkung; sie funktioniert nicht, wenn ein Objekt sich selbst zugewiesen wird. ("ZielObjekt = ZielObjekt";). Wieso nicht? Wie kann man diese Beschränkung aufheben?. Ist das sinnvoll?

5) Schreiben Sie eine private Methode "kuerzen()", und rufen Sie sie am Ende jeder mathematischen Methode auf. Zur Demonstration könnte es genügen, Zähler und Nenner zu halbieren, wenn beide geradzahlig sind.

Im nächsten Kapitel

Bei den handelsüblichen C++ Compilern wird eine Klassenbibliothek für die Ein- und Ausgabe mitgeliefert. Für den Benutzer wird damit eine neue Möglichkeit bereitgestellt, mit den Standard E/A- Kanälen zu arbeiten. Jeder E/A-Kanal wird mit einem Objekt realisiert. Dazu gibt es einen ganzen Satz von fertigen Methoden und überlagerte Operatoren.

Durch die Kapselung können dem Anwender viele Dienstleistungen geboten werden, ohne daß er mit der Komplexität der internen Realisierung vertraut sein muß. Dieses Anwendungsbeispiel wollen wir im folgenden Kapitel näher betrachten.

Objekte zur Ein- und Ausgabe

Neben dem internen Ablauf, dem Anlegen und Bearbeiten von Variablen, ist die Kommunikation des Programms mit seiner Umgebung ein wichtiges Element der Programmierung. Wir wollen zuerst einen Blick auf die gewohnte C-Umgebung werfen. Dabei diskutieren wir Probleme mit "printf()" und stellen die Lösung mit Ein- und Ausgabeklassen vor.

Ein- und Ausgaben bei C

Der Benutzer kommuniziert mit Hilfe der Tastatur und dem Bildschirm. Das Programmiert arbeitet mit den Dateien, in denen die benötigten Daten stehen, und beliebigen anderen Geräten, wie Drucker oder Maus. Der Erfolg von C beruht neben der Eleganz der Sprache auch auf der umfangreichen Standardbibliothek, die viele fertige Routinen u. a. zur Ein- und Ausgabe beinhaltet.

Diese Sammlung von Routinen hat einen beachtlichen Umfang angenommen. Manche Compiler liefern bis zu 500 Routinen in der Standardbibliothek mit. Viele allgemein verwendbare Funktionen braucht der Programmierer nicht mehr selbst schreiben. Die Routinen sind notwendig, da C und C++ im Gegensatz zu anderen Sprachen, wie z. B. Pascal, keine Schlüsselworte zur Ein- und Ausgabe kennt. Dies ist auch vernünftig, da es sich dabei nicht um eine Aufgabe der Sprache, sondern um eine Aufgabe des Betriebssystems handelt.

Zusätzlich zu den Routinen der Standardbibliothek erwartet ein C-Programm bestimmte Dienstleistungen durch die sogenannte Programmumgebung. C-Programme bestehen nur aus Funktionen. Auch "main()" ist eine Funktion. Die Umgebung muß also das C-Programm aufrufen. Eine wichtige Dienstleistung sind die vor Beginn eines Programms geöffneten Standardkanäle stdin, stdout und stderr. Mit diesen Kanälen arbeiten viele Funktionen der Bibliothek.

Die wohl bekannteste Funktion zur Ausgabe dürfte "printf()" sein. Im Buch von Kernighan und Ritchie (K&R) über die Sprache C stellen die Autoren das bekannte "Hello world" Beispiel vor. Die Funktion "printf()"

---

gibt dabei einen kurzen Text aus. Es ist ein sehr einfaches Beispiel. Aber wenn es abläuft, hat man zumindest den Compiler und den Editor richtig bedient.

Schauen wir uns das Originalbeispiel in einer leicht verbesserten Form an. Mit der "#include"-Anweisung lesen wir in das Programm die Informationsdatei "stdio.h" mit ein. Sie enthält alle Funktionsdeklarationen, die Prototypen, der Standard-Ein- und Ausgabe-Funktionen sowie einige nützliche symbolische Konstante.

```
1 // Hello World, konventionell
2 Datei: hello1.cpp
3 #include <stdio.h>
4
5 int main ()
6 {
7 printf ("\nHello world.\n\n");
8 return 0;
9 }
```

Bild 8-1: "Hello world" in der Standardform

Mit "printf()" kann man Variable aller vordefinierten Datentypen ausgeben.

```
1 // printf: Steuerstring mit Fehler
2
3 #include <stdio.h>
4
5 int main ()
6 {
7 printf("\nWert: %d %s &x", 55,"in Hex: ",55);
8 return 0;
9 }
```

Bild 8-2: Probleme mit "printf"

Dazu benötigt "printf()" einen Steuertext als ersten Parameter, der angibt, wie die nachfolgenden Parameter auszugeben sind.

In dem obigen Beispiel (Bild 8-2) hat sich der Programmierer offensichtlich vertippt. Die "printf()"-Anweisung sollte vermutlich zwei Werte und einen Text ausgeben. Anstelle des für Formatelemente notwendigen "%"-Zeichens hat der Programmierer die Taste daneben, das "&", erwischt. Und der Compiler kann diesen Fehler nicht finden, obwohl nun die Parameteranzahl nicht stimmt. Schöner wäre es, wenn der Compiler einen solchen Tippfehler finden würde.

Probleme mit "printf()"

Damit haben wir als erstes Problem die mangelnden Fehlererkennung gefunden. Ein zweites ist die Auswertung des Steuertextes zur Laufzeit. Alle Auswertungen zur Laufzeit kosten Zeit. Hier bleibt zwar der Aufwand in Grenzen. Trotzdem wäre es günstiger, wenn zur Übersetzungszeit festgestellt werden könnte, wie ein Wert ausgegeben werden soll. Und noch ein drittes Problem gibt es mit "printf()". Da erst zur Laufzeit entschieden wird, wie ein bestimmter Parameter auszugeben ist, muß "printf()" vorsorglich alle möglicherweise notwendigen Konvertierungsroutinen mit einbinden. Erst zur Laufzeit wird ja bei der Interpretation des Steuertextes klar, daß eine "int"-Zahl in Hex auszugeben ist oder eine Fließkommazahl mit Exponentendarstellung. Die "printf()"-Funktion ist daher zusammen mit den ganzen Konvertierungen recht groß.

```
1  // Hello world mit Klassen
2  // Datei: hello2.cpp
3  #include <fstream.h>
4  int main ()
5  {
6  cout << "\nHello world.\n\n";
7  return 0;
8  }
```

Bild 8-3: Das "Hello world"-Beispiel mit Klassen

Diesen drei Problemen versuchte man mit Hilfe einer Klassenbibliothek zu begegnen. Sie wird in der Informationsdatei "iostream.h" für normale serielle Aus- und Eingaben und "fstream.h" für Dateiverbindung beschrieben. Wir haben damit im Bild 8-3 das "Hello world"-Beispiel umgeschrieben.

Standardobjekte: "cout", "cin", "cerr"

Für die Ein- und Ausgabe wurden bei C++ eigene Klassen definiert. Für die Eingabe wird "istream" benutzt, für die Ausgabe "ostream". Sollten mit den E/A-Objekten auch Zuweisungen durchgeführt werden, kann man die abgeleiteten Klassen "ostream_withassign" und "istream_withassign" verwenden.

Mit diesen Klassen werden automatisch drei Objekte angelegt, die die Aufgabe der bisherigen Kanäle übernehmen. Die Objekte sind außerhalb der "main()"- Funktion vordefiniert. Sie heißen "cout", "cin" und "cerr". "cout" ist dabei an die Stelle von "stdout" getreten, "cin" ersetzt "stdin" und "cerr" wird statt "stderr" verwendet. In den Klassen sind eine Vielzahl von Operatorfunktionen definiert, die die Symbole "<<" und ">>" überlagern.

Die Ausgabe ruft mit Hilfe des Symbols "<<" eine Methode der Klasse von "cout". Diese Methode führt dann die eigentliche Ausgabe durch.

```
ostream& operator<< (unsigned int);
ostream& operator<< (long);
ostream& operator<< (unsigned long);
ostream& operator<< (float);
ostream& operator<< (double);
ostream& operator<< (long double);
ostream& operator<< (const signed char*);
ostream& operator<< (const unsigned char*);
```

Bild 8-4: Überlagerte ""<<" - Operatoren

In der Klassendefinition liest sich das wie im Bild 8-4. Für alle vordefinierten Datentypen, nicht nur für die im Bild gezeigten, wird das Operatorsymbol "<<" überlagert.

Die Implementierungsdetails unterscheiden sich derzeit noch zwischen den Bibliotheksversionen. Für den Anwender sollten jedoch die grundlegenden Arbeitsweisen gleich bleiben. Zumindest die Ausgabe von "Hello world." sollte wie beschrieben auf allen Compilern ablaufen. In einem späteren Kapitel kommen wir noch einmal auf die Spezialitäten zurück.

Die Probleme, die wir bei "printf()" gefunden haben, scheinen mit der Definition der "ostream"- und der "istream"-Klassen überwunden. Nun kann der Compiler zur Übersetzungszeit ermitteln, welche Ausgaben gewünscht werden. Tipp- (oder besser Typ-) Fehler werden erkannt. Die Interpretation des Steuertextes entfällt damit. Aus der Menge der überlagerten Operatorfunktionen wählt er an Hand des Typs des Parameters die benötigte Funktion aus. Und es werden nur die wirklich verwendeten Ausgabe- und Konvertierungsroutinen später hinzu gebunden.

Werfen wir noch einen Blick auf die Größe des erzeugten Codes. Leider ist hier der Wunsch nach kompakten Programmen nicht unbedingt in Erfüllung gegangen. Die ersten Sprachversionen hatten eine kompakte E/A-Bibliothek, die tatsächlich zumeist kürzeren Code ergaben. Die Bibliothek nach dem Standard ist wieder umfangreicher geworden.

Arbeiten mit den Standardobjekten

Wollen Sie die Standardobjekte verwenden, benötigen Sie die angegebene Informationsdatei. Sie enthält die Klassendefinitionen, die "extern"-Vereinbarungen für die Standardobjekte und die Definitionen der immer noch gültigen Konstanten, wie NULL oder EOF. Sollten Sie sich an dieser Stelle die Informationsdatei(en) ansehen, dann werden Sie einige, noch nicht behandelte Möglichkeiten von C++ sehen. Wir werden den Aufbau der E/A-Klassenbibliothek noch einmal im Kapitel 15 betrachten, wenn wir die Vererbung besprochen haben.

Innerhalb einer Funktion dürfen Sie ohne weitere Vereinbarungen die Standardobjekte benutzen. Rechts vom "<<"-Operator dürfen Variable und Konstante aller vordefinierter Typen angegeben werden. Da Texte (engl. strings) in C als "Felder aus char" verstanden werden, benötigt die Textausgabe als Typ einen "Zeiger auf char".

```
 1  // Arbeiten mit cout
 2  // Datei: coutbei.cpp
 3
 4  #include <fstream.h>
 5
 6  char * text = "lobaler Text";
 7
 8  int main ()
 9  {
10  cout << "\x1b[2J"; // Bildschirm löschen
11  cout << "Der Monitor hat "<<25<< " Zeilen";
12  cout << "\n" << 'G' << text;
13  return 0;
14  }
```

Bild 8-5: Beispiele für Ausgaben mit "cout"

Und so sieht das dann am Bildschirm aus:

```
Der Monitor hat 25 Zeilen
Globaler Text
```

Bild 8-6: Bildschirmausgabe des "cout"-Beispiels

In der Zeile 4 (Bild 8-5) holen wir die Informationsdatei für die E/A-Klassen. Danach legen wir in der Zeile 6 einen kurzen Text an, dem ein großes "G" am Anfang fehlt. In "main()" können wir nun "cout" benutzen. Die erste Ausgabe ist eine Stringkonstante. Der Compiler ermittelt hier den Typ "Zeiger auf char". Aufgerufen wird daher die Operatormethode "operator <<", die einen "Zeiger auf char" akzeptiert.

Gebunden wird die Operatorfunktion wieder an das links stehende Objekt, an "cout". In der Zeile 11 verwenden wir den Operator mehrfach. Derartige Ketten entsprechen der normalen C-Syntax. Denken Sie nur an eine Kette von Additionen oder Zuweisungen. In der Kette finden wir zwei Texte und eine "int"-Konstante. Die Zahl wird standardmäßig mit der kleinstmöglichen Stellenzahl ausgegeben. Die zur Trennung benötigten Leerzeichen wurden den beiden Texten hinzugefügt.

In der Zeile 12 wird schließlich eine Zeilenschaltung, ein einzelnes Zeichen und direkt daran der globale Text ausgegeben.

Statt "cout" könnte man auch "cerr" für den Fehlerkanal nehmen. Die gewohnten Dienstleistungen der Aufrufumgebung, wie Umleitung der Standardkanäle, bleiben auch bei der Ausgabe mit Objekten erhalten.

```
 1 // Arbeiten mit cin und cout
 2 // Datei: coutin.cpp
 3
 4 #include <fstream.h>
 5
 6 char   text[128];
 7
 8 int main ()
 9 {
10 cout << "\x1b[2J"; // Bildschirm löschen
11 cout << "Bitte geben Sie Ihren Namen ein.\n";
12 cin >> text;
13 cout << "\nHeißen Sie wirklich "<<text<< "?\n";
14 return 0;
15 }
```

Bild 8-7: Arbeiten mit "cin"

Im Bild 8-7 wurde "cin" und "cout" zusammen verwendet. Die überlagerten Winkel zeigen einmal zum Objekt; dann ist es die Ausgabe und es wird etwas zum Objekt gesendet. Bei "cin" handelt es sich um Eingaben. Die Winkel zeigen vom Objekt weg zu einer Variablen. Hier holen wir etwas vom Objekt ab. Die Eingabe liefert übrigens nur das erste Wort der

---

Eingabezeile. Ein Begrenzer (engl. delimiter) beendet die Eingabe. Leerzeichen, Tabulatoren oder Zeilenschaltungen sind Begrenzer.

Aufbau einer Operatorfunktion

Die überlagerten Operatorfunktionen für die Symbole "<<" und " >>" sind alle sehr ähnlich aufgebaut. Sie akzeptieren einen Parameter eines bestimmten Typs und liefern ein Objekt der Klasse zurück, zu der sie gehören (ostream oder istream).

```
ostream & operator << (signed char * textzeiger)
{
// bearbeite die Ausgaben...
return (*this);
}
```

Bild 8-8: Grundlegender Aufbau der Operatorfunktionen

Wie auch bei der Zuweisung aus dem vorhergegangenen Kapitel wird der Rückgabewert nicht immer verwendet.

Die Operatorfunktion wird an "cout" gebunden, d. h. sie kann während des Ablaufs auf die Eigenschaften von "cout" zugreifen. Am Ende liefert sie das einzige "ostream"-Objekt zurück, das die Operatorfunktion kennt: "cout". Zur schnellen Rückgabe wird die Referenzmethode verwendet. Im Falle von "cin" wird ein "istream"-Objekt zurückgegeben.

Wie im Falle der fortgesetzten Addition oder der wiederholten Zuweisung wird der Rückgabewert erst bei mehrfacher Anwendung des Ausgabeoperators nützlich. Das per Referenz zurückgegebene Objekt "cout" kann im nächsten Verarbeitungsschritt weiter verwendet werden. Mit Hilfe der Anweisung "return *this" in den Operatorfunktionen wird "cout" von einem Verarbeitungsschritt zum nächsten weitergereicht.

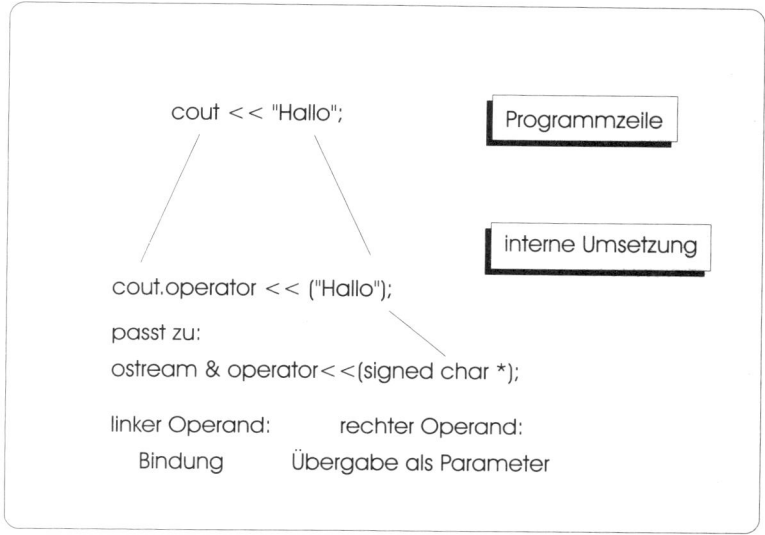

Bild 8-9: Aufruf des überlagerten ""<<" - Operators

Hinweise zur Weiterarbeit

1) Schreiben Sie die Klassen "ratio" und "Zeile" so um, daß sie statt "printf()" nur noch Ausgaben mit Objekten vornehmen.

2) Was würde passieren, wenn das Ergebnis des Typwandlungsoperators ("cast") statt "void *" ein "int" wäre? Wie würde sich dann das Objekt bei einer Ausgabe mit "cout" verhalten? Gibt es eine Definition von "<<" für die Ausgabe von Zeigern? (siehe fstream.h / iostream.h)

3) Schreiben Sie eine Klasse "Bildschirm", deren Methoden den Bildschirm steuern können (Löschen, Positionieren, Farben einstellen,...). Verwenden Sie in den Methoden die Ausgabe mit Objekten ("cout") und die ANSI-Steuersequenzen (aus den Betriebssystem-Beschreibungen / Hilfedateien).

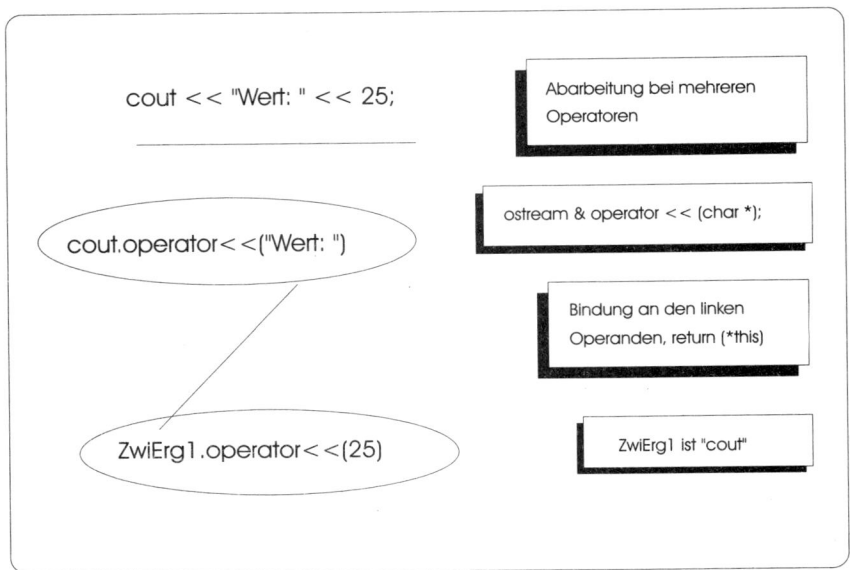

Bild 8-10: Ausgabekette mit Operator "<<"

Im nächsten Kapitel

Diese elegante Methode für die Ausgabe wollen wir nun im nächsten Kapitel auf selbst definierte Klassen anwenden. Dies ist mit den bisher besprochenen Möglichkeiten nicht möglich.

Die Operatorfunktionen werden an das links vom Symbol stehende Objekt gebunden. Die Methode muß also bei der Klasse "ostream" definiert sein. Da aber der Autor von "ostream" nicht ahnen konnte, welche Klassen wir erfinden werden, und wir in die Klasse nicht mehr eingreifen können, ist eine Überlagerung des Ausgabeoperators für selbst definierte Klassen nicht möglich. In solchen Fällen helfen die "befreundeten Funktionen" des folgenden Kapitels.

Befreundete Funktionen und Klassen

Wir beschäftigten uns im letzten Kapitel mit der neuen Art, die Standard-kanäle zu benutzen. In der Klasse "ostream" bzw. "istream" sind für alle vordefinierten Datentypen die entsprechenden Methoden vorhanden. Wollen wir Objekte eigener Klassen ebenfalls mit dem überlagerten "<<"-Operator ausgeben, ist das mit den bisherigen Mitteln nicht zu schaffen. Eine Methode wird immer nur an den linken Operanden gebunden, der hier ja "cout" oder "cin" ist. Die Methode müßte zur entsprechenden E/A-Klasse "ostream" oder "istream" gehören. Die E/A-Bibliothek liegt nicht als Quellcode vor. Eine Änderung der E/A-Bibliothek ist nicht damit möglich. Die Methoden scheiden somit aus.

Eine normale Funktion können wir auch nicht verwenden, da zumindest auf die Eigenschaften des Objektes zugegriffen werden muß, das wir ausgeben wollen. Und normale Funktionen haben keine "Zugriffslizenz". Was wir bräuchten, wäre eine normale Funktion, die auf die privaten Elemente des auszugebenden Objektes zugreifen darf und zur Überla-gerung von Operatoren genutzt werden kann.

Befreundete Funktionen

Das Problem lösen wir mit so genannten "Freund"-Funktionen. Einem Freund traut der Ersteller der Klasse. Eine befreundete Funktion ist syn-taktisch eine normale Funktion, die jedoch in der Klassendefinition er-wähnt wird und damit die "Zugriffslizenz" auf die privaten Elemente er-hält.

Befreundete Funktionen werden innerhalb der Klasse, auf deren privaten Elemente sie zugreifen können sollen, deklariert. Das Schüsselwort "friend" teilt dem Compiler mit, daß es sich um eine normale Funktion, nicht um eine Methode, handelt. In Funktionen existiert keine Bindung. Wie können also nur auf die Parameter zugreifen, die über die Schnitt-stelle übergeben werden (und globale Variable). Natürlich können in der Schnittstelle auch mehrere Objekte unterschiedlicher Klassen übergeben werden. In diesem Fall wäre es notwendig, die Deklaration in allen Klas-sen einzufügen, auf deren private Elemente die Funktion zugreift.

Für die Ausgabe wollen wir nun eine Freund-Funktion schreiben, die den Operator "<<" überlagert. Der Funktionsname muß daher wieder mit dem Schlüsselwort "operator" gebildet werden.

```
 1  // befreundete Funktionen
 2  // Datei: ratiofre.hpp
 3  #include <fstream.h>
 4  class ratio        // Typdefinition
 5  {
 6  int z;             // Eigenschaften
 7  int n;
 8  void kuerzen (ratio & robj); // private Methode
 9  public:            // ab hier Methoden
10     ratio (int zaehler = 0, int nenner = 1);
11  ratio operator+ (ratio & op2);
12  ratio operator- (ratio & op2);
13  ratio & operator= (ratio & op2);
14  friend ostream & operator<<(ostream &,ratio &);
15  };
```

Bild 9-1: Klassendefinition mit einem "Freund"

Die befreundete Funktion hat einen Parameter mehr, als eine entsprechende Methode, da ja die automatische Bindung an das Objekt fehlt. Beachten Sie, daß das Ausgabeobjekt mit übergeben werden muß. Es gibt ja unterschiedliche Ausgabeobjekte. Vordefiniert sind "cout" und "cerr". Für Dateien werden wir eigene E/A-Objekte definieren können.

Der Compiler sucht bei der Bearbeitung des Operatorsymbols "<<" nach einer passenden Bearbeitungsfunktion. Entweder ist das eine Methode der Klasse, zu der das links stehende Objekt gehört oder es ist eine Funktion, die die passenden Parameter in der Schnittstelle erwartet.

Diese Funktion muß nicht unbedingt eine befreundete Funktion sein. Da wir aber ein Objekt der Klasse "ratio" ausgeben wollen, müssen wir auf die privaten Eigenschaften des Objektes zugreifen können. Der Compiler ruft eine überlagerte Funktion wie folgt auf:

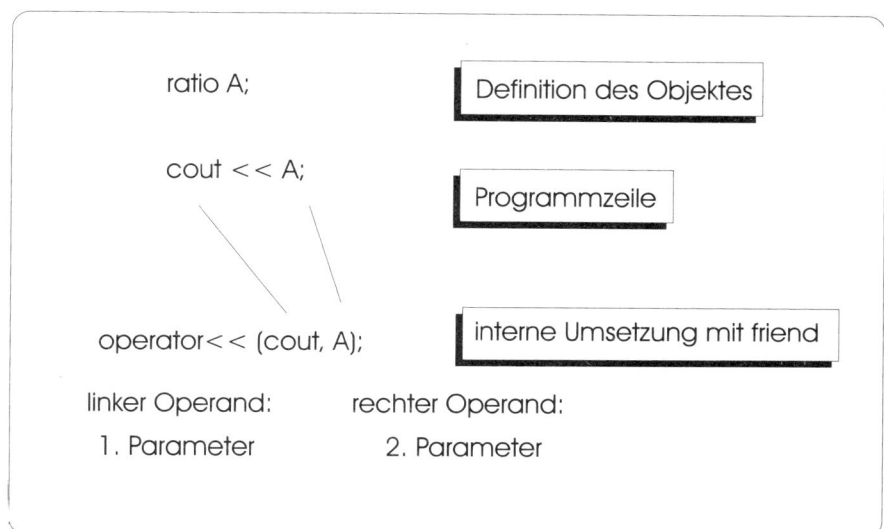

ratio A;   Definition des Objektes

cout << A;   Programmzeile

operator<< (cout, A);   interne Umsetzung mit friend

linker Operand: rechter Operand:
1. Parameter   2. Parameter

Bild 9-2: Aufruf einer überlagerten Funktion

Die neue Ausgabefunktion haben wir nur bei der Klasse "ratio" als Freund eingetragen. Bei der Implementierung dürfen wir innerhalb der Funktion auf die privaten Eigenschaften des übergebenen "ratio"-Objektes zugreifen, aber nicht auf die Eigenschaften des "ostream"-Objektes. Das ist auch nicht notwendig, da die Eigenschaften der Klasse "ratio" ausschließlich aus vordefinierten Datentypen bestehen. Die Ausgabe eines Objektes der Klasse "ratio" führen wir in der überlagerten Funktion zurück auf die Ausgabe der Eigenschaften mit bekannten Datentypen.

Genau wie die Methode muß die überlagerte Funktion einen Rückgabewert bereitstellen, um eine Kettenoperation möglich zu machen. Das zurückgegebene Objekt ist das Ausgabeobjekt. Die Parameter können alle per Referenz übergeben werden. Der Rückgabewert verwendet ebenfalls eine Referenz, da es sich nicht eine Variable mit einer auf die Funktion begrenzte Lebensdauer handelt.

Beachten Sie, daß das Schlüsselwort "friend" nur bei der Deklaration in der Klasse (Bild 9-1) zur Unterscheidung notwendig war. Wenn wir die Funktion schreiben, ist es nicht erlaubt (Bild 9-3).

```cpp
 1 // Implementierung der "friend"-Funktion
 2 // Datei: ratiofre.cpp
 3 #include "ratiofre.hpp"
 4
 5 ratio::ratio (int zae, int ne)
 6 {
 7 z = zae, n = ne;
 8 }
 9 ratio ratio::operator- (ratio & op2)
10 {
11 ratio erg;
12 erg.z = z * op2.n - n * op2.z;
13 erg.n = n * op2.n;
14 return erg;
15 }
16 ratio ratio::operator+ (ratio & op2)
17 {
18 ratio erg;
19 erg.z = z * op2.n + n * op2.z;
20 erg.n = n * op2.n;
21 return erg;
22 }
23 ratio & ratio::operator= (ratio & op2)
24 {
25 z = op2.z;
26 n = op2.n;
27 return *this;
28 }
29 ostream & operator << (ostream & o, ratio & r)
30 {
31 o << r.z << '/' << r.n;
32 return o;
33 }
```

Bild 9-3: Methoden und Freund-Funktion von "ratio"

Die Verwendung im Hauptprogramm (Bild 9-4) unterscheidet sich nicht von der Verwendung des "<<"-Operators mit überlagerten Methoden. Beachten Sie besonders die Zeile 18, in der gemischt normale Variable und ein "ratio"-Objekt ausgegeben werden.

```
 1 // Hauptprogramm
 2 // Datei: rmainfre.cpp
 3 #include "ratiofre.hpp"
 4
 5 int main ()
 6 {
 7 ratio A,B(1,2),C(1,4);
 8
 9 cout << "\x1b[2J";
10 cout << "Operatorüberlagerung mit friends\n";
11 cout << "\nAddition (1/2 + 1/4):\t\t ";
12 A = B + C;
13 cout << A;
14 cout << "\nSubtraktion (1/2 - 1/4):\t ";
15 A = B - C;
16 cout << A;
17 cout << "\nAusgabekette:\t\t ";
18 cout << "\nObjekt A: " << A << " ausgegeben.";
19 return 0;
20 }
```

Bild 9-4: Verwendung des "<<"-Operators für "ratio"

Befreundete Klassen

Neben einzelnen Funktionen können auch ganze Klassen zu Freunden erklärt werden. Damit erhalten alle Funktionen (Methoden und befreundete Funktionen) der anderen Klasse die Erlaubnis, auf die Elemente der Klasse zuzugreifen.

Drei Arten von Funktionen

Mit den befreundeten Funktionen haben wir die dritte und letzte Unter-
programmart in C++ kennen gelernt. Fassen wir noch einmal zusammen.

In C++ gibt es drei Arten von Funktionen:

- **Normale C-Funktionen** können auf globale und lokale Variable sowie
  auf die eigenen Parameter zugreifen. Ein Zugriff auf geschützte Elemente eines Objektes ist ihnen nicht möglich.

- **Befreundete Funktionen** sind normale Funktionen mit der zusätzlichen Erlaubnis, auf alle Elemente der Klasse oder Klassen zuzugreifen, die sie als Freund deklariert haben. Der Zugriff erfolgt mit den in
  C üblichen Operatoren "." und "->".

- **Methoden** sind spezielle Funktionen, die an Objekte gebunden werden. Mit der Bindung an ein Objekt ist automatisch der Zugriff auf alle
  Elemente einer Klasse erlaubt. Methoden sind die Operatorfunktionen
  einer Klasse. Sie können auch als Freunde in einer anderen Klasse
  deklariert werden.

Hinweise zur Weiterarbeit

> Schreiben Sie eine Methode, die als Parameter sowohl ein Ob-
> jekt der Klasse "Zeile" als auch ein Objekt der Klasse "ratio" er-
> hält. Die Methode soll den Wert der Bruchzahl zusammen mit
> einem Führungstext ausgeben. Deklarieren Sie die Methode in
> einer Klasse und deklarieren Sie sie in der anderen als
> "friend".

Im nächsten Kapitel

Mit diesem Kapitel haben wir die ersten beiden Grundelemente der Ob-
jekt- orientierten Programmierung mit C++ besprochen. Die Klassen
dienten dem Schutz vor unerlaubter Veränderung von Daten und die na-
türliche Programmierung wurde durch die Möglichkeit der Überlagerung
von Operatoren unterstützt. Im folgenden Kapitel diskutieren wir einige
Möglichkeiten der Optimierung im Umgang mit Klassen.

Optimierung beim Arbeiten mit Objekten

Bei der Diskussion um den Kopierkonstruktor und die Übergabe von Parametern haben wir gesehen, daß das Arbeiten mit Objekten u. U. zu einer ganzen Reihe von Methodenaufrufen führt. Jeder Aufruf kostet Laufzeit. Die Frage ist daher berechtigt, ob nicht die vielen schönen Möglichkeiten von C++ letztlich zu langsamen Programmen führen. Um es vorweg zu nehmen: die Laufzeit von C++ Programmen entspricht in etwa den C Programmen. Diese Aussage ist nicht einfach nachzuprüfen, da sich ganz gleiche Programme nicht schreiben lassen. Außerdem hängt die Effizienz auch von der Größe ab. Ein kleines C++ Programm zur Demonstration eines bestimmten Sachverhaltes wird vielleicht langsamer sein als ein entsprechendes C Programm. Ein großes Programm, das die Vorteile, insbesondere die bessere Strukturierung, von C++ nutzen kann, wird etwas schneller ablaufen.

Wenden wir uns zwei Möglichkeiten zu, die der Programmierer zur Optimierung verwenden kann. Beim Aufruf von Funktionen haben wir gesehen, daß die Übergabe von großen Objekten aufwendig ist. Der Kopierkonstruktor muß den formalen Parameter anlegen und initialisieren. Insbesondere bei Objekten mit dynamischem Speicherbedarf läuft dann innerhalb des Kopierkonstruktors auch noch die Verwaltung des Freispeichers bei "new".

Optimierung durch Referenzübergaben

Übergeben Sie an Methoden und Funktionen komplexe Objekte nach Möglichkeit mit Hilfe der Referenz. **Aber:** keine Rückgabe von lokalen Variablen und Parametern mit Referenzen!

Schauen wir uns die Auswirkung an einem bekannten Beispiel an. Die Klasse "Zeile" wollen wir einmal mit Wertübergabe von Objekten und einmal mit Referenzübergabe von Objekten definieren. Um die Arbeitsweise zu sehen, bekommt jede Methode eine Ausgabeanweisung. An Hand der Bildschirmausgabe können wir dann den Unterschied erkennen.

```
 1  // Klasse Zeile mit Wertübergabe
 2  // Datei: zeileop.hpp
 3
 4  #include <fstream.h>    // stream.hpp
 5  #include <string.h>
 6  class Zeile
 7  {
 8  int Laenge;
 9  char * Inhalt;
10
11  public:
12    Zeile (char * ctext);
13    Zeile (const Zeile & Referenz); // X::X (X &)
14    ~Zeile();            // Destruktor
15  void print();
16  Zeile operator+ (Zeile op2);
17  Zeile operator= (Zeile op2);
18  };
```

Bild 10-1: Klassendefinition für "Zeile"

In der Klassendefinition wurden alle Methoden, soweit zulässig, mit formalen Parameter deklariert, die die Wertübergabe benutzen. Der Kopierkonstruktor muß seinen Parameter mit Referenzübergabe erhalten. Mit
jeder Übergabe oder Rückgabe eines Objektes per Wertübergabe muß
ein Kopierkonstruktor laufen. In unserer Klasse "Zeile" gibt es noch den
Destruktor. Für jedes angelegte Objekt, also auch für formale Parameter
und anonyme Rückgabeobjekte, wird der Destruktor gerufen.

Eine Chance zur Verbesserung des Laufzeitverhaltens bietet die Übergabe per Referenz. Da bei einer Referenz technisch nur eine Adresse
und kein Objekt übergeben werden muß, entfällt auch die sonst notwendige Initialisierung mit einem Konstruktor. In unserer Klasse "Zeile" legt
der Konstruktor dynamisch Speicherplatz an. Deshalb benötigen wir außerdem noch einen Destruktor, der die Aufräumarbeiten erledigt. Doch
nun zuerst zur Implementierung mit Wertübergabe (Bild 10-3).

```
 1 // Optimierung für Zeile
 2 // Datei: zeileop.cpp
 3 #include "zeileop.hpp"
 4
 5 Zeile::Zeile (char * op)
 6 {
 7 cout << "\nTextkonstruktor.";
 8 Laenge = strlen (op) + 1;
 9 Inhalt = new char [Laenge];
10 strcpy (Inhalt,op);
11 }
12 Zeile::Zeile (const Zeile & Z)
13 {
14 cout << "\nKopierkonstruktor.";
15 Laenge = Z.Laenge;
16 Inhalt = new char [Laenge];
17 strcpy (Inhalt, Z.Inhalt);
18 }
19 Zeile::~Zeile ()
20 {
21 cout << "\nDestruktor.";
22 delete Inhalt;
23 }
24 Zeile Zeile::operator= (Zeile op)
25 {
26 cout << "\nZuweisung.";
27 delete Inhalt;  // alten dyn. Speicher entf.
28 Laenge = op.Laenge;
29 Inhalt = new char[Laenge];
30 strcpy (Inhalt, op.Inhalt);
31 return (*this);
32 }
33
34 void Zeile::print()
35 {
36 cout << Inhalt;
37 }
```

```
38
39 Zeile Zeile::operator+ (Zeile op)
40 {
41 Zeile zwi ("");
42 zwi.Laenge = Laenge + op.Laenge -1;
43 delete zwi.Inhalt;
44 zwi.Inhalt = new char [zwi.Laenge];
45 strcpy (zwi.Inhalt, Inhalt);
46 strcat (zwi.Inhalt, op.Inhalt);
47 return zwi;
48 }
```

Bild 10-3: Implementierung der Klasse "Zeile"

Und das Hauptprogramm.

```
 1 // Hier: Wertübergaben für Objekte
 2 // Datei: zmainop.cpp
 3 #include "zeileop.hpp"
 4
 5 int main ()
 6 {
 7 cout << "\x1b[2J"; // BS löschen
 8
 9 Zeile z1 ("\nHallo");
10 Zeile z2 (", Guten Morgen");
11 Zeile z3 ("");
12
13 z3 = (z1 + z2);
14
15 z3.print();
16 return 0;
17 }
18
```

Bild 10-4: Hauptprogramm zum zur Klasse "Zeile"

Im Hauptprogramm werden Zeilen-Objekte angelegt. Der "+"-Operator konkateniert Zeilen (hängt sie zusammen). Das Ergebnis wird mit der Zuweisung in dem Objekt "z3" abgelegt. Die Ausgabe zeigt schließlich das Ergebnis. Alle Methoden wurden mit Wertübergabe definiert. Eine Ausgabe in der Methode zeigt die Bearbeitung an. Mit diesem Hauptprogramm und der Implementierung erhalten wir die folgende Bildschirmausgabe (evtl. Compiler abhängig!).

```
 1
 2 Textkonstruktor.        für z1
 3 Textkonstruktor.        für z2
 4 Textkonstruktor.        für z3
 5 Kopierkonstruktor.      z2 an operator+
 6 Textkonstruktor.        für zwi in operator+
 7 Kopierkonstruktor.      return zwi an anonym
 8 Destruktor.             für Parameter op in +
 9 Destruktor.             für zwi in operator+
10 Kopierkonstruktor.      anonym von + an operator=
11 Zuweisung.
12 Kopierkonstruktor.      return *this an anonym2
13 Destruktor.             für Parameter op in =
14 Hallo, Guten Morgen
15 Destruktor.             für z3
16 Destruktor.             für z2
17 Destruktor.             für z1
18 Destruktor.             für anonym2
19 Destruktor.             für anonym
```

Bild 10-5: Ausgabe des Zeilenbeispiels

Die Zeilennummern und die kursiven Kommentare sind wieder eingefügt. In diesem Programm werden eine ganze Anzahl Methoden aufgerufen. Wenn Sie die einzelnen Aufrufe nachvollziehen wollen, beachten Sie, daß die anonymen Zwischenobjekte erst am Schluß des Programms entfernt werden. Beachten Sie auch, daß die Ausgabe nicht bei jedem Compiler gleich sein muß. Manche Compiler legen auch Parameterobjekte im Freispeicher an und übergeben nur eine Referenz.

Das gerade verwendete Beispiel wollen wir nun mit Hilfe der Referenzen optimieren. Jede Referenz sollte einen Kopierkonstruktor- und einen Destruktoraufruf einsparen. Weiter benutzen wir zwei Möglichkeiten, sogenannte "inline"- Funktionen zu definieren.

```
1  // Klasse mit inline-Funktionen
2  // Datei: zeileop1.hpp
3  #include <fstream.h>
4
5  class Zeile
6  {
7  int Laenge;
8  char * Inhalt;
9  public:
10   Zeile (char * ctext);
11   Zeile (Zeile & Objekt);   // X::X (X &)
12   ~Zeile(){cout<<"\nDestruktor.";delete Inhalt;}
13  void print();
14  Zeile operator+ (Zeile & Z2);
15  Zeile & operator= (Zeile & op2);
16  };
17  // inline- Makros gehören in den Header
18  inline void Zeile::print()
19  {
20  cout << Inhalt;
21  }
```

Bild 10-6: Klasse "Zeile" mit Referenzen und inline-F.

Optimierung mit "inline"-Funktionen

Eine "inline"-Funktion ist eigentlich keine Funktion, sondern ein Makro. Eine Funktion wird aufgerufen, ein Makro expandiert. Bei der Funktion gibt es den Code genau einmal und beliebig viele Aufrufe. Bei Makros wird der Code bei jeder Verwendung expandiert d. h. einkopiert. Trotzdem bieten "inline"-Funktionen gerade bei sehr kurzen Methoden erheblliche Laufzeitgewinne, da nichts übergeben werden muß und der gesamte Verwaltungsaufwand für Funktionsaufrufe entfällt. Beachten Sie, dass das Makro in der Informationsdatei steht, nicht in der Implementierungsdatei.

```
 1 // Möglichkeiten der Optimierung
 2 // Datei: zmainop1.cpp
 3
 4 #include "zeileop1.hpp"
 5
 6 int main ()
 7 {
 8 cout << "\x1b[2J";
 9
10 Zeile z1 ("\nHallo");
11 Zeile z2 ("\n Guten Morgen");
12 Zeile z3 ("");
13
14 z3 = (z1 + z2);
15
16 z3.print();
17 return 0;
18 }
19
```

Bild 10-7: Hauptprogramm zur optimierten "Zeile"

Ebenso wie das Schlüsselwort "register" stellt "inline" eine Empfehlung an den Compiler dar. Er soll, aber er muß sich nicht daran halten.

Innerhalb der Klassendefinition ist "inline" vorgegeben. Ein Funktionsblock in geschweiften Klammern definiert daher automatisch ein Makro.

Das Hauptprogramm muß der geänderten Implementierung nicht angepaßt werden (mit Ausnahme des "include" mit der geänderten Informationsdatei).Die Veränderung durch die "inline"-Funktionen muß man mit geeigneten Programmen messen. Aber wenn Sie bedenken, daß bei großen und umfangreichen Klassen, wie "Artikel", "Kunde" oder "Fenster"

```
 1  // Optimierung für Zeile
 2  // Datei: zeileop1.cpp
 3  #include <string.h>
 4  #include "zeileop1.hpp"
 6  Zeile::Zeile (char * op)
 7  { cout << "\nTextkonstruktor.";
 8  Laenge = strlen (op) + 1;
 9  Inhalt = new char [Laenge];
10  strcpy (Inhalt,op);
11  }
12  Zeile::Zeile (Zeile & Z)
13  { cout << "\nKopierkonstruktor.";
14  Laenge = Z.Laenge;
15  Inhalt = new char [Laenge];
16  strcpy (Inhalt, Z.Inhalt);
17  }
18  Zeile & Zeile::operator= (Zeile & op)
19  { cout << "\nZuweisung.";
20  delete Inhalt;   // alten dyn. Speicher entf.
21  Laenge = op.Laenge;
22  Inhalt = new char[Laenge];
23  strcpy (Inhalt, op.Inhalt);
24  return (*this);
25  }
26  Zeile Zeile::operator+ (Zeile & op)
27  {
28  Zeile zwi ("");
29  zwi.Laenge = Laenge + op.Laenge -1;
30  delete zwi.Inhalt;
31  zwi.Inhalt = new char [zwi.Laenge];
32  strcpy (zwi.Inhalt, Inhalt);
33  strcat (zwi.Inhalt, op.Inhalt);
34  return zwi;
35  }
```

Bild 10-8: Implementierung der "Zeile" mit Referenzen

sehr viele und oft kleine Methoden benutzt werden, kann der Gewinn erheblich sein.

Diese Makros unterscheiden sich grundsätzlich von den bisher bekannten "#define"-Makros des Präprozessors. Der Präprozessor kann nur Texte ersetzen, nicht aber Typen überprüfen. Im Gegensatz dazu werden "inline"-Funktionen ihrem Namen gerecht. Der Compiler (und nicht der Präprozessor) garantiert eine völlige Gleichstellung mit normalen Methoden. Alle Überprüfungen und Schutzkonzepte bleiben in Kraft. Nur die Art der Codegenerierung ändert sich.

> Kleine Methoden werden als Makros schneller.

Schauen wir uns die geänderte Ausgabe an.

```
 1
 2 Textkonstruktor.        für z1
 3 Textkonstruktor.        für z2
 4 Textkonstruktor.        für z3
 5 Textkonstruktor.        für zwi in operator+
 6 Kopierkonstruktor.      return an anonym
 7 Destruktor.             für zwi
 8 Zuweisung.
 9 Hallo
10 Guten Morgen
11 Destruktor.             für z3
12 Destruktor.             für z2
13 Destruktor.             für z1
14 Destruktor.             für anonym
```

Bild 10-9: Ausgabe des geänderten "Zeile"-Beispiels

Gegenüber dem Beispiel, das nur Wertübergaben verwendet hat, haben wir drei Wertübergaben einsparen können. Und mit jeder Wertübergabe einen Konstruktor- und einen Destruktoraufruf. In diesem kurzen Beispiel waren das immerhin sechs Funktionsaufrufe.

Hinweise zur Weiterarbeit

1) Was sind die grundlegende Unterschiede der beiden Möglichkeiten, ein Makro zu definieren? (#define oder inline. Geber
Sie je ein Beispiel.

2) Schreiben Sie ein Programm, das eine Methode 10000 mal
aufruft. Implementieren Sie die Methode zuerst als Funktion
und dann als Makro Messen Sie den Zeitunterschied beim Ablauf. Vielleicht sollten Sie hier die Zeitfunktionen von C benutzten.

Im nächsten Kapitel

Die bisher besprochenen Klassen bildeten Vorlagen, nach denen Objekte erstellt wurden. Mit jedem neuen Anlegen eines Objektes wurde ge-
mäß des Bauplans Platz reserviert und mit einem Konstruktor vorbelegt.
Eine Eigenschaft, die in der Klasse deklariert wurde, existierte nach dem
Anlegen von 100 Objekten genau 100 mal. Im nächsten Kapitel werden
wir nun Klassenelemente besprechen, die nur zu einer Klasse, nicht
aber zu Objekten gehören.

Elemente der Klasse

Die Klassen "ratio" und "Zeile" enthalten ausschließlich sogenannte Objektelemente. Dies sind Elemente, die als Daten in jedem Objekt wiederholt werden und als Methoden für alle Objekte verwendet werden können.

Es gibt nun aber Fragestellungen, die mit diesem Vorgehen nicht zu lösen sind. Stellen Sie sich eine Klasse vor, deren Objekte sehr häufig dynamisch angelegt werden. Ein Programmierer will nun wissen, wie viele Objekte zu einem gegebenen Zeitpunkt existieren. Es wäre dazu nützlich, wenn es einen Zähler für die ganze Klasse gäbe, in dem die Anzahl der momentan lebenden Objekte mitgeführt wird. Dazu müßte man aber eine Klasseneigenschaft definieren können. Und das ist möglich.

Elemente	Daten	Funktionen
pro Klasse	static Eigenschaften	static Methoden
pro Objekt	normale Eigenschaften	normale Methoden

Bild 11-1: Elemente für Klassen und Objekte

Elemente, die nur der Klasse, aber nicht zu Objekten gehören, werden mit dem Schlüsselwort "static" gekennzeichnet. Und damit gibt es wieder eine Bedeutung mehr für dieses Schlüsselwort. Eigenschaften, also Daten, die mit "static" in einer Klasse deklariert werden, müssen an anderer Stelle noch definiert werden. Sie gibt es in der Klasse nur einmal und unabhängig von der Existenz der Objekte. Die Methoden der Klasse erhalten in der Deklaration ebenfalls ein "static" als Attribut. Bei Methoden bedeutet das, daß diese Methode nur auf die Klasseneigenschaften zugreifen darf, nicht aber auf die Objekteigenschaften.

Alle anderen Methoden haben auf Klassenelemente (sowohl Eigenschaften wie auch Methoden) die gleiche Zugriffsmöglichkeit wie auf Objektelemente.

```
 1  // Arbeiten mit Klassenelementen
 2  // Datei: ratiosta.hpp
 3  #include <stdio.h>
 4
 5  #ifndef RATIOHEADER
 6  #define RATIOHEADER
 7
 8  class ratio         // Typdefinition
 9  {
10  private:            // ist Voreinstellung
11  static zaehler;     // Klasseneigenschaft
12  static void delta (int d)  {zaehler += d; }
13  int z;              // Eigenschaften
14  int n;              // Zähler und Nenner
15  public:             // ab hier Methoden
16  ratio(int zz=0,int nn=1){z=zz;n=nn;delta(+1);}
17  ~ratio () { delta(-1); } // inline
18  void print ();
19  ratio addiere (ratio & r2);
20  static int GibZaehler() { return zaehler; }
21  };
22  #endif
```

Bild 11-2: "ratio" mit Klassenelementen

In der neuen Definition der Klasse "ratio" wurde von der Möglichkeit Gebrauch gemacht, "inline"-Makros zu definieren. Außerdem gibt es in der Zeile 11 eine Eigenschaft der Klasse. Die Methode "delta()" gehört wie die Methode "GibZaehler()" der Klasse. Beide dürfen nur auf Eigenschaften der Klasse zugreifen. In unserem Fall ist dies nur der "zaehler".

In der Klassendefinition wurde auch ein Destruktor aufgenommen. Er ruft die Klassenmethode "delta()" mit "-1" auf. Zusammen mit dem Konstruktor wird die Klasseneigenschaft "zaehler" bei jedem Anlegen und Entfernen von Objekten mitgeführt.

```
 1  // Implementierung mit "static"
 2  // Datei: ratiosta.cpp
 3  #include "ratiosta.hpp"
 4
 5  int ratio::zaehler = 0;
 6
 7  void ratio::print ()
 8  {
 9  printf ("%d/%d",z, n);
10  }
11
12  ratio ratio::addiere (ratio & op2)
13  {
14  ratio erg;
15  erg.z = z * op2.n + n * op2.z;
16  erg.n = n * op2.n;
17  return erg;
18  }
```

Bild 11-3: Definieren von Klasseneigenschaften

In der Definition der Klasse (Bild 11-2) haben wir alle Methoden der Klasse wegen ihrer Kürze als "inline"-Makros geschrieben. In der Implementierung definieren wir nun die Klasseneigenschaft "zaehler" (Zeile 5). Dazu wird in einer Variablendefinition dem Namen der Bereichsoperator und der Klassenname vorangestellt. Klasseneigenschaften müssen initialisiert werden.

Im Hauptprogramm (Bild 11-4) werden drei Objekte global angelegt. Innerhalb von "main()" wird ein weiteres Objekt dynamisch angelegt und dessen Adresse in einem Zeiger abgelegt. Das Programm geht davon aus, daß immer noch Platz für ein Objekt sein sollte und verzichtet auf eine Fehlerüberprüfung.

Nach der Ausgabe der Anzahl der momentan vorhandenen Objekte löschen wir das dynamisch angelegte. Der Destruktor erniedrigt den Zähler der Klasse um eins. Die nächste Ausgabe des Zählers wird den verminderten Stand ergeben.

Beachten Sie den Bereichsoperator beim Aufruf von "GibZaehler()". Da die Methode nicht für ein bestimmtes Objekt aufgerufen wird, müssen wir durch die Angabe der Klasse dem Compiler mitteilen, daß es sich um eine Methode und nicht um eine normale C-Funktion handelt.

```
 1  // Arbeiten mit Klassenelementen
 2  // Datei: rmainsta.cpp
 3  #include "ratiosta.hpp"
 4
 5  ratio A,B(1,2),C(1,4);   // 3 glob. // Obj.
 6
 7  int main ()
 8  {
 9  ratio * rp = new ratio;
10  A = B.addiere (C);
11  printf( "\x1b[2JAusgabe einer Bruchzahl\n\n");
12  A.print ();
13  printf ("\nAnzahl: %d", ratio::GibZaehler());
14  delete rp;
15  printf ("\nAnzahl: %d", ratio::GibZaehler());
16  return 0;
17  }
```

Bild 11-4: Testen der Klassenelemente

Die Klassenmethoden unterscheiden sich von Objektmethoden dadurch, daß sie keine Bindung besitzen. Damit gibt es in Klassenmethoden "this" nicht. Die Bindung an ein Objekt ist auch nicht notwendig oder erforderlich, da sie sowieso nur auf die Eigenschaften der Klasse zugreifen dürfen.

Statt des Klassennamens kann man natürlich auch die gewohnte Schreibweise benutzen und ein Objekt voranstellen. Dies führt aber nicht zur Bindung und macht den Code schwerer lesbar.

Die Bildschirmausgabe sieht wie folgt aus.

```
1 Ausgabe einer Bruchzahl
2
3 6/8
4 Anzahl: 4
5 Anzahl: 3
```

Bild 11-5: Ausgabe des Beispiels für Klassenelemente

Mit Klassenmethoden kann man neben den angeführten Möglichkeiten auch die Operatoren "new" und "delete" überlagern. Dann gelten diese Operatoren nur für die Klasse, in der sie überlagert wurden.

Hinweise zur Weiterarbeit

1) Eine der großen Anwendungen für Objektorientierte Programmierung sind die graphischen Oberflächen. Nennen Sie einige Eigenschaften, die für alle Fenster nur einmal vorhanden sind.

2) Richten Sie in den Klassen "ratio" und "Zeile" jeweils Zeiger auf den Namen der Klasse und der Version ein. Schreiben Sie für die beiden Klassen die Zugriffsfunktionen.

```
class ratio
{
static anzahl;    // Klasseneigenschaft
int zaehler;      // Objekteigenschaften
int nenner;
public:
....

....
};

ratio A,B;        // Anlegen der Objekte A und B
```

Objekt A;	static	Objekt B;
zaehler	anzahl	zaehler
nenner		nenner

Klasseneigenschaft: anzahl

Bild 11-6: Klasseneigenschaften gibt's nur einmal

Im nächsten Kapitel

Im folgenden Kapitel wenden wir uns der nächsten Grundidee der OOP zu: der Wiederverwendbarkeit von Programmteilen. Dabei werden wir neue Klassen mit der Hilfe schon bestehender aufbauen. Wieder wird dazu die Klasse die Grundlage bilden.

Wiederverwendung von Software und Vererbung

Können Sie sich vorstellen, daß eine Firma wie VW oder BMW die Schrauben für ein Auto selbst herstellt? Wohl kaum. Autos werden wie alle aufwendigen Wirtschaftsgüter nur zu einem Teil von der Herstellerfirma selbst gebaut. Viele Einzelteile, wie Reifen, Radios, Klimaanlagen, Sitze usw. werden von anderen Herstellern zugeliefert. Den Grad der Verwendung fertiger Teilprodukte in einem Endprodukt misst man mit Hilfe der Fertigungstiefe. Bei einer Fertigungstiefe von 100% stellt eine Firma alles selbst her, bei 50% wird die Hälfte dazugekauft.

In vielen Seminaren erhielt ich von den Teilnehmern auf die Frage, wie hoch ihre Fertigungstiefe in der Softwareerstellung ist, die Antwort: 100%. Und als Begründung: wir machen alles selbst, wir können es uns nicht leisten, von anderen abhängig zu sein, wir sind so speziell....

Die Entwicklung der Softwareproduktion wird einen ähnlichen Weg nehmen, wie die Entwicklung der mechanischen Produktion. Dazu ist aber die Standardisierung und die Wiederverwendbarkeit von Software unabdingbare Voraussetzung.

Möglichkeiten der Wiederverwendung von Software

Wir können die mögliche Wiederverwendung aus unterschiedlichen Sichtwinkeln betrachten. Eine Betrachtung kommt aus der Modularisierung und der Art, wie man Software übersetzt, bindet und (eventuell) absolut positioniert (für ROM's). Jeder Aufruf eines externen Unterprogramms, jeder Zugriff auf eine globale Variable ist hier bereits Wiederverwendung. Dies ist die mehr technische Seite der Wiederverwendung. C++ bietet hier keine Neuigkeiten, wenn man von den internen Namen absieht.

Eine andere Sichtweise kümmert sich um den logischen Aufbau komplexer Datenstrukturen oder Modelle der Wirklichkeit. In diesem Buch haben wir als Beispiele dafür Kunden, Artikel, Bruchzahlen oder Zeilen kennen gelernt. Solche Modelle (also in C++ die Klassen) können wir er-

---

neut als Bausteine betrachten, mit denen größere Klassen aufgebaut werden können.

Beim Aufbau neuer Klassen gibt es zwei unterschiedliche Strategien:

- die neue Klasse beinhaltet andere Klassen so wie eine Hauswand Ziegel, Fenster und Türen beinhaltet.

- die neue Klasse erweitert eine vorhandene allgemeine Klasse und wird größer und spezieller. Aus einem allgemeinen Fahrzeug wird z. B. ein LKW oder ein Bus.

Beide Fälle konnten schon bisher mit Hilfe der Strukturen aufgebaut werden. C++ bietet aber geschützte Klassen. Daher stellt C++ für beide Fälle unterstützende Sprachelemente bereit.

In der folgenden Diskussion wollen wir die beiden Fällen mit Klassen untersuchen.

Objekte als Elemente einer Klasse

In einer neuen Klasse kann man Elemente mit Hilfe einer beliebigen Datentyps deklarieren. Bisher haben wir zumeist Grunddatentypen wie "int" oder "char" verwendet. Genauso gut können aber auch Klassen benutzt werden. In den Methoden der neuen Klasse kann man man dann die Methoden der Klasse für das Objekt aufrufen. Definieren wir zuerst eine einfache Klasse "Mensch", mit der wir dann weitere Klassen aufbauen wollen.

Unsere Klasse "Mensch" bildet nur einen sehr kleinen Ausschnitt des echten Menschen nach. Aber für Experimente zur Wiederverwendung von Software soll es genügen. Eine Klasse, die man möglichst so allgemein schreibt, daß sie leicht innerhalb anderer Klasse benutzt und ergänzt werden kann, nennt man Basisklasse.

Der "Mensch" besitzt einen Vornamen, einen Nachnamen und einen Geburtstag. Die Zahlen für Tag, Monat und Jahr werden dabei in einem Feld gehalten.

Als Methoden werden ein Konstruktor und zwei Routinen deklariert, die den Namen oder den Geburtstag in einem String liefern.

```
 1 // Wiederverwendung von Code
 2 // Datei: mensch.hpp
 3 class Mensch
 4 {
 5 char vorname[20];
 6 char nachname[25];
 7 int gebtag[3];
 8 public:
 9 Mensch(char * v,char * n,int t,int m,int j);
10 void GibNamen (char * puffer);
11 void GibGebTag (char * puffer);
12 };
```

Bild 12-1: Definition der Basisklasse "Mensch"

Im Listing sehen Sie den Konstruktor und die beiden Methoden.

```
 1 // Wiederverwendung von Code
 2 #include <stdio.h>
 3 #include <stdlib.h>
 4 #include <string.h>
 5 #include "mensch.hpp"
 6
 7 Mensch::Mensch
 8    (char * v,char * n,int t,int m,int j)
 9    {
10    strcpy (vorname,v);
11    strcpy (nachname,n);
12    gebtag[0] = t;
13    gebtag[1] = m;
14    gebtag[2] = j;
15    }
```

```
16
17  void Mensch::GibNamen (char * puffer)
18      {
19      strcpy (puffer,vorname);
20      strcat (puffer," ");
21      strcat (puffer,nachname);
22      }
23
24  void Mensch::GibGebTag (char * puffer)
25      {
26      char hilfe [20];
27      sprintf(hilfe,"%i",gebtag[0]);
            strcpy (puffer,hilfe);
28      strcat (puffer,".");
29      sprintf (hilfe, "%i", gebtag[1]);
            strcat (puffer, hilfe);
30      strcat (puffer, ".");
31      sprintf (hilfe, "%i", gebtag[2]);
            strcat (puffer, hilfe);
32      }
```

Bild 12-2: Methoden der Basisklasse "Mensch"

Bei der Ausgabe des Geburtstages müssen die Zahlenangaben im Datum mit "sprintf()" in einen String umgewandelt werden. Die Klasse "Mensch" verwenden wir nun in einer größeren Klasse.

Als neue, erweiterte Klasse wird eine "Person" definiert. Der Klassenrame ist "PersonE" für "Person" mit eingeschlossenem Objekt. Ein Element ist der "Mensch" mit der grundsätzlichen Beschreibung. Als Zusatzeigenschaft kommt noch (mindestens) das Geschlecht hinzu. Der Zugriff auf das eingeschlossene Objekt geschieht wie üblich mit einer Methode, die an das Objekt gebunden wird.

In der Klassendefinition für "PersonE" sind die Methoden mit Ausnahme des Konstruktors als "inline"-Makros geschrieben. Bei der Kürze der Methoden erscheint dies als sinnvoll. Den Konstruktor schreiben wir wie sonst auch als Methode in einer Implementierungsdatei. Innerhalb der Definition der neuen Klasse "PersonE" wird das Objekt "me" nur deklariert. Daher erfolgt hier keine Initialisierung mit einem Konstruktoraufruf.

```
 1  // Wiederverwendung durch Einschluß
 2  // Datei: persone.hpp
 3  #include "mensch.hpp"
 4  class PersonE
 5  {
 6  Mensch me;
 7  char Geschlecht;
 8
 9  public:
10  PersonE
11    (char * v,char * n,int t,int m,int j, char g);
12  void GibNamen (char * puffer)
13          { me.GibNamen(puffer); }
14  void GibGebTag (char * puffer)
15          { me.GibGebTag (puffer); }
16  char GibGeschlecht()
17          { return Geschlecht; }
18  };
```

Bild 12-3: Definition einer Klasse mit Objekt

Wenn ein Objekt angelegt wird, dann muß bei der Initialisierung (also beim Konstruktoraufruf) sowohl ein großes und ein darin enthaltenes, kleineres Objekt initialisiert werden. Dies können wir bei der Definition des neuen Konstruktors angeben.

Für das Elementobjekt existiert bereits ein Konstruktor. Dem neuen Konstruktor verbleibt daher nur die Aufgabe, die neuen Eigenschaften zu initialisieren. In unserem Fall ist das die Eigenschaft "Geschlecht".

Dem Funktionskopf des Konstruktors der neuen Klasse folgt die Angabe, wie der Konstruktor für das enthaltene Objekt "" aufzurufen ist. Daher findet sich in der Schnittstellendefinition des neuen Konstruktors die Definition der formalen Parameter, die danach im Konstruktoraufruf für "me" verwendet werden können. Im Konstruktoraufruf für "me" können beliebige Variable oder Konstante stehen. Der häufigste Fall ist es jedoch, daß, wie im obigen Beispiel, Parameter des übergeordneten Konstruktors benutzt werden.

```
1  // Wiederverwendung von Code
2  // Datei: persone.cpp
3  #include <stdio.h>
4  #include "persone.hpp"
5
6  PersonE::PersonE
7     (char *v,char *n,int t,int m,int j,  char g)
8     : me (v,n,t,m,j)
9  {
10 Geschlecht = g;
11 }
```

Bild 12-4: Konstruktor mit Objektinitialisierung

Die Reihenfolge der Konstruktoraufrufe ist: zuerst für das Element "me" und danach der Gesamtkonstruktor.

Die Arbeitsweise unserer bisherigen Klassen können wir mit einem kleinen Hauptprogramm erkunden (im Bild 12-5).

Neben der üblichen Headerdatei "stdio.h" (für konventionelle Ein- und Ausgaben) holen wir noch "persone.hpp". In der Zeile 7 wird ein Puffer angelegt, der für die Rückgaben des Namens und des Geburtstages benötigt wird. In der folgenden Zeile wird ein Objekt "Ich" der Klasse "PersonE" angelegt. Dabei müssen zwei Konstruktoren ablaufen: ein Konstruktor für das in "Ich" enthaltene "me" und der Konstruktor für die weiteren Eigenschaften von "Ich".

Konstruktoren für globale Variable laufen beim Programmstart ab, bevor die erste Vereinbarung oder Anweisung in "main()" ausgeführt wird. Zuerst läuft der Konstruktor der Elementklasse, dann der Konstruktor der neuen Klasse.

```
 1 // Wiederverwendung von Code
 2 // Datei: mainpers.cpp
 3
 4 #include <stdio.h>
 5 #include "persone.hpp"
 6
 7 char puffer[100];
 8 PersonE Ich("Egon","Müller",21,2,1952,'m');
 9
10 int main ()
11 {
12 printf("\x1b[2J");          // Bildschirm löschen
13 Ich.GibNamen(puffer);
14 printf ("\nMein Name ist %s", puffer);
15 Ich.GibGebTag(puffer);
16 printf ("\nMein Geburtstag: %s",puffer);
17 return 0;
18 }
```

Bild 12-6: Testprogramm für die zusammengesetzte Klasse

Die Ausgabe sieht wie folgt aus. (Zeilennummern sind eingefügt)

```
1
2 Mein Name ist Egon Müller
3 Mein Geburtstag: 21.2.1952
```

Bild 12-5: Ausgabe des "mainpers"- Programmes

Mit Objekten als Elemente von Klassen kann man neue Klassen aufbauen und innerhalb der Methoden auf das Elementobjekt zugreifen. Die Zugriffsrechte unterscheiden sich aber nicht von der allgemeinen Verwendung. Wir dürfen nur auf die "public"-Elemente zugreifen.

Diese Art der Wiederverwendung ist in vielen Fällen angebracht. Insbesondere in den Fällen, in denen zwischen den einzelnen Elementen einer neuen Klasse keine unmittelbaren logischen Beziehungen bestehen. Im Bild 7 setzt sich eine Benutzerschnittstelle aus dem Eingabe- und dem Ausgabeobjekt zusammen.

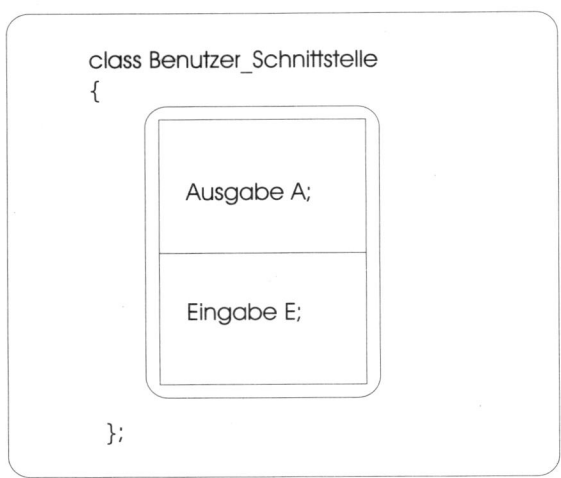

Bild 12-7: Beispiel für Objekte in einer Klasse

Beide Teilobjekte könnten auch unabhängig voneinander existieren. Die Klasse "Benutzer_Schnittstelle" bildet sozusagen nur eine Klammer. Die umschließende Klasse muß ihre Zugangsfunktionen mit Hilfe von Methodenaufrufen an die Teilobjekte bereitstellen. Wir haben das auch im Bild 12-3 getan.

Wiederverwendung durch Vererbung

Der zweite Fall der Wiederverwendung von Software war die Spezialisierung. Eine neue Klasse sollte so etwas wie die bestehende Klasse sein, nur spezieller. Wenn eine allgemeine Klasse "Fahrzeug" existiert, dann kann man damit eine Klasse "PKW" oder "LKW" oder "Bus" definieren. Die neue Klasse wird als Erweiterung der bestehenden empfunden. Es ist sicher einleuchtend, daß man mit einem "Fahrzeug" anfahren und bremsen kann.

Die Idee der Vererbung in objektorientierten Sprachen ist es nun, die Methoden der Basisklasse (hier: Fahrzeug) automatisch auch für die neue Klasse zur Verfügung zu stellen. Wenn ein Objekt der Klasse "Fahrzeug" anfahren kann, dann soll auch ein "PKW" automatisch anfahren können.

> Die Vererbung ist eine Dienstleistung der Sprache, die die automatische Wiederverwendung von Elementen der Basisklasse in abgeleiteten Klassen ermöglicht.

Um die grundlegenden Möglichkeiten der Vererbung kennen zulernen, wird das gerade benutzte Beispiel leicht modifiziert und mit Vererbung wiederholt. Weiterhin benutzen wir die unveränderte Basisklasse "Mensch".

```
 1 // Wiederverwendung durch Vererbung
 2 // Datei: personv.hpp
 3 #include "mensch.hpp"
 4 class PersonV : public Mensch
 5 {
 6 char Geschlecht;
 7
 8 public:
 9 PersonV
10   (char * v,char * n,int t,int m,int j, char g);
11 char GibGeschlecht()
12          { return Geschlecht; }
13 void ZeigNamen (char * puffer)
14          { GibNamen (puffer); }
15 };
```

Bild 12-8: Definition der abgeleiteten Klasse

In der abgeleiteten Klasse "PersonV" (für Person mit Vererbung) teilen wir dem Compiler in der Zeile 4 nach dem neuen Klassennamen "PersonV" mit, daß er die Klasse "Mensch" als Basisklasse mit einschließen

---

soll. Das Schlüsselwort "public" bestimmt die Art der Vererbung. (siehe: offene und geschlossene Vererbung)

```
 1  // Wiederverwendung von Code
 2  // Datei: personv.cpp
 3  #include <stdio.h>
 4  #include "personv.hpp"
 5
 6  PersonV::PersonV
 7     (char *v,char *n,int t,int m,int j, char g)
 8     : Mensch (v,n,t,m,j)
 9  {
10  Geschlecht = g;
11  }
```

Bild 12-9: Implementierung der abgeleiteten Klasse

Wenn die neue Klasse die Basisklasse erbt, dann können wir die Methoden der Basisklasse automatisch wiederverwenden. Die Methode für die Ausgabe des Geburtstages wird in der abgeleiteten Klasse nicht mehr benötigt. Nur zur Demonstration wurde in der Zeile 13 (im Bild 12-8) eine Methode "ZeigNamen" definiert. Sie ruft die Methode "GibNamen()" der Basisklasse auf. Beachten Sie, daß die Methode der Basisklasse automatisch an das geerbte Basisobjekt gebunden wird. Daher kann man eine zugängliche Basismethode ohne weitere Angabe aufrufen. Im vorhergegangenen Beispiel mußten wir den Methodenaufruf explizit an das Elementobjekt binden. Oder, um es technischer zu beschreiben, der Compiler passt den verdeckten Parameter "this" automatisch an.

In der Zeile 8 der Implementierung (Bild 12-9) finden wir an Stelle des Objektnamens den Klassennamen. Der Compiler wird dabei informiert, das Objekt, das er automatisch hinzugefügt hat, mit Hilfe des Konstruktors initialisieren soll.

Unser Hauptprogramm braucht nicht geändert werden, wenn man von der neuen Informationsdatei einmal absieht. Und auch die mit dem Hauptprogramm erzeugte Ausgabe ist die gleiche wie im letzten Beispiel.

Geändert hat sich nur eines: der Compiler stellt für das abgeleitete Objekt automatisch die Methoden des Basisobjektes zur Verfügung.

Die Vererbung stellt also einen Satz von Spielregeln dar, die bestimmen, wie eine vorhandene Klasse automatisch beim Aufbau einer neuen Klasse verwendet werden kann.

```
 1 // Wiederverwendung von Code
 2 // mainperv.cpp
 3
 4 #include <stdio.h>
 5 #include "personv.hpp"
 6
 7 char puffer[100];
 8 PersonV Ich("Egon","Müller",21,2,1952,'m');
 9
10 int main ()
11 {
12 printf("\x1b[2J!");          // Bildschirm löschen
13 Ich.ZeigNamen(puffer);
14 printf ("\nMein Name ist %s", puffer);
15 Ich.GibGebTag(puffer);
16 printf ("\nMein Geburtstag: %s",puffer);
17 return 0;
18 }
```

Bild 12-10: Hauptprogramm für die abgeleitete Klasse

Die Ausgabe wird wieder wie vorher.

```
1
2 Mein Name ist Egon Müller
3 Mein Geburtstag: 21.2.1952
```

Bild 12-11: Unveränderte Ausgabe bei Vererbung

Die möglichen Variationen der Vererbung werden wir nun im einzelnen erkunden.

Erweiterung des Schutzkonzeptes in Klassen

Bisher kennen wir innerhalb einer Klasse zwei Bereiche mit unterschiedlichen Schutzstufen:
- private und
- public.

Der private Bereich ("private") beinhaltet alle Elemente, also Eigenschaften und Methoden, die nur innerhalb der Klasse sichtbar sein sollten. Nur die Methoden oder Freundfunktionen, die in der Klasse deklariert worden sind, dürfen auf den privaten Bereich zugreifen. Die Deklaration innerhalb der Klasse erteilte sozusagen eine "Zugriffslizenz".

Der öffentliche ("public") Bereich erlaubte den Zugriff von beliebigen anderen Programmteilen. Er bildet die Schnittstelle einer Klasse nach außen. Diese grobe Unterteilung stört gelegentlich. Gerade im Rahmen der Vererbung will man innerhalb der abgeleiteten Klasse häufig auf Elemente der Basisklasse zugreifen. C++ führt daher eine dritte Schutzstufe ein: "protected".

Alle Elemente innerhalb der Basisklasse, die im "protected"-Abschnitt stehen, dürfen von den Methoden der abgeleiteten Klasse genauso benutzt werden, als stünden sie im "public"-Bereich. Der Zugriff ist damit innerhalb der Methoden (und Freunde) abgeleiteter Klassen jederzeit möglich. Aber alle anderen Programmteile bleiben nach wie vor ausgeschlossen.

Die Klasse kennt insgesamt drei unterschiedliche Schutzstufen:
- private,
- protected und
- public.

Eine vollständige Klassendefinition sieht nunmehr wie folgt aus:

```
// Vollständige Klassendefinition für C++
class Klassenname
{
private:
int private_Eigenschaft;      // für eigene Methoden
char private_Methode();       // und Freunde (M&F)
protected:
float protected_Eigenschaft;// Für eigene M&F und
int prot_Methode();           // M&F abgel. Klassen
public:
int pub_Fehler;               // für bel. Programme
int AllgMethode();            // sichtbar
```

Bild 12-12: Vollständige Klassendefinition

Offene und geschlossene Vererbung

Bei der Vererbung einer Basisklasse an eine abgeleitete Klasse können wir festlegen, ob man die Schnittstelle der Basisklasse, also den "public"-Bereich, auch außerhalb der abgeleiteten Klasse noch sehen soll (offene Vererbung).

Eine Basisklasse kann "private" eingebunden werden. Damit legen wir fest, daß die zugänglichen Teile der Basisklasse, der "protected" und der "public"-Bereich so behandelt werden, als stünden sie im "private"-Bereich der abgeleiteten Klasse (geschlossene Vererbung).

Die abgeleitete Klasse verwendet die Basisklasse also nur intern. Eine derartige Verwendung ist z. B. bei Treibern oder Protokollhierarchien sinnvoll. Man hat für die Kommunikation zwischen Rechnern ein ISO-7-Schichten-Modell definiert. Jede Schicht erfüllt genau eine Aufgabe und verlässt sich ausschließlich auf die darunter liegende Schicht. Die jeweils obere Schicht verdeckt die darunter liegende vollständig. Hier würde die geschlossene Vererbung sinnvoll angewendet.

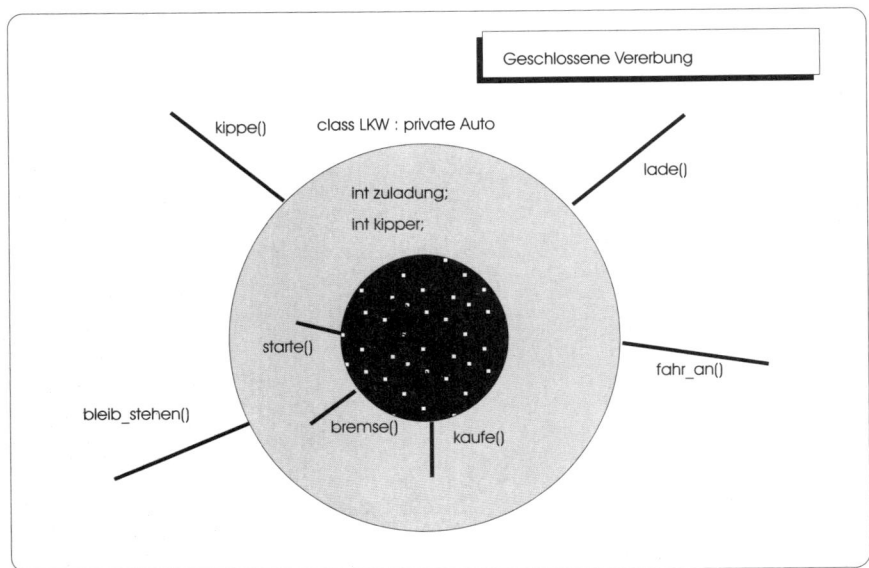

Bild 12-13: Geschlossene Vererbung ("private")

Im Gegensatz dazu kann man eine Basisklasse "public" einbinden. Damit erlauben wir, daß auch auf ein Objekt der abgeleiteten Klasse "public"-Methoden der Basisklasse angewendet werden können. Der "protected"-Bereich der Basisklasse wird wie der eigene "protected"-Bereich behandelt. Weitere Ableitungen können also auch darauf zugreifen. Diese Art der Vererbung nennen wir offene Vererbung.

Die offene Vererbung ist immer dann sinnvoll einzusetzen, wenn eine abgeleitete Klasse eine Spezialisierung der Basisklasse bietet. Die abgeleitete Klasse ist also so etwas wie die Basisklasse, nur spezieller.

Methoden der Basisklasse können hier bei Bedarf auch durch gleichnamige Methoden in der abgeleiteten Klasse überlagert werden.

Bei der Vererbung können die Schutzrechte der Basisklasse übernommen oder eingeschränkt werden. In keinem Fall ist durch eine Vererbung die Erweiterung der Schutzrechte möglich.

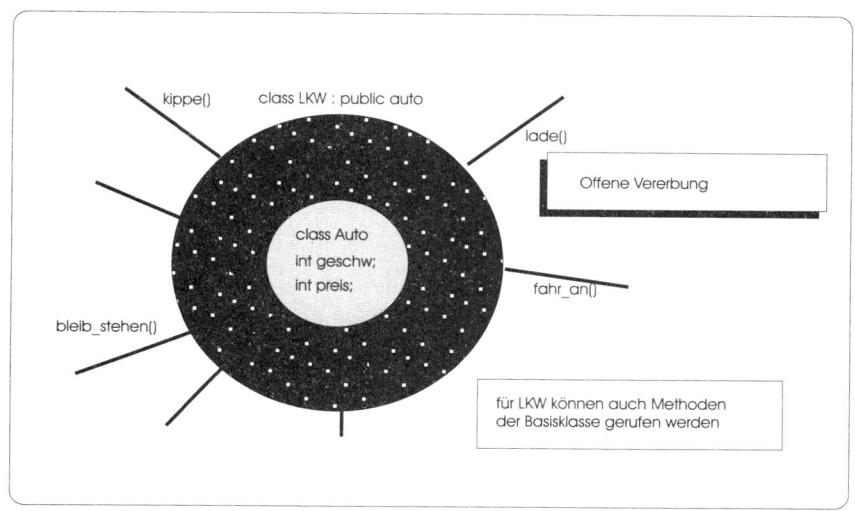

Bild 12-14: Offene Vererbung

Betrachten wir zusammenfassend die drei Schutzbereiche einer Klasse zusammen mit den beiden Möglichkeiten der Vererbung, so können wir die Zuordnung wie folgt darstellen.

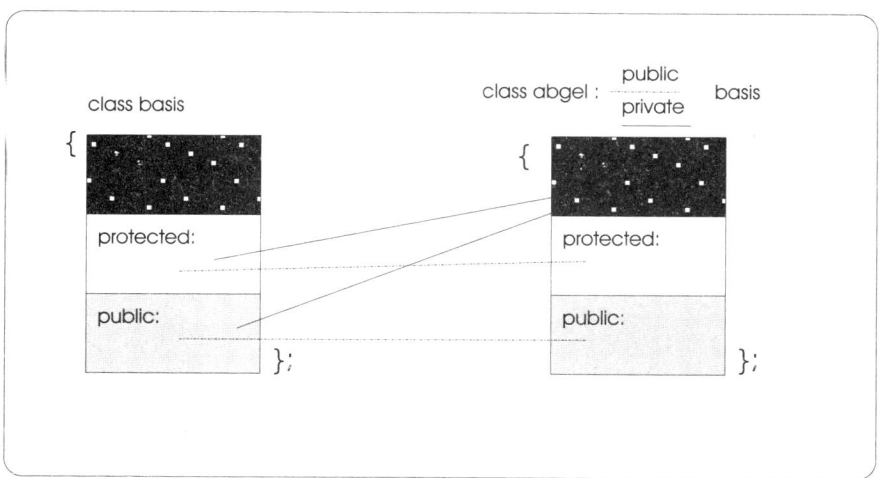

Bild 12-15: Unterschiedliche Vererbungen

Einfache und mehrfache Vererbung

Bisher haben wir beim Aufbau einer abgeleiteten Klasse genau eine Basisklasse verwendet. Diese Vorgehen entspricht vielen technischen Problemen.

Baut man eine Klassenhierarchie mit der einfachen Vererbung auf, so ergibt sich ein umgekehrter Baum. Diese Struktur kennen wir von jedem hierarchischen Dateisystem wie es bei Linux oder Windows üblich ist.

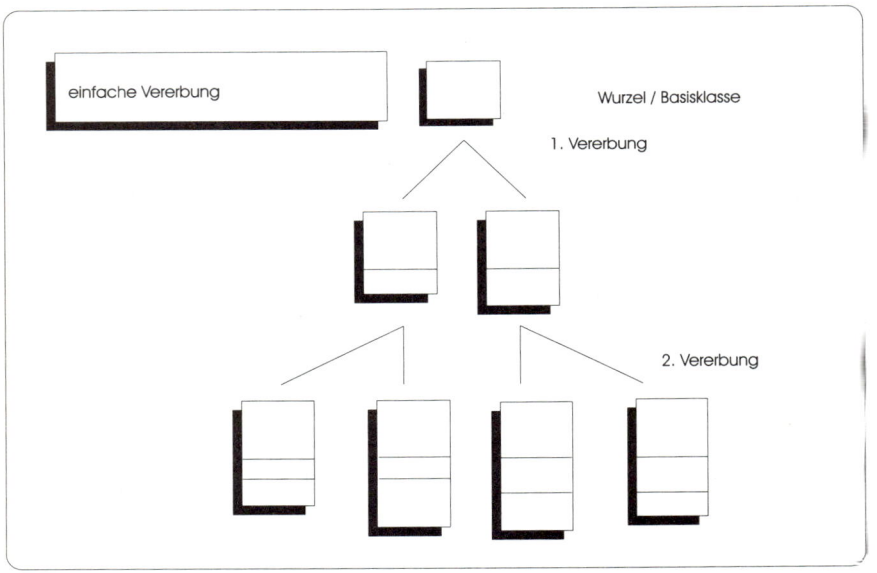

Bild 12-16: Baumstruktur bei einfacher Vererbung

Im Standard-C++ ist auch eine Mehrfachvererbung möglich. Bei der Definition einer abgeleiteten Klasse können mehrere Basisklassen benutzt werden. So schön und allgemein dies klingt, kann es doch zu Problemen führen. Angenommen, wir leiten mit einfacher Vererbung von einer Basisklasse zwei unterschiedliche neue Klassen ab (im Bild 12-17 C1 und C2). Diese beiden Klassen benutzen wir dann, um mit mehrfacher Vererbung eine Zielklasse zu definieren. In diesem Fall hätten wir zwei

Objekte der Basisklasse in einem Objekt der Klasse "D". Und das führt zu Problemen.

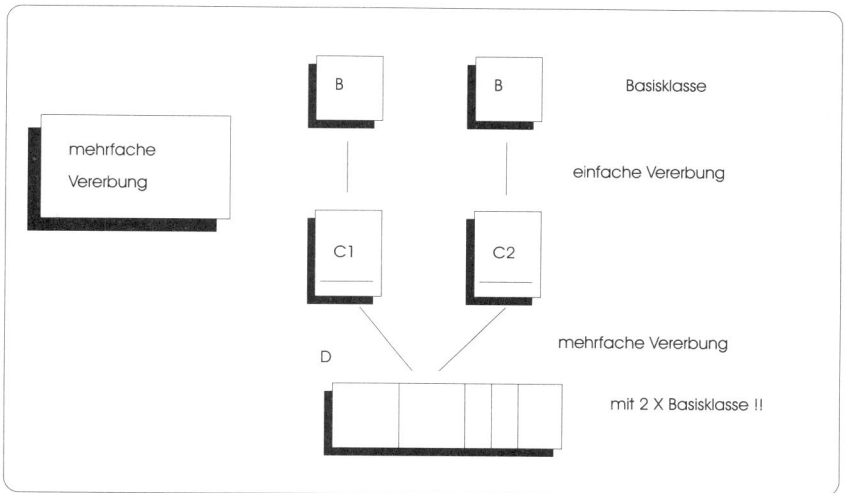

Bild 12-17: Mehrfachvererbung mit einem Problem

Betrachten wir im folgenden zuerst die notwendigen Sprachelemente für die Mehrfachvererbung und danach die Lösungsmöglichkeit für das Problem des mehrfachen Erbens der gleichen Basisklasse.

Klassendefinition mit mehrfacher Vererbung

Bei der Definition der abgeleiteten Klasse kann man nach dem Klassennamen und einem Doppelpunkt eine Liste von Basisklassen angeben. Für jede eingeschlossene Klasse wird dabei einzeln die Art der Vererbung definiert.

Das Bild 12-18 enthält einen Auszug aus der Informationsdatei "iostream.h", die so oder so ähnlich bei einer üblichen Ein-/Ausgabebibliothek vorhanden ist.

Die Klasse "iostream" verwendet als Basisklasse eine Ausgabeklasse "ostream" und für die Eingabe die Klasse "istream". Zusammen erlauben sie mit einem Objekt der Klasse "iostream" sowohl einzulesen als auch

---

auszugeben. Hier werden die Basisklassen beide mit offener Vererbung eingeschlossen ("public").

```
1
2 class iostream : public istream,public ostream
3 {
4 private:
5 ...
6 public:
7 ...
8 };
```

Bild 12-18: Mehrfachvererbung in der E/A-Bibliothek

Der Konstruktor wird analog zur einfachen Vererbung geschrieben.

```
// Konstruktor für eine mehrfach abgeleitete Klasse
abgeleitet::abgeleitet (...):basis1(...),basis2(...)
{
...
```

Bild 12-19: Konstruktor für mehrfache Vererbung}

Der Aufruf der Konstruktoren geschieht in der Reihenfolge, wie in der Liste nach dem Konstruktornamen angegeben. Der Konstruktor der abgeleiteten Klasse wird am Schluß aufgerufen.

Virtuelle Basisklasse

Der Compiler verhindert auf Wunsch das mehrfache Einschließen von Basisklassen. Dazu benutzt man das Schlüsselwort "virtual". Dieses Schlüsselwort werden wir im Kapitel über Polymorphie noch mit einer anderen Bedeutung kennen lernen.

```
// einfacher Einschluß einer Basisklasse
class abgeleitet : virtual public basis1, ...
{
...
```

Bild 12-21: Kontrollierter Einschluß von Basisklassen

}

Beispiel für die Vererbung - ein Fenstersystem für den PC

Ein erlebbares Beispiel für die Vererbung können wir am DOS-PC und seinem Bildschirmspeicher nachvollziehen. Wir betrachten dabei den Bildschirm als Feld von einzelnen "char"-Variablen, auf die immer ein Attribut-Zeichen folgt.Die gesamte Größe des Bildspeichers ist bei 25 Zeilen, 80 Zeichen pro Zeile und 2 "char" pro Bildschirmzeichen 4000 Bytes. Das Beispiel ist einfach - aber leider nur für DOS-PC Nutzer.

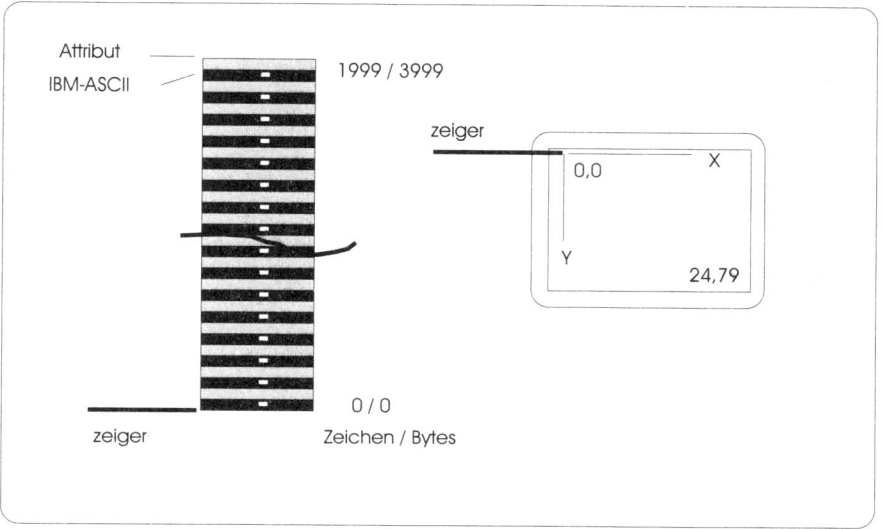

Bild 12-20: Aufbau des Bildschirmspeichers im PC

Die Basisklasse "video" definiert den Zugriff auf den Videospeicher. Sie stellt mit ihren Methoden den Zugang bereit. Aus Geschwindigkeitsgründen schreiben alle Methoden direkt in den Bildspeicher.

```
 1 // Klassendefinitionsdatei für den Bildschirm
 2 // Datei: video.hpp
 3 #ifndef video_hpp
 4 #define video_hpp
 5
 6 class video
 7 {
 8 static char v_ini ;        // schongelaufen ?
 9 static int  v_basis;       // 0xb000 oder 0xb800
10 static char v_attr;        // default Attribut
11 static char far * v_zeiger; // direkter Zeiger
12 int v_za_lesen();
13 public:
14 video ();
15 void v_loeschen();
16 void v_s_schreiben(char *zeiger);
17 void v_a_set (char attri)
18        { v_attr = attri; }
19 void v_za_schreiben(char z, char a);
20 void v_c_schreiben(char ze)
21        {v_za_schreiben (ze,v_attr); }
22 void v_set_cur (int zeile, int sp);
23
24 void v_liesbox(int *p,int o,int l,int u,int r);
25 void v_schrbox(int *p,int o,int l,int u,int r);
26
27 void v_sc_auf(int o,int l,int u,int r,char a);
28 void v_sc_ab (int o,int l,int u,int r,char a);
29 };
30 #endif
```

Bild 12-22: Definition der Basisklasse "video"

Da wir nur eine sehr einfache Betriebsart, nämlich den Textmodus mit 25 Zeilen und 80 Spalten benötigen, ist die Kompatibilität mit allen bekannten VideoKarten gegeben.

Nachdem der physikalische Zugriff auf den Bildspeicher definiert wurde, kann die Klasse "video" als Basisklasse in einem einfachen Fenstersystem verwendet werden. Eine Fenstermethode kann wegen der Vererbung auf die Methoden der Basisklasse zugreifen und das Fenster verwalten. Wir müssen bei der Konstruktion der Klassen noch berücksichtigen, daß es nur einen Bildschirm mit seinem Bildspeicher, aber darauf mehrere Fenster geben kann.

Die Klasse "video" enthält nur die notwendigsten Elemente, um das Beispiel nicht zu komplex werden zu lassen. Denkbare Erweiterungen wären z. B. Eigenschaften für Zeile und Spalte, um auch die erwereteten Betriebsarten der VGA-Karten benutzen zu können.

Als private Eigenschaften benutzen wir ausschließlich Klasseneigenschaften. Da diese nur einmal angelegt werden passt das gut zum Bildschirm, den es auch nur einmal gibt. Die erste Eigenschaft ist ein Merker. Die Grundinitialisierung durchlaufen wir nur, wenn der Merker noch nicht gesetzt ist.

In der "basis" wird das im aktuellen Videoadapter benutzte Speichersegment abgelegt. Zwei Werte gibt es. Die S/W-Hercules-Karte und die alte MGA-Karte benutzen 0xb000 und die anderen 0xb800.

Im Attribut "attr" wird die Voder- und Hintergrunddarstellung festgelegt. Die entsprechenden Bitkombinationen sind bei den DOS- Systemaufrufen beschrieben.

Die letzte Eigenschaft ist ein Zeiger auf den Bildschirmspeicher. Er wurde als "far"-Zeiger deklariert. Damit ist dieser Zeiger unabhängig vom verwendeten Speichermodell 32 Bit groß und kann Segment und Offset der Adresse aufnehmen.

Die Methoden setzen sich aus dem Konstruktor, Schreib- und Lesemethoden sowie einigen Methoden zur Unterstützung der Fensterklasse zusammen. Ein Methodenpaar kann eine "box", also eine rechteckigen

Bildschirmausschnitt, in einen Puffer schreiben oder ihn aus dem Puffer wiederherstellen.

```
 1 // Datei: video.cpp
 2 #include <stdio.h>        // sowieso
 3 #include <dos.h>          // für MK_FP, REGS
 4 #include "video.hpp"      // für "video"
 5
 6 // Hilfsvariable für Interrupt Aufrufe
 7 static union REGS reg;
 8 // Schreibe Zeichen mit Attribut
 9 void video::v_za_schreiben( char z, char a)
10 {
11 *v_zeiger++ = z;
12 *v_zeiger++ = a;
13 }
14 void video::v_s_schreiben ( char * zeiger)
15 {
16 while (*zeiger)
17     { *v_zeiger= *zeiger++;
18     v_zeiger+=2;
19     }
20 }
21 // Lese Routinen
22 int video::v_za_lesen ()
23 {
24 union
25 {
26  int word;
27  char zeich[2];
28 } u;
29 u.zeich[0] = *v_zeiger++;
30 u.zeich[1] = *v_zeiger++;
31 return (u.word);
32 }
```

Die beiden letzten Methoden dienen dem Auf- und Abrollen (scrollen) des Bildschirms.

```
33 void video::v_set_cursor (int sp, int ze )
34 {
35 v_zeiger= ( char far *) MK_FP (v_basis,0);
36 v_zeiger+= (sp * 160 + ze *2);
37 }
38 void video::v_loeschen ()
39 {
40 int i;
41 int far *pointer;
42 union   // um byte- oder wortweise zuzugreifen
43 {
44   int m;
45   char p_array[2];
46 } u_m;
47 u_m.p_array[1] = v_attr;   // Attr. oben
48 u_m.p_array[0] = ' ';        // unten Zeichen
49 pointer = ( int far *) MK_FP (v_basis,0);
50 for (i =0; i < 2000; i++) // 25*80=2000
51     *pointer++ = u_m.m;
52 v_set_cursor (0,0);
53 }
54 // Block: schneiden,restaurieren,scrollen
55 void video::v_liesbox ( int *p, int o,int l,
56                      int unten, int r)
57 {
58 int i,j;
59 for ( j = o; j <= unten; j++)
60     {
61     v_set_cursor (j, l);
62     for (i = l; i <= r; i++)
63          *p++ = v_za_lesen();
64     }
65 }
```

Die Basisklasse "video" werden wir dann im Fenstersystem wiederverwenden. Aber zuerst zur Implementierung. In der Methodendatei werden
zuerst die Klasseneigenschaften definiert und weitgehend initialisiert.

```
66 void video::v_schrbox ( int *p, int o,int l,
67                         int unten, int r)
68 {
69 int i,j;
70 union
71 {
72   int word;
73   char zeich[2];
74 } u;
75 for (j = o; j <= unten; j++)
76     {
77     v_set_cursor (j, l);
78     for (i = 1; i <= r; i++)
79         {
80         u.word = *p++;
81         v_za_schreiben(u.zeich[0],u.zeich[1]);
82         }
83     }
84 }
85 void video::v_sc_auf(int o,int l,int u,
86               int r,char a)
87 {
88 reg.h.ah = 6;              // Funktionscode
89 reg.h.al = 1;              // Anzahl Zeilen
90 reg.h.ch = o;
91 reg.h.cl = l;
92 reg.h.dh = u;
93 reg.h.dl = r;
94 reg.h.bh = a;
95 int86 (0x10, &reg,&reg);
96 }
```

In der Implementierung benötigen wir die Informationsdatei "dos.h". Sie definiert eine Nachbildung der Prozessorregister, die "REGS" heißt. Damit kann man BIOS oder DOS-Aufrufe machen. Dies geschieht mit der Bibliotheksfunktion "int86" in den Scrollmethoden und im Konstruktor.

```
 97 void video::v_sc_ab(int o,int l,int u,
 98          int r,char a)
 99 {
100 reg.h.ah = 7;               // Funktionscode
101 reg.h.al = 1;               // Anzahl Zeilen
102 reg.h.ch = o;
103 reg.h.cl = l;
104 reg.h.dh = u;
105 reg.h.dl = r;
106 reg.h.bh = a;
107 int86 (0x10, &reg,&reg);
108 }
109 // Konstruktor, Initialisierung des Objektes
110 video::video ()
111 {
112 if (v_ini != 1)
113 {
114 reg.h.ah = 0x0f;           // video mode holen
115 int86(0x10,&reg,&reg);
116 switch (reg.h.al)
117    {
118    case 7: v_basis = 0xb000;
119            break;
120    default:v_basis = 0xb800;
121            break;
122    }
123 v_a_set(0x70);   // Farben wählen
124 v_loeschen ();   // loeschen video
125 v_ini = 1;
126 }
127 }
```

Bild 12-23: Implementierung der Basisklasse "video"

Das Makro MK_FP liefert aus Segment und Offset eine 32-Bit-Adresse. Wir laden damit den Zeiger auf den Bildspeicher. Die Methoden "v_za_schreiben" und "v_s_schreiben" sind die Ausgaberoutinen. "v_za_schreiben" überträgt ein Zeichen mit Attribut und "v_s_schreiben" kopiert einen Text auf den Bildschirm. Der Text wird durch eine "\0" abgeschlossen. Dieser Wert hat auch die Funktion des Boole'schen "falsch". Die while-Schleife wird daher am Textende abbrechen. Der Zeiger überspringt beim Schreiben die Attribute.

Die Lesemethode "v_za_lesen" benutzt eine Vereinigung, um eine Typwandlung von zwei "char" auf eine "int"- Variable durchzuführen. Zurück gegeben wird dann ein Zeichen zusammen mit seinem Attribut.

Der nicht sichtbare Schreibzeiger (cursor) wird über den aktuellen Zeigerstand realisiert. "v_set_cursor" berechnet den Zeiger neu.

Die Methode "v_loeschen" setzt einen Hilfszeiger auf den Anfang des Bildspeichers und schreibt an alle 2000 Positionen ein Leerzeichen zusammen mit dem derzeit gültigen Attribut. Da der Bildspeicher zusammenhängt, brauchen wir auf eine Zeileneinteilung keine Rücksicht nehmen. Schließlich setzen wir den Cursor auf den Anfang.

Die Methoden zur Bearbeitung einer "Box", also eines rechteckigen Bildschirmausschnittes, bearbeiten Zeile für Zeile den Ausschnitt. Das Rollen (scrollen) des Bidschirms verläßt sich auf geeignete BIOS-Aufrufe. Dabei wird der Video-Interrupt 0x10 verwendet.

Und schließlich stellt der Konstruktor die Art des benutzten Videoadapters fest. Wenn der BIOS-Aufruf den Videomodus "7" meldet, dann ist entweder eine Hercules-Karte oder ein älterer MGA im Gerät. In allen anderen Fällen verwenden wir das Videosegment 0xb800. Wichtig für den Konstruktor ist der Merker "v_ini". Nach dem ersten Durchlauf wird er auf "1" gesetzt und die Initialisierung später nicht mehr wiederholt. Dies ist notwendig, da bei jedem neuen Fenster die Initialisierung der Basisklasse erneut aufgerufen wird.

Schauen wir uns nun die Klasse "Fenster" an.

```
 1 // windows.hpp : Fenster für den PC
 2 #ifndef windows_hpp
 3 #define windows_hpp
 4 #include <stdarg.h>
 5 #include "video.hpp"
 6 class Fenster : public video
 7 {
 8 static int w_anzahl;        // aktive Fenster
 9 int w_l_x;                  // Koordinaten ab 0,0
10 int w_o_y;                  // obere Zeile
11 int w_r_x;                  // rechte Spalte
12 int w_u_y;                  // untere Zeile
13 char w_attr;                // Vorder/Hintergrund
14 int w_cursor_x;             // soft cursor
15 int w_cursor_y;             // soft cursor
16 int w_bytes;                // Anzahl Bytes
17 int * w_save_buf;       // Platz für Überdeckung
18 char w_leer;                // Leerzeichen
19 int w_putch (int zeichen,  char attri);
20 int _w_putch (int z,  char attri);
21 public:
22 Fenster (int l,int o,int r,int u,
23          char attr = 0x1f,char * titel = "");
24 ~Fenster();
25 void w_loeschen();          // Löschen
26 void w_puts (char * s,char a);
27 void w_puts (char * s) {w_puts (s, w_attr); }
28 void w_make_box ();
29 void w_titel (char *msg,  char attrib);
30 void w_scroll (int richtung);    // 0 auf, 1 ab
31 };
32 #endif  // windows_hpp
```

Bild 12-24: Definition der Klasse "Fenster"

Auf den folgenden Seiten finden Sie das Listing der Methoden. Danach werden wir Einzelheiten diskutieren.

```cpp
 1 // windows.cpp: Fenstersystem für IBM PC
 2 #include <stdio.h>
 3 #include <stdlib.h>
 4 #include <stdarg.h>
 5 #include "windows.hpp"
 6 // Konstruktor für ein Fenster
 7 Fenster::Fenster (int l, int o, int r, int u,
 8             char attri, char *Fenster_titel)
 9 {
10 w_l_x = l;           // globale Werte eintragen
11 w_o_y = o;
12 w_r_x = r;
13 w_u_y = u;
14 w_attr = attri;
15 w_cur_x = l +1; // wg. Rahmen
16 w_cur_y = o +1;
17 w_bytes = (r - l +1)*(u - o +1)*sizeof(int);
18 w_save_buf = (int *) new char [w_bytes];
19 w_leer = 0xfa;
20 v_liesbox (w_save_buf, o,l,u,r);
21 w_loeschen();
22 w_make_box();
23 w_titel(Fenster_titel,w_attr);
24 w_anzahl++;
25 }
26 // Destruktor für ein Fenster
27 Fenster::~Fenster()
28 {
29 // alten Bildschirm restaurieren
30 v_schrbox (w_save_buf,w_o_y,w_l_x,w_u_y,w_r_x);
31 delete [w_bytes] w_save_buf;
32 w_anzahl--;
33 if (!w_anzahl)
34    {
35    printf("\x1b[2J"); //am Ende
36    }
```

```
37 }
38 // Löschen eines Fensters exklusive des Randes
39 void Fenster::w_loeschen()
40 {
41 v_a_set (w_attr);
42 for (int y = w_o_y+1; y < w_u_y; y++)
43    {
44    v_set_cur (y, w_l_x+1);
45    for ( int x = w_l_x+1; x++ < w_r_x;)
46        v_c_schreiben (w_leer);
47    }
48 }
49 // Stringausgabe im Fenster
50 void Fenster::w_puts(char * string,char attr)
51 {
52 v_set_cur (w_cur_y, w_cur_x);
53 do
54    {
55     w_putch (*string,attr);
56     } while (*++string);
57 }
58 // schreibe ein Zeichen (einfach)
59 int Fenster::_w_putch (int zeichen,char attr)
60 {
61 if (w_cur_x < w_r_x)
62    {
63    v_za_schreiben(zeichen,attr);
64    w_cur_x++;
65    }
66 return (zeichen);
67 }
68 // schreibe ein Zeichen, Cursor mitführen
69 int Fenster::w_putch (int zeichen,  char attr)
70 {
71 switch (zeichen)
72     {
73     case '\n':  w_cur_x = w_l_x +1;
```

Fortsetzung nächste Seite

```
74                       if (w_cur_y < w_u_y-1)
75                          w_cur_y++;
76                       else
77                          w_scroll (0);// am Boden
78                       v_set_cur (w_cur_y,w_cur_x);
79                       break;
80       case '\t':    while ((w_cur_x % 8) != 0)
81                          _w_putch (' ',w_attr);
82                       break;
83       case '\a':    fputc ('\a',stdout);
84                       break;
85       case '\f':    break;
86       case '\v':    break;
87       default:      _w_putch(zeichen, attr);
88                       break;
89          }
90  return zeichen;
91  }
92  // Den Rahmen machen
93  void Fenster::w_make_box()
94  {
95  int x,y,help;
96  char w_r_attr = w_attr; // evtl. trennen
97  struct rah
98  {
99   char lo;
100  char ro;
101  char lu;
102  char ru;
103  char o;
104  char u;
105  char l;
106  char r;
107  } r = { 213,184,212,190,0xcd,0xcd,179,179};
108  v_set_cur (w_o_y,w_l_x);
109  v_za_schreiben (r.lo, w_r_attr);
```

Fortsetzung nächste Seite.

```
110 for (x = w_l_x+1; x++ < w_r_x;)
111    v_za_schreiben(r.o, w_attr);
112 v_za_schreiben (r.ro, w_r_attr);
113 for (x = w_r_x,y=w_o_y +1; y<w_u_y; y++)
114    {
115    v_set_cur (y,x);
116    v_za_schreiben (r.r, w_r_attr);
117    }
118 for (x = w_l_x,y=w_o_y+1; y<w_u_y; y++)
119    {
120    v_set_cur (y,x);
121    v_za_schreiben (r.l, w_r_attr);
122    }
123 v_set_cur (w_u_y,w_l_x);
124 v_za_schreiben (r.lu, w_r_attr);
125 //v_set_cur (w_u_y, w_l_x);
126 for (x = w_l_x +1; x < w_r_x; x++)
127    v_za_schreiben(r.u, w_r_attr);
128 v_za_schreiben (r.ru, w_r_attr);
129 }
130 // Titel in der Mitte der ersten Zeile
131 void Fenster::w_titel (char *titel, char attr)
132 {
133 char *t_ptr;
134 int t_anz,x;
135 for (t_ptr = titel,t_anz =1; *++t_ptr;t_anz++)
136            ;                   // nur zählen
137 x = (w_r_x -w_l_x - t_anz)/2 + w_l_x+1;
138 v_set_cur (w_o_y,x);
139 while (*titel)
140    {
141    v_za_schreiben (*titel++, attr);
142    }
143 }
144 // Scrollen: die == 0 für auf, 1 für ab
145 void Fenster::w_scroll (int dir)
```

Fortsetzung folgt.

```
146 {
147 if (dir == 1)
148    v_sc_ab (w_o_y+1,w_l_x+1,w_u_y-1,
149            w_r_x-1,w_attr);
150 else
151    v_sc_auf(w_o_y+1,w_l_x+1,w_u_y-1,
152            w_r_x-1,w_attr);
153 }
154
```

Bild 12-25: Implementierung der Fensterklasse

In der Klasse "Fenster" haben wir eine Klasse "video" geerbt. damit können wir auf alle öffentlich zugänglichen Elemente der Basisklasse automatisch zugreifen. Ein Fenster wird in unserem Fall durch seine Eckpunkte am Bildschirm, Vorder- und Hintergrunddarstellung im Attribut, die Cursorposition im Fenster, die Angaben für den Rettbereich für überdeckte Bytes sowie die Angabe, mit welchem Zeichen ein leeres Fenster gefüllt werden soll, beschrieben.

Neben dem Konstruktor sind Methoden zum Schreiben von Texten und Zeichen, zum Lesen eines Zeichens mit seinem Attribut, zur Ausgabe eines Titels und zum Rollen des Fensterinhaltes vorhanden.

In diesem etwas umfangreicheren Beispiel, können wir sehr schön die leichte Verwendung der Methoden der Basisklasse sehen. (z. B. in der Zeile 20, 30...)

Für Sie, lieber Leser, könnte es eine spannende Aufgabe sein, das Fenster um einige neue Methoden zu erweitern. Dazu sollten die Verbesserung des Rollens gehören (momentan wird beim Rollen die neue Zeile noch nicht mit dem Standardwert in "w_leer" initialisiert) und eine Möglichkeit, den Cursor im Fenster zu positionieren. Dabei würden Sie sehen, wie leicht und sicher die Klasse zu erweitern ist.

```
 1 // winvid.cpp: Textfenster auf dem PC
 2 #include <stdio.h>
 3 #include <stdlib.h>
 4 #include "windows.hpp"
 5 //******************** MAIN ***************
 6 int main ()
 7 {
 8 int ch;
 9 Fenster eins(1,1,78,23,0x1f,"Es geht los !");
10 eins.w_puts ("Bitte immer RETURN drücken");
11 getchar();
12 Fenster *zwei=
13          new Fenster(0,20,6,24,0x1f,"Klein");
14 zwei->w_puts("Dynamisch \nangelegt !");
15 // neuen Gültigkeitsbereich definieren
16   {
17   Fenster drei(0,0,30,10,0x1f,"Eigener Block");
18   drei.w_puts("\nFenster hat einen eigenen "
19                 "\nGültigkeitsbereich ");
20   getchar();
21   }
22 Fenster vier (40,1,75,20,0x1f,"Nun größer");
23 vier.w_puts ("Erst scrollen, dann löschen"
24              " \ndes kleinen ...");
25 getchar();
26 vier.w_scroll(0);  getchar();
27 vier.w_scroll(1);  getchar();
28 delete zwei; // dynamisches Fenster loeschen
29 getchar();
30 Fenster fuenf(20,8,60,16);
31 fuenf.w_puts("Das Ende der Fenster-Show.!");
32 getchar();
33 return (0);
34 }
```

Bild 12-26: Testprogramm für das Fenstersystem

Das Hauptprogramm zum Fenstersystem finden sie im Bild 12-26.

Das Fenstersystem könnte noch erheblich verbessert werden. Eine der Voraussetzung für das richtige Funktionieren ist hier, daß überlappende Fenster in der umgekehrten Reihenfolge gelöscht werden, wie sie angelegt wurden. Rahmen und Fenster könnten unterschiedliche Attribute wie das restliche Fenster benutzen. Ein Menüsystem in der ersten Zeile könnte genauso ergänzt werden, wie die Eingabefunktionen für Maus und Tastatur.

Das Beispiel kann mehrere Dinge zeigen. Die Basisklasse kapselt alle Hardware-abhängigen Grundfunktionen und die abgeleitete Klasse kann dann ohne jede Hardware-Kenntnis ein Fenstersystem aufbauen. Würde man eine andere Hardware benutzen müßte nur eine Klasse neu geschrieben werden. Elegant - nicht wahr?

Kopierkonstruktoren für abgeleitete Klassen

Einen Spezialfall konnte das Beispiel nicht zeigen: den Kopierkonstruktor. Der Kopierkonstruktor in einer abgeleiteten Klasse hat auch die Aufgabe, das geerbte Basisobjekt mit zu kopieren. Dazu benötigt er den Kopierkonstruktor der Basisklasse.

```
// Kopierkonstruktor für die abgeleitete Klasse
abgeleitet::abgeleitet (abgeleitet & a_objekt) :
                basis (a_objekt)
{
....
```

Bild 12-27: Aufbau des abgeleiteten Kopierkonstruktors

```
}
```

Der Kopierkonstruktor erhält als Parameter ein Objekt der eigenen Klasse per Referenz. Dieses Objekt wird, ebenfalls per Referenz, an den Konstruktor der Basisklasse weitergegeben. Die notwendige Typwandlung wird der Compiler durchführen. Referenzen und Zeiger auf Basisklassen dürfen in C++ auch mit Referenzen bzw. Zeigern auf abgeleitete

Klassen vorbelegt werden. Man sagt, daß Referenzen und Zeiger auf Basisklassen kompatibel sind, zu den von ihnen abgeleiteten Klassen.

Bemerkungen zum Beispiel

Das Beispiel ist deutlich größer geraten, als die anderen Beispiele im Buch. Es sollte Ihnen Mut machen, auch auf den ersten Blick komplexe und unübersichtliche Probleme anzugehen. Dank der Klassen ergibt sich eine logische Untergliederung des Gesamtproblems. Und beim Schreiben einer Klasse konzentriert man sich nur jeweils auf den speziellen Aspekt der Klasse. Und mit der Vererbung oder der Nutzung als Element kann man dann auf den vorhandenen Klassen sicher aufbauen.

Vielleicht suchen Sie sich auch ein größeres Problem, das Sie interessiert, und fangen an, das große Problem in seine Bestandteile, seine Klassen zu zerlegen.

Hinweise zur Weiterarbeit

1) Schreiben Sie eine Methode, die den Cursor innerhalb eines Fensters positionieren kann. Die Koordinaten sollen sich dabei auf die linke obere Fensterecke innerhalb des Fensterrahmens beziehen.

2) Ergänzen Sie die Methoden für Rollen um die richtige Vorbelegung der nachgezogenen Zeile mit dem Wert in "w_leer".

3) Eine größere Aufgabe wäre es, ein Menüsystem mit den Methoden der Basisklasse "video" zu schreiben.

Im nächsten Kapitel

Mit Hilfe der Vererbung können wir nun beginnen, das Senden von Botschaften an Objekte zu verallgemeinern. Wie erwähnt, spricht man in der OOP vom Senden von Botschaften an Objekte anstelle vom Aufruf einer Funktion. Wenn wir an verschiedene Objekte die Botschaft "Drucke dich!" senden, dann müßte das Objekt entsprechend reagieren.

Bisher können wir an vordefinierte Objekte derartige Botschaften senden. Der Compiler kann zur Übersetzungszeit ermitteln, welche Methode (welche Botschaft) zu welchem Objekt gehört. Was aber, wenn wir erst zur Laufzeit wissen, welche Objekte es tatsächlich gibt? So legt der Benutzer mit einem Zeichenprogramm interaktiv graphische Objekte an. Welche das sind, erfährt das Programm erst zur Laufzeit.

Im nächsten Kapitel werden wir Botschaften an Objekte schicken.

Späte Bindung oder Polymorphismus

Mit diesem Kapitel kommen wir zum letzten der grundlegenden Punkte der Objekt Orientierten Programmierung. Nach der Kapselung, den Hilfsmitteln zur natürlichen Programmierung und der Vererbung bleibt der Polymorphismus noch offen. Die wörtliche Übersetzung aus dem Griechischen ist Vielgestaltigkeit, was uns aber auch nicht schlauer macht. Ein anderer, mehr technisch orientierter Ausdruck dafür, ist die späte Bindung.

Bindung Objekt - Methode

Kommen wir an dieser Stelle noch einmal auf den Begriff der Bindung zurück. Die Bindung gibt an, welches Objekt mit welcher Methode bearbeitet werden soll. Wie wir schon gesehen haben, wird intern die Bindung mit Hilfe eines Zeigers "this" realisiert. Dies ist aber nur ein Teil der Bindung. Neben der Adreßermittlung für "this" prüft der Compiler noch den verwendeten Datentyp. Wenn wir ein Programm haben, das für alle verwendeten Klassen eine "print()"-Methode zur Verfügung stellt, dann muß der Compiler auch sicherstellen, daß die richtige Methode ausgewählt und ihr der "this"-Zeiger übergeben wird.

Frühe Bindung

Kann der Compiler während der Übersetzungszeit sowohl die Adresse des Objektes als auch seinen Typ ermitteln, spricht man von früher Bindung.

Im Bild 13-1 sehen Sie die beiden Möglichkeiten für eine frühe Bindung. Entweder kennt der Compiler beim Aufruf einer Methode das Objekt mit Namen. Dann weiß er natürlich die Klasse (den Datentyp), zu dem das Objekt gehört. Weiter kennt er die Adresse des Objektes. Die Adresse kann er nun an den Zeiger "this" der Methode weitergeben. Mit Hilfe des bekannten Datentyps kann er die richtige aus möglichen Methoden auswählen. Wegen der Überlagerung könnten ja beliebig viele unterschiedliche Methoden gleichen Namens existieren. (Zeile 10)

```
 1  // Beispiel 1 zur frühen Bindung
 2  // Datei: bindfr.cpp
 3  #include "ratkop.hpp"
 4
 5  int main ()
 6  {
 7  printf ("\x1b[2J"); // Bildschirm löschen
 8  ratio ro1(1,3),ro2(2,7);
 9  printf("\nDirekter Zugriff auf Objekt.(ro1)");
10  ro2.print();
11
12  ratio *ratio_zeiger;
13  ratio_zeiger = &ro1;
14  printf("\nIndirekter Zugriff auf Objekt.(ro2)");
15  ratio_zeiger->print();
16
17  return 0;
18  }
19
```

Bild 13-1: Beispiel für frühe Bindung

Die zweite Möglichkeit ergibt sich, wenn wir mit einem Zeiger arbeiten. Beim Aufruf der Methode "print()" holt der Compiler die Adresse des Objektes aus dem Zeiger und gibt sie an "this" weiter. Natürlich erwartet er, daß der Programmierer den Zeiger korrekt vorbelegt hat. Den Typ, den der Compiler zur Auswahl aus den möglichen Methoden benötigt, nimmt er vom Zeigertyp. In unserem Fall haben wir einen Zeiger auf "ratio". Daher wählt der Compiler die Methode "print()" der Klasse "ratio" (Zeile 15).

Das gerade benutzte Beispiel wollen wir auf ein Feld von Zeigern (Bild 13-2) erweitern. Felder werden oft zur Verwaltung eingesetzt. Alle in einem Programm verwendeten Objekte einer Klasse könnten in einem Feld verwaltet werden. Dies wird man insbesondere dann tun, wenn die Objekte dynamisch angelegt werden. Momentan soll das Feld nur Objekte einer einzigen Klasse enthalten.

```
 1  // Beispiel zur frühen Bindung
 2  // Datei: bindfrfe.cpp
 3  #include "ratkop.hpp"
 4
 5  ratio * r_feld[10];
 6
 7  int main ()
 8  {
 9  int i;
10  printf ("\x1b[2J");
11  for (i = 0; i < 10; i++)
12      r_feld[i] = new ratio (2,3);
13  for (i = 0; i < 10; i++)
14      {
15      printf ("\nAusgabe Element Nr. %d   ", i);
16      r_feld[i]->print();
17      }
18  for (i = 0; i < 10; i++)
19      delete r_feld[i];
20  return 0;
21  }
```

Bild 13-2: Frühe Bindung und Feldzugriff

Späte Bindung

Die späte Bindung stellt erst während der Laufzeit fest, welches Objekt mit welcher Methode bearbeitet werden soll. Nehmen wir dazu wieder das Feld und laden es mit Adressen unterschiedlicher Objekte.

Nehmen Sie als Beispiel ein Zeichenprogramm. Der Benutzer legt nacheinander Kreise, Rechtecke oder Polygone an. Das Zeichenprogramm muß alle Objekte dynamisch anlegen und verwaltet die gewählten Objekte in einer Tabelle. Beim Auffrischen des Bildschirms müssen dann nacheinander alle Objekte gezeichnet werden. Dazu brauchen wir die Möglichkeit, mit einem Zeiger auf beliebige Objekte zeigen zu können; und mit diesem Zeiger dann auf Methoden. Dies ist dann späte Bindung.

Um die späte Bindung realisieren zu können, benötigen wir zwei Dinge:
- einen allgemeinen Zeiger und
- die Möglichkeit, den Typ des Objektes während der Laufzeit zu finden.

In C++ kennen wir die Vererbung. Definitionsgemäß kann ein Zeiger auf eine Basisklasse auch auf Objekte von abgeleiteten Klassen zeigen. Damit haben wir zwar keinen völlig allgemeinen Zeiger, aber immerhin einen Zeiger auf eine Gruppe von Objekten. In unserem Feldbeispiel heißt das, daß das Feld Adressen von beliebigen, voneinander abgeleiteten Objekten aufnehmen kann. Ein wirklich allgemeiner Zeiger wäre typlos. Dies ist bei Zugriffen auf Objekte nicht gestattet. "void *" kann daher als Typ des Zeigers nicht verwendet werden.

Um die zweite Forderung erfüllen zu können, müssen wir in einem C++ - Objekt eine Zusatzinformation ablegen, die während der Laufzeit, also mit Programmcode, ausgewertet werden kann. Diese Zusatzinformation beinhaltet den Typ. Sie heißt . Im Normalfall fehlt sie in C++. - Objekten

C++ unterscheidet sich hier grundsätzlich von anderen Objekt Orientierten Sprachen wie Smalltalk. In einem Objekt in C++ gibt es erst einmal keine Metainformationen. Diese Metainformationen sind Informationen über das Objekt. Denkbare Metainformationen wären der Name des Objektes, ein Verweis auf die Klasse und deren Aufbau etc. Die Größe eines Objektes läßt sich in C++ mit dem "sizeof"-Operator ermitteln. Er liefert exakt die Summe der Elemente (sofern beim Übersetzen die Ausrichtung auf Wortgrenzen (alignment) abgeschaltet ist).

Schauen wir uns zuerst ein klassisches Beispiel für die späte Bindung an und kommen anschließend auf die Realisierung zurück.

Das Beispiel soll eine allgemeine, graphische Klasse definieren. Hier ist es ein Punkt am Bildschirm. Von dieser Basisklasse leiten wir eine Linie und ein Quadrat ab. Mit diesen drei Klassen können wir dann in einem Hauptprogramm beliebige Objekte anlegen und deren Adressen in einem Feld verwalten. Und schließlich sollen mit einer Schleife alle Objekte am Bildschirm angezeigt werden.

```
 1 // Basisklasse grafik
 2 // Datei: grafik.hpp
 3 #ifndef grafik_hpp
 4 #define grafik_hpp
 5
 6 #include <stdio.h>
 7 #define POS(z,s) printf("\x1b[%d;%dH",z,s)
 8
 9 class grafik
10 {
11 protected:
12 char zeile;
13 char spalte;
14 public:
15 grafik (char z =1, char s = 1);
16 virtual void print ();
17 // falls nötig auch: virtual ~grafik();
18 };
19 #endif // grafik
```

Bild 13-3: Basisklasse für späte Bindung

Die Basisklasse definiert (Bild 13-3) zwei Eigenschaften, die den Ort des Punktes angeben. Um den Methoden der abgeleiteten Klassen den Zugriff zu ermöglichen, wurden sie in den "protected"-Abschnitt der Klasse gelegt.

Die Methode "print()" wurde in der Zeile 16 ausdrücklich für die späte Bindung vorgesehen. Das Schlüsselwort "virtual" teilt dem Compiler die geänderte Behandlung mit. (Auch die Destruktoren müssen virtual sein.)

Die Implementierung (Bild 13-4) entspricht dem gewohnten Bild. Der Konstruktor belegt die Eigenschaften vor und die Methode "print()" gibt mit der Funktion "putchar()" ein Sternchen am Bildschirm aus. Die Positionierung des Cursors übernimmt das Makro "POS". Das Makro sendet mit der "printf()"-Funktion eine ANSI-Steuersequenz zum Bildschirm. In der Makroexpansion werden dann die richtigen Werte für Zeile und Spalte eingesetzt.

```
 1 // Datei: grafik.cpp
 2 #include <stdio.h>
 3 #include "grafik.hpp"
 4 grafik::grafik (char z, char s)
 5 {
 6 zeile = z;
 7 spalte = s;
 8 }
 9 void grafik::print ()
10 {
11 POS(zeile,spalte);
12 putchar ('*');
13 }
```

Bild 13-4: Implementierung der Basisklasse "grafik

Leiten wir nun die erste Klasse "linie" ab. Zur Definition einer Linie benötigen wir zumindest einen Anfangs- und einen Endpunkt.

```
 1 // Klasse: Linie
 2 // Datei: linie.hpp
 3 #ifndef linie_hpp
 4 #define linie_hpp
 5 #include "grafik.hpp"
 6 class linie:public grafik
 7 {
 8 private:
 9 char end_lz;
10 char end_ls;
11 public:
12 linie (char az,char as,char ez, char es);
13 void print ();
14 };
15 #endif // linie
```

Bild 13-5: Klassendefinition der abgeleiteten Klasse

Um uns das Leben nicht unnötig zu erschweren, soll die Linie nur waag-recht oder senkrecht laufen. Damit sind entweder die Spalten oder die Zeilen der beiden Endpunkte gleich. Den Startpunkt liefert "grafik".

```
 1 // Implementierung: Linie
 2 // Datei: linie.cpp
 3 #include "linie.hpp"
 4 linie::linie (char az,char as,char ez,char es):
 5          grafik (az,as)
 6    {
 7    end_lz = ez;
 8    end_ls = es;
 9    }
10 void linie::print ()
11    {
12    int i;
13
14    if (zeile != end_lz && spalte != end_ls)
15        printf ("\nLinie: Anzeige unmöglich");
16    else
17      {
18      if (zeile == end_lz)
19        {
20        for (i= spalte; i <= end_ls; i++)
21            POS(zeile,i), putchar ('*');
22        }
23      else
24        for (i = zeile; i <= end_lz; i ++)
25            POS(i,spalte), putchar ('*');
26      }
27    }
```

Bild 13-6: Implementierung der "linie"

Die Zeile wird durch eine Reihe von Sternchen markiert, die mit "put-char()" wie bei "grafik ausgegeben werden. In abgeleiteten Klassen fin-den wir keinen Hinweis auf eine späte Bindung.

```
 1 // Klasse: Quadrat
 2 // Datei: quadrat.hpp
 3 #include "grafik.hpp"
 4 #ifndef quadrat_hpp
 5 #define quadrat_hpp
 6 class quadrat   : public grafik
 7 {
 8 private:
 9 char zeile_ru;
10 char spalte_ru;
11 public:
12 quadrat (char loz,char los,char ruz,char rus);
13 void print ();
14 }; // ende quadrat
15 #endif
```

Bild 13-7: "quadrat" als abgeleitete Klasse

Beim Quadrat gehen wir analog zur Linie vor. Wieder wird die Basisklasse "grafik" geerbt. Diesmal gibt "grafik" den linken oberen Punkt an.

```
 1 // Implementierung: Quadrat
 2 // Datei: quadrat.hpp
 3 #include "quadrat.hpp"
 4 quadrat::quadrat
 5          (char oz,char os,char uz,char us) :
 6          grafik (oz,os)
 7 {
 8 zeile_ru = uz;
 9 spalte_ru = us;
10 }
```

Fortsetzung des Listings nächste Seite.

Der Konstruktor initialisiert die eigenen Eigenschaften, die nun die rechte untere Ecke des Quadrates angeben. Die Koordinaten der linken, oberen Ecke werden an den Konstruktor der Basisklasse weitergegeben.

In der "print()"- Methode werden die vier Seiten des Quadrates mit vier "for"- Schleifen realisiert. Man hätte das "quadrat" auch mit vier Objekten der Klasse "linie" realisieren können.

```
11 void quadrat::print ()
12 {
13 int i;
14 for (i = spalte; i <= spalte_ru; i++)
15       POS(zeile,i), putchar ('*');
16 for (i = spalte; i <= spalte_ru; i++)
17       POS(zeile_ru,i), putchar ('*');
18 for (i = zeile; i <= zeile_ru; i++)
19       POS(i,spalte), putchar ('*');
20 for (i = zeile; i <= zeile_ru; i++)
21       POS(i,spalte_ru), putchar ('*');
22 }
```

Bild 13-8: Implementierung der Klasse "quadrat"

Mit Hilfe der bisher definierten Klassen kann nun das Hauptprogramm geschrieben werden.

Das Hauptprogramm (Bild 13-9) simuliert den beschriebenen Anwendungsfall "Zeichenprogramm". Da unser Zeichenprogramm mit Punkten, Linien und Rechtecken umgehen können soll, holt sich das Programm mit "include"- Anweisungen zuerst die Klassendefinitionen. Das Verwaltungsfeld für alle gewünschten Objekte hat den Datentyp "Zeiger auf Basisklasse", hier also "grafik *".

Beim Ablauf wird der Bildschirm gelöscht, um eine vernünftige Anzeige zu gewährleisten. Mit "" legen wir einige Objekte an und speichern deren Adressen im Verwaltungsfeld. Dies soll die Benutzereingabe simulieren.

Und schließlich gibt eine Schleife alle gültigen Objekte nacheinander am Bildschirm aus. Dies simuliert den Vorgang "Bildschirm neu aufbauen".

```
 1 // Testprogramm für virtuelle Methoden
 2 // Datei: maingra.cpp
 3 #include "grafik.hpp"
 4 #include "linie.hpp"
 5 #include "quadrat.hpp"
 6 // Verwaltungsfeld
 7 grafik * g_feld[10];
 8 int main ()
 9 {
10 int i;
11 printf ("\x1b[2J\x1b[1;1H");
12 // Objekte dynamisch anlegen
13 g_feld[0] = new grafik(2,2);
14 g_feld[1] = new linie (4,10,4,20);
15 g_feld[2] = new linie (6,50,20,50);
16 g_feld[3] = new quadrat (7,15,16,40);
17 // Neuer Bildaufbau
18 for (i = 0; i < 4; i++)
19     g_feld[i]->print(); delete g_feld[i];
20 return 0;
21 }
```

Bild 13-9: Testprogramm für späte Bindung

Die entscheidende Stelle ist der Schleifenkörper. Mit Hilfe eines Zeigers aus dem Verwaltungsfeld rufen wir eine Methode "print()" auf. In einem Zeiger des Feldes können wir die Adressen von verschiedenen Objekten speichern, die zu verschiedenen Klassen gehören. Welches "print()" aus welcher Klasse nehmen wir?

In der Basisklasse haben wir die Methode "print()" mit "virtual" für die späte Bindung vorgemerkt. In den abgeleiteten Klassen wurde die Methode "print()" immer wieder erneut definiert. Da die Basisklassenmethode "virtual" war, merkt sich der Compiler dies für die abgeleiteten Methoden ebenfalls.

Mit dem Schlüsselwort "virtual" wird bewirkt, daß der Compiler in alle Objekte, die die Basisklasse benutzen, eine Zusatzinformation ablegt.

Sie gibt den Typ des Objektes an. Die Objekte mit später Bindung werden dadurch größer als ohne späte Bindung. Beim Aufruf der virtuellen Methode "print()" im Hauptprogramm holt sich der Programmcode die Typinformation aus dem Objekt, auf das der Zeiger gerade zeigt, und wählt damit die richtige Methode aus.

Damit die späte Bindung funktionieren kann, sind in C++ folgende Voraussetzungen notwendig:

• Die Methode mit später Bindung wird in der Basisklasse als "virtual" markiert.
• Der Aufruf erfolgt mit einem Zeiger auf die Basisklasse.
• Der Zeiger enthält die Adresse eines Objektes der Basisklasse oder einer davon abgeleiteten Klasse.
• Die Klassen werden offen ("public") vererbt.

Technisch wird die späte Bindung über Sprungtabellen realisiert. In unserem Beispiel werden intern die Adressen aller "print()"-Methoden in einer virtuellen Methoden-Tabelle (VMT) gespeichert. Beim Zugriff dient die im Objekt abgelegte Typinformation zur Auswahl aus der Tabelle.

Sollte in einer abgeleiteten Klasse keine eigene Definition der virtuellen Methode erfolgen, dann nimmt der Compiler für die Klasse die entsprechende Methode der übergeordneten Klasse. Würde im obigen Beispiel die "print()"- Methode der "linie" fehlen, dann würde der Compiler die Methode der Klasse nehmen, die "linie" geerbt hat, in unserem Fall wäre das schon die Basisklasse.

Späte Bindung und Botschaftenkonzept

Mit Hilfe der späten Bindung wurde das Botschaftenkonzept der OOP realisiert. Nun können wir - gedanklich - auf ein beliebiges Objekt zeigen und sagen: "drucke dich". Die Vorstellung, daß Objekte ein Eigenleben haben und die richtige Reaktion auf eine solche Anweisung selbst herausfinden, hilft gekapselte Systeme zu entwickeln.

Vielleicht ließe sich dieses Konzept auch auf andere Sprachen übertragen. Viele professionelle Programmierer haben auch bisher schon ihre

Datentypen sauber in Informationsdateien definiert. In der Entwicklung ist es aber wichtig, daß der Compiler nun die richtige Verwendung überprüft und einige Dienstleistungen zur Verfügung stellt. Auch bisher kannte man Sprungtabellen für Funktionen. Neu ist hier, daß der Compiler garantiert, daß in einer solchen Tabelle alle Einträge besetzt sind und kein Indexüberlauf möglich ist.

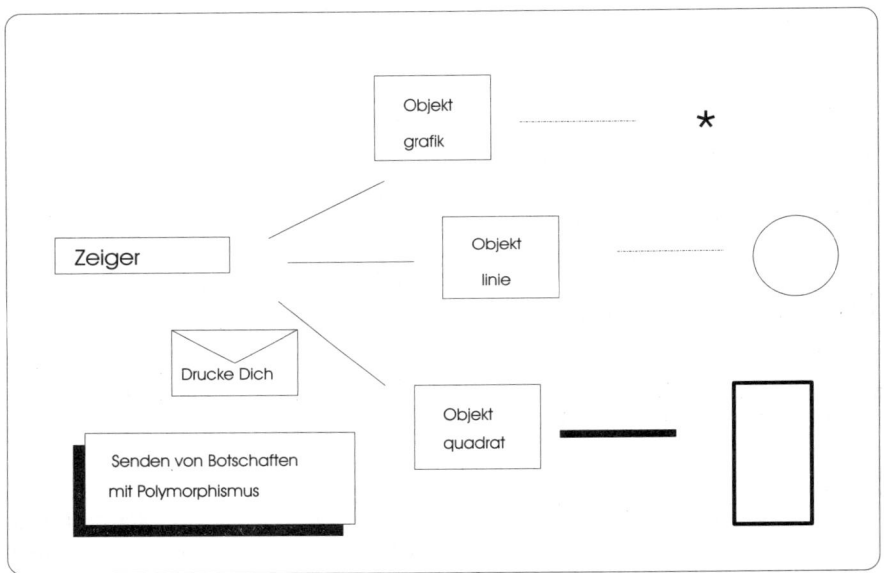

Bild 13-10: Das Beispiel für die späte Bindung im Bild

Das Vorbild - Atomium in Brüssel

Beim Botschaftenkonzept fällt mit immer das Atomium in Brüssel ein. Einzelne Objekte im Raum werden durch Kommunikationskanäle verbunden. Die Steuerung des Gesamtsystems geschieht durch den Austausch von Botschaften.

Es ist sicher kein Zufall, daß an vielen Stellen in der Welt versucht wird, dieses Konzept in neuen Multi-CPU-Maschinen oder in netzbasierten Clustern zu realisieren. Die gesunkenen Hardwarepreise machen solche verteilten Systeme möglich. (So arbeiten z. B. die Erfinder von UNIX oder Andrew Tanenbaum, der Entwickler von MINIX, daran.)

Hinweis zur Benutzung der Vererbung mit Polymorphie

Im Kapitel über Vererbung haben wir über den logisch sinnvollen Aufbau von Klassen gesprochen. Im Zusammenhang mit der Polymorphie spielt die Vererbung eine leicht geänderte Rolle. Es muß hier nicht zwingend nach einer logischen Beziehung zwischen den Klassen gesucht werden.

Die Vererbung stellt hier einfach die Mechanik zur Verfügung, um die Polymorphie zu realisieren.

Hinweise zur Weiterarbeit

1) Schreiben Sie einen kleinen Autosimulator. Die Basisklasse sei "Auto". Die abgeleiteten Klassen heißen wie die Autohersteller. Die "virtual"-Methode soll "beschleunige()" sein. Jede "beschleunige()"-Methode gibt die nach 10 s erreichte Geschwindigkeit aus. Legen Sie entsprechende Objekte an. Rufen Sie für alle Objekte die "virtual"-Methode mit später Bindung.

2) Suchen Sie eigene Klassenhierarchien mit gemeinsamen "virtual"-Methoden.

3) Definieren Sie eine Klasse "Weltzeit", die die Greenwich Meantime (GMT/UTC/Zulu) verwalten soll. Leiten Sie davon mehrere Klassen ab, die jeweils eine Zeitzone (MEZ u.a.) repräsentieren. Schreiben Sie für alle Klassen die Methode "GibZeit()", die die Ortszeit ausgibt. Verwenden Sie wieder die Polymorphie.

4) Welche Roll spielte eigentlich "grafik" außer, daß es eine Basisklasse ist? Ersetzen Sie die "grafik"-Klasse durch eine allgemeine Basisklasse, die nur die Methoden deklariert, die "virtual" sein sollen. Schließen Sie die Deklaration nicht sofort mit einem ";" ab, sondern fügen Sie am Ende ein " = 0;" an. Solchermaßen deklarierte Methoden sind leer; sie können nicht in der eigenen Klassen definiert werden, sondern müssen in abgeleiteten Klassen jeweils definiert werden (pure virtual functions).
Welche Vorteile bietet dieses Verfahren ?

Im nächsten Kapitel

Nachdem nun alle Grundelemente der OOP besprochen sind, können wir uns noch einem Problem der Softwareerstellung zuwenden. Die Frage ist, was muß man tun, um den großen Vorrat an C-Funktionen auch in C++ weiterverwenden zu können?

Das nächste Kapitel ist daher der mehrsprachigen Programmierung gewidmet. Funktionen, die in C geschrieben wurden sollen nun in C++ weiterverwendet werden können.

Mehrsprachiges Programmieren

Für mehrsprachiges Programmieren gibt es viele gute Gründe. Der beste Grund ist der, daß viele Routinen schon in C geschrieben worden sind. Dazu gehören so bekannte Bibliotheksfunktionen, wie "printf()" oder auch selbstgeschriebene Anwendungen.

Ein weiterer Grund ist die Geschwindigkeit. Untersucht man ein größeres Programm mit Hilfe eines so genannten "profilers" so findet man immer einzelne Funktionen, in denen das Programm viel Zeit verbringt. Ein Profiler startet ein Programm und ermittelt die Verteilung der Laufzeit des Programms auf die einzelnen Funktionen. Muß man auf Geschwindigkeit achten, könnte man einen kleinen Teil der Funktionen in Assembler schreiben und optimieren.

Ein dritter Grund ist die Ein- und Ausgabe mit Registern. Will man die Hardware steuern, so bietet der C oder C++ Standard keine Befehle. Viele Compiler haben jedoch den Sprachstandard durch eigene Funktionen oder Makros erweitert. Damit lassen sich dann Unterbrechungsroutinen oder Registerzugriffe realisieren.

Einbinden von C Programmen

Am häufigsten werden sicher C Funktionen in C++ benutzt. Die Sprache unterstützt dies durch eine spezielle Deklaration. Die Informationsdatei "stdio.h" enthält die Deklaration vieler C- Funktionen, wie "printf()", "fopen()" oder "getchar()". Alle diese Funktionen haben wir in den Beispielen des Buches immer wieder benutzt.

Die Deklaration von Funktionen, die in anderen Sprachen geschrieben wurden, muß vom Compiler unterstützt werden. Bisher hat man sich oft auf hersteller-spezifische Erweiterungen verlassen. So kann man in TurboC eine Funktion als "cdecl" oder als "pascal" deklarieren. Das Steuerwort beeinflußt dann die Art der Parameterübergabe. C Funktionen können mit variabler Parameteranzahl geschrieben werden, Pascal- Funktionen nur mit fester Anzahl. Werfen wir einen Blick in die "stdio.h" Datei.

```
 1 #ifdef __cplusplus     // 2 führende "_"
 2 extern "C" {
 3 #endif
 4 int        fclose   (FILE *__stream);
 5 FILE       *fopen   (char *path, char *mode);
 6 int        printf   (const char *__format, ...);
 7 int        puts     (const char *__s);
 8 int        scanf    (const char *__format, ...);
 9 int        unlink   (const char *__path);
10 int        getchar  (void);
11 int        putchar  (const int __c);
12 #ifdef __cplusplus
13 }
14 #endif
```

Bild 14-1: Ausschnitt aus der stdio.h"- Datei

In der ersten Zeile (Bild 14-1) fragt man den Namen "__cplusplus" ab. Jeder C++-Compiler stellt diesen Namen während der Übersetzung bereit. Nur falls die Datei in einer C++ Übersetzung benutzt wird, stellt man in der Zeile zwei den deklarierten Funktionen den Namen der benutzten Sprache voran. Hier ist es "C". Die geschweifte Klammer gibt an, für welche Funktionen dies gilt. Am Schluß wird wieder mit bedingter Übersetzung dafür gesorgt, daß nur ein C++ Compiler die schließende Klammer sieht. Damit kann die gleiche Datei von C und C++ Compilern benutzt werden. Welche Sprachen unterstützt werden, hängt vom Compiler ab.

Einfügen von Assemblerbefehlen

Eine andere Möglichkeit bietet das Schlüsselwort "", das in C++ erlaubt, Assemblerbefehle in ein Quellprogramm einzufügen. Die Idee dabei ist, daß der C++ Compiler letztlich eine Datei erzeugt, die vom Assembler übersetzt wird. Schauen wir uns diesen Mechanismus am Beispiel einer Sicherungsprozedur für Datenübertragungen an. Die Sicherheit der Übertragung eines Datensatzes stellt man durch eine spezielle Zusatzinformation sicher: die Bytes. CRC steht dabei für: "cyclic redundancy

check" oder Zusatzprüfinformation. Da die Information bei jedem gesen-
deten oder empfangenen Byte neu berechnet wird, muß dabei auf Geschwindigkeit geachtet werden. Deshalb wird dafür der Assemblercode
bevorzugt.

Definieren wir zuerst die Klasse "crc". Sollten Sie weitere Einzelheiten zu
diesem Beispiel suchen, sei auf das Buch "Computer Netzwerke" von
Andrew Tanenbaum verwiesen.

```
 1 // Klasse: crc
 2 // Datei: crc.hpp
 3 #ifndef crc_hpp
 4 #define crc_hpp
 5 #include <stdio.h>
 6
 7 class crc
 8 {
 9 unsigned int crc_accu;   // CRC - accu
10 public:
11 crc (void) {crc_accu = 0; } // Konstruktor
12 void clrcrc(void) {crc_accu = 0; } // Löschen
13 void updcrc (unsigned char c); // pro Byte
14 unsigned int fincrc(void);      // abschließen
15 unsigned int chkcrc(void) {return (crc_accu);}
16 void print() {printf("\nCRC: %04x",crc_accu);}
17 };
18 #endif
```

Bild 14-2: Klassendefinition für "crc"

Aus Geschwindigkeitsgründen wurde in der Klassendefinition mit "inline"-Makros gearbeitet. Die Implementierung geschieht soweit als möglich in C++. Nur die immer wieder verwendete Berechnungsfunktion
schreiben wir mit "asm"-Anweisungen.

Innerhalb der Assembleranweisungen kann man auf Parameter, lokale
Variable und C++-Sprungmarken zugreifen. Nutzt man diese Möglichkeiten sollte man das Compilermanual sorgfältig lesen. Man darf keine Re-

gister benutzen, die der Compiler zur eigenen Verwaltung benötigt. Insbesondere alle Speicher- und Stackverwaltungsregister dürfen nicht benutzt werden.

```
 1 // CRC nach CCITT
 2 // Datei: crc.cpp
 3 #include "crc.hpp"
 4 #include <stdio.h>
 5 // Die ASM-Syntax ist Plattform abhängig!
 6 void crc::updcrc(unsigned char crc_char)
 7 {
 8 asm        mov      ax,crc_char
 9 asm        mov      bx,this
10 asm        mov      cl,8
11 asm        mov      dx,[bx].crc_accu
12 u1:asm     rcl      al,1
13 asm        rcl      dx,1
14 asm        jnc      u2
15 asm        xor      dx, 1021H
16 u2:asm     loop     u1
17 asm        mov      [bx].crc_accu,dx
18 }
19
20 unsigned int crc::fincrc()
21 {
22            updcrc('\0');
23            updcrc('\0');
24            return (crc_accu);
25 }
```

Bild 14-3: Implementierung von "crc" mit Assembler

Das Beispiel wurde mit einem älteren Borland Compiler übersetzt. Interessant ist auch die Zeile 9. Hier wird der automatische Objektzeiger "this" gelesen, damit die Routine auf die Eigenschaft des Objektes indirekt zugreifen kann.

Das Mischen von unterschiedlichen Sprachen bei der Programmerstellung erfordert einige Kenntnis und Erfahrung. Außerdem muß man über den verwendeten Prozessor und die Spezialitäten des Compilers Bescheid wissen. So bleibt dieses Thema einem dickeren Buch vorbehalten.

Hinweise zur Weiterarbeit

1) In den "header"-Dateien befinden sich viele Beispiele für die Deklaration von C-Funktionen. Welche?

2) Welche Programmteile werden in Assembler geschrieben?

Im nächsten Kapitel

Den einführenden Überblick über die Objekt Orientierte Welt von C++ soll ein zweites Kapitel über die Ein- und Ausgabe beschließen. Die in den Informationsdateien beschriebenen Klassen zur Ein- und Ausgabe bilden eine voneinander abgeleitete Klassenhierarchie. Aus diesem Grund konnten wir bisher nur die einfachen Methoden kennen lernen. Im nächsten Kapitel werfen wir noch einmal einen Blick auf die Ein- und Ausgabe mit Objekten.

Ein- und Ausgabebibliothek

Zusammen mit der Sprachdefinition wuchs auch eine Definition der so genannten "streams"- Bibliothek. Ein "stream" ist am besten mit "Verbindung" (oder Kanal) zu beschreiben. So kann man eine Verbindung zu einem Gerät, einer Datei oder einem Bytefeld herstellen. Die Verbindung oder besser das Verbindungsobjekt, kann im Rahmen der Ein- und Ausgabe weitere Dienstleistungen erbringen. Im Normalfall ist dies die Pufferung und die Formatierung.

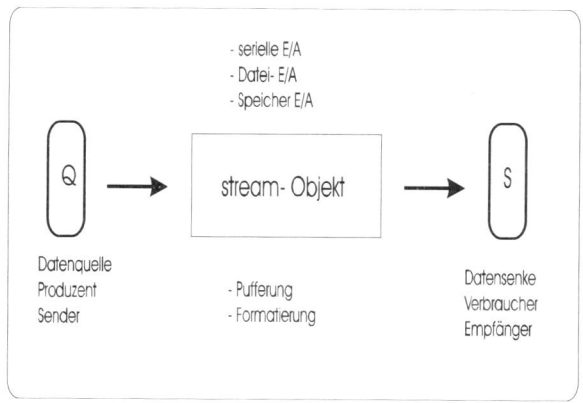

Bild 15-1: Aufbau einer Verbindung

Das Objekt, das die Ein- und Ausgabe bearbeitet, wird mit einer der Klassen aus der Klassenbibliothek angelegt. Diese Klassen bilden Hierarchien. Für jede der drei Grundverbindungen seriell (z. B. Tastatur), Dateibearbeitung und Pseudoein- und Ausgabe im Speicher (ähnlich sprintf()) gibt es eine Klassenhierarchie.

Alle Hierarchien folgen einem einheitlichen Schema. Ausgehend von der Basisklasse "ios" leitet man Klassen für die Eingabe oder die Ausgabe ab. Mit diesen beiden Klassen bildet man schließlich eine Klasse, die sowohl Ein- wie Ausgabe behandeln kann.

Arbeiten mit Dateien

Zum Arbeiten mit Dateien gehört:
- Öffnen / Schließen
- Lesen
- Schreiben
- Positionieren

Schauen wir uns wieder ein Beispiel an. Das Programm soll eine Datei kopieren. In der Informationsdatei "fstream.h" sind die Klassen "ifstream" für Eingabe, "ofstream" für Ausgabe und "fstream" vordefiniert. "fstream" kann für Ein- und Ausgabe verwendet werden.

```
 1 // Dateien kopieren
 2 // Datei: eatest.cpp
 3 #include <fstream.h>
 4 #include <stdlib.h>
 5 int main ()
 6 { char ch;
 7 cout << "\x1b[2J";
 8 ifstream eingabe ("eatest.cpp");
 9 if (!eingabe)
10         cout << "\nEATEST.CPP Fehler",
11                   exit (1);
12 ofstream ausgabe;
13 ausgabe.open ("eatest.cpy", ios::trunc);
14 if (!ausgabe)
15         cout << "\nEATEST.CPY Fehler",
16                   exit (2);
17 while (ausgabe && eingabe.get(ch) )
18         ausgabe.put (ch);
19 cout << "\nKopiervorgang beendet.";
20 return 0;
21 }
```

15-2: Arbeiten mit Dateien und der Klassenbibliothek

Das Öffnen kann man wahlweise beim Anlegen eines Verbindungsobjektes mit einem Konstruktor oder durch eine Methode "open()" erledigen. Die Art der Verbindung kann mit Konstanten aus einem "enum"- Datentyp der Basisklasse "ios" angegeben werden. Das Schließen einer Verbindung geschieht durch den Destruktor oder die parameterlose Methode "close()".

Im Beispiel wird eine Datei im Textmodus (default) eröffnet. Der Operator "!" ist überladen und liefert eine Fehlerabfrage. Bei einem Fehler wird das Programm abgebrochen.

Beim Öffnen können folgende Konstante auch miteinander verodert verwendet werden. Die Definition erfolgt in der Klasse "ios".

```
1  enum open_mode
2  {
3     in      = 0x01,  // zum Lesen öffnen
4     out     = 0x02,  // zum Schreiben öffnen
5     ate     = 0x04,  // gehe gleich ans Ende
6     app     = 0x08,  // Anhängen am Ende
7     trunc   = 0x10,  // Datei leeren
8     nocreate = 0x20, // Datei muß da sein
9     noreplace= 0x40, // Datei muß neu sein
10    binary  = 0x80   // Binärmodus
11 };
12
```

Bild 15-3: Betriebsarten beim Öffnen der Verbindung

Bei der Benutzung wird dem Konstantennamen der Klassenname "ios" vorangestellt. "ios" ist die Basisklasse eines "streams".

Der Fehlertest nach dem Eröffnen erfolgt wieder mit Hilfe des überlagerten Operators "!". Mit Hilfe von "!" wird eine Statusabfragemethode der Klasse "ios" aufgerufen. Falls ein Fehler aufgetreten ist, liefert "!" den logischen Wert "wahr".

Die zweite Art, den Status eines E/A- Objektes zu erhalten, liefert die Typkonvertierung. In der "while" Schleife (Zeile 17) haben wir sie verwendet.

```
1  inline ios::operator void* ()
2         { return fail() ? 0 : this; }
3  inline int ios::operator! ()
4         { return fail(); }
5
```

Bild 15-4: Typkonvertierung und "!"- Operator

Bei der Ausgabedateiverbindung wird die "open()"-Methode benutzt. Die Fehlerabfrage verwendet wieder den überlagerten "!"-Operator. Beachten Sie, daß bei der Definition der Typkonvertierung kein Rückgabetyp angegeben wird.

Die Positionierung kann getrennt für Eingabe- und Ausgabe erfolgen. Es gibt Methoden zum Lesen und Setzen.

```
// Positionierung in der Datei
// streampos ist in fstream.h definiert
streampos lesezeiger= eingabe.tellg();//für "get"
streampos schreibzeiger= ausgabe.tellp();//für "put"
// ähnlich geht das Setzen
eingabe.seekg (10,ios::beg);// 10 nach dem Anfang
ausgabe.seekp (0, ios::end); // ans Ende für put
ausgabe.seekp (20,ios::cur); // 20 Bytes weiter
```

Bild 15-5: Positionierung in der Verbindung

Statustest

Der Status einer Verbindung wird in der Basisklasse "ios" in einer Statusvariablen gehalten und kann mit einem Satz von inline-Methoden abgefragt werden.

```
1  enum io_state
2  {
3     goodbit   = 0x00,    // kein Bit gesetzt: OK
4     eofbit    = 0x01,    // Dateiende erreicht
5     failbit   = 0x02,    // letzte E/A-Op. fehl.
6     badbit    = 0x04,    // ungültige Anforderung
7     hardfail  = 0x80     // harter Fehler
8  };
```

Bild 15-6: Zustände einer Verbindung

Die Abfragemethoden sind in der Basisklasse definiert. Sie können daher für beliebige E/A- Objekte benutzt werden. In unserem Beispiel werden die Abfragemethoden innerhalb der Typkonvertierung oder des überlagerten "!"-Operators benutzt. Eine spezielle Rolle spielt "clear()". Einerseits löscht "clear()" den Status, wenn sein Parameter den Wert "0" hat. Andererseits kann der Parameterwert zum Setzen des gesamten Statuswortes benutzt werden. Da die Abfragemethoden zur Basisklasse gehören, können sie auch für alle abgeleiteten Objekte benutzt werden.

```
int rdstate() Liest aktuellen Status
void clear(int i = 0); Status gezielt löschen
int good();   liefert wahr, falls OK
int eof();    liefert wahr, falls EOF
int fail();   liefert wahr, falls Fehler
int bad();    liefert wahr bei badbit,hardfail
```

Bild 15-7: Abfragen des Verbindungsstatus

Formatfreie E/A

Die eigentliche Arbeit erledigt die "while"-Schleife mit Hilfe zweier Methoden der Basisklasse, die ohne Formatierung arbeiten.

Ein- und Ausgabebibliothek

```
// Methoden ohne Formatierung aus istream / ostream
istream & get(char &); Lesen
int get();            Lesen
int peek ()           Lesen ohne Entfernen
istream & putback(char zeichen); wie unget()
istream & read(char * puffer, int anzahl);
ostream & put(char zeichen);
ostream & write(char * puffer, int anzahl);
// und weitere ...
```

Bild 15-9: Methoden ohne Formatierung

Im Test der "while"-Schleife werden die Zustände beider E/A- Objekte mit einer Typkonvertierung abgefragt. Die Konvertierung geschieht von der Klasse auf (void *). Dafür existiert eine Konvertierungsmethode. Die Methode fragt die Statusbits ab und meldet "wahr" zurück, fall der Status "OK" ist. Die verwendete "get"-Methode liefert das bearbeitete Objekt mit eine Referenz zurück (eingabe). Die Typkonvertierungen für beide Objekte müssen "OK" melden, damit die Schleife weiterläuft.

```
// Beispiel für formatfreie E/A
// Schreiben ohne Interpretation einer \0
cout.write ( (char *) &objekt, sizeof objekt);
```

Bild 15-8: Schreiben eines Objektes

In "iostream.h" sind noch weitere Methoden deklariert und definiert Dazu gehören Methoden zum Lesen von Zeilen, Worten oder zu überlesenden Zeichen.

Formatierung der Verbindung - Manipulatoren

Für die Formatierung steht in der Basisklasse "ios" ebenfalls ein Feld zur Verfügung. Und wieder gibt es eine Anzahl von Methoden, die dieses Feld auswerten oder setzen. Sie heißen Manipulatoren.

```
 1  enum            // für ios
 2  {
 3  skipws     = 0x0001, // ohne Trennzeichen
 4  left       = 0x0002, // linksbündig ausgeben
 5  right      = 0x0004, // rechtsbündig ausgeben
 6  internal   = 0x0008, // Auffüllen
 7  dec        = 0x0010, // dezimal ausgeben
 8  oct        = 0x0020, // oktal ausgeben
 9  hex        = 0x0040, // hexadezimal ausgeben
10  showbase   = 0x0080, // Basis anzeigen
11  showpoint  = 0x0100, // Fließkomma Ausgabe
12  uppercase  = 0x0200, // Großbuchstaben bei Hex
13  showpos    = 0x0400, // positives Vorzeichen
14  scientific= 0x0800, // Exponentialdarstellung
15  fixed      = 0x1000, // feste Nachkommastellen
16  unitbuf    = 0x2000, // Ausgabe gleich zeigen
17  stdio      = 0x4000  // stdout, stderr g. zei.
18  };
```

15-10: Steuerung der Verbindung

Die Manipulatoren wirken normalerweise nur für die nächste Ausgabe.
Die Ausnahmen sind die Manipulatoren, die die Ausgabebasis ändern.

Mit Hilfe der Manipulatoren mit Parametern können Füllzeichen oder die
Breite des Ausgabefeldes eingestellt werden. Die Angabe gilt immer nur
für die jeweils nächste Ausgabe. Mit Hilfe der Manipulatoren "setiosflags"
und "resetiosflags" können die einzelnen Bits des Statusfeldes gezielt
gesetzt oder gelöscht werden. Die Bits können ver-odert werden. (siehe
Bild 15-12)

```
// Dauerhafte Manipulatoren
dec           i/o       dezimal
hex           i/o       hexadezimal
oct           i/o       oktal
// für eine formatierte Ausgabe
endl          o         Zeilenschaltung
ends          o         \0 nach string einfügen
ws            i         Trennzeichen entfernen
flush         o         Puffer leeren
setbase (int x) o       x = 0,8,10,16 (0 ist dez.)
setfill (int a) o       Füllzeichen ist a
setprecision(int n) i/o Nachkommastellen
setw (int n)  i/o       Feldbreite setzen
setiosflags (long)      Flags setzen
resetiosflags (long)    Flagszurücksetzen
```

Bild 15-12: Manipulatoren

Noch ein Beispiel mit verschiedenen Zahlenbasen.

```
 1 // Ausgabe mit Manipulatoren
 2 #include <fstream.h>
 3 int main ()
 4 {
 5 cout << "\x1b[2J";        // Bildschirm löschen
 6 cout << "Ausgabe mit Zahlenbasen" << endl;
 7 cout << "Dezimal: " << 25;
 8 cout << hex << " Hex: " << 25;
 9 cout << oct << " Oktal: "  << 25 << "\n";
10 return 0;
11 }
```

Bild 15-11: Verwendung verschiedener Zahlenbasen

Die Manipulatoren gelten für oder / und für die Ausgabe wie im Bild 15-11 angegeben.

```
 1  // Ausgabe mit Manipulatoren
 2
 3  #include <fstream.h>
 4  #include <iomanip.h>
 5
 6  int main ()
 7  {
 8  cout << "\x1b[2J";              // Bildschirm löschen
 9  cout << "Verschiedene Formate" << endl;
10  cout << setfill ('*');
11  cout << setw (7) << 3.14 << endl;
12  cout << setprecision (3) << 3.14159 << endl;
13  cout << setiosflags (ios::scientific |
14           ios::showpos);
15  //cout << resetiosflags (ios::showpos);
16  cout << 3.14159;
17  return 0;
18  }
```

Bild 15-13: Setzen von Füllzeichen und Feldbreite

Die I/O-Bibliothek bietet so viele Möglichkeiten, daß gar nicht alle Varianten im Rahmen des Buches dargestellt werden konnten.

Bitte lesen Sie bei Bedarf die Compilerdokumentationen oder im zugehörigen Hilfesystem.

Hinweise zur Weiterarbeit

1) Schreiben Sie zwei Filterprogramme, die zur Umsetzung von DOS-Textdateien nach und umgekehrt dienen Können. Wandeln Sie dazu das Programm im Bild 15-2 ab. Der Unterschied bestehtim unterschiedlichen Zeilenende. DOS-Dateien beenden eine Zeile mit CR und LF. (0x0d und 0x0a). UNIX-Dateien kennen nur ein LF (0x0a).

2) Legen Sie mit Hilfe der Manipulatoren im Bild 15-11 und der möglichen im Bild 15-10 die Ausgabe einer Tabelle an. Die einzelnen Felder der Tabelle sollen formatiert ausgegeben werden. Als Vorbild kann auch das Bild 15-13 dienen.

Im nächsten Kapitel

Auch in streng typorientierten Sprachen benötigen wir gelegentlich die Möglichkeit, Variable als Variable eines andern Typs zu betrachten.

Das folgende Kapitel gibt einen Überblick über Typkonvertierung in C++.

Typkonvertierung

Die Konvertierung von Datenelementen ist eines der Alltagsprobleme einer streng typorientierten Sprache. Der Satz mag kurios klingen, er faßt aber ein stets vorhandenes Phänomen kurz zusammen.

Aus der Fülle von Fällen, die uns in der Programmierpraxis begegnen, sind folgende repräsentativ:

- Konvertierung von numerischen Typen
- Konvertierung von Zeigertypen
- Konvertierung zwischen char und int (aus historischen
- Gründen)
- Konvertierung von Basisdatentypen zu Klassen
- Konvertierung von Klassen zu Basisdatentypen
- Laufzeit- oder Übersetzungszeit-Konvertierung

Typkonvertierungen in C

In C kennen wir die erzwungene Typkonvertierung mit Hilfe des Typkonvertierungsoperators. Der englische Begriff dafür ist "cast" und bedeutet soviel wie "Form". (Eine Backform wäre ein geeignetes Bild für einen cast.) Mit Hilfe der Typkonvertierung wechseln wir das Erscheinungsbild eines Wertes. Typische Vertreter dieser Typkonvertierung sind numerische Wandlungen oder Zeigeranpassungen.

Sehen wir uns zwei einfache Beispiele aus der C-Welt an:

Im folgenden numerischen Beispiel (Bild 16-1) soll eine Konstante ermittelt werden. Die Konstante ist die zwölfte Wurzel aus zwei. Mit dieser Konstante kann man die zwölf Halbtöne einer Oktave berechnen.

Um die zwölfte Wurzel zu berechnen, benutzen wir die Funktion "pow()". Nun ergibt die ganzzahlige Division von 1 durch 12 stets 0. Die Konstante wird damit immer 1.0. Mit Hilfe einer Typwandlung erzwingt man die Fließkommadivision und erhält die richtige Konstante.

```
01 // Typkonvertierung
02 // cast / C
03 // Datei: tknum01.cpp
04
05 #include <iostream.h>
06 #include <math.h>
07
08 int main ()
09 {
10 double wohltemp;
11
12 wohltemp = pow (2.0, 1/12);
13 cout << "\nHalbton-Konstante: " <<
14    wohltemp << endl;
15
16 wohltemp = pow (2.0, (double)1/12);
17 cout << "\nHalbton-Konstante (mit Cast): " <<
18    wohltemp << endl;
19
20 return 0;
21 }
22
```

Bild 16-1 Typkonvertierung in numerischen Ausdrücken

Ein anderes Beispiel bietet die Typkonvertierung für Zeiger. Hier kann man die schon häufiger benutzte Funktion "malloc()" heranziehen.

Die Speicherverwaltung kann den Typ nicht kennen, mit dem der Programmierer auf den Speicher zugreifen wird. Daher erzwingt der Programmierer eine Typkonvertierung des Rückgabewertes von "malloc()" auf den gewünschten Zeigertyp (Bild 16-2).

In früheren C-Versionen konnte man den Ergebniswert von "malloc()" direkt ohne Typkonvertierung zuweisen. Mit der verbesserten Typprüfung von ANSI-C und C++ muß auf der rechten Seite der Zuweisung ein gültiger Datentyp stehen.

```
01 // Typkonvertierungen mit Zeigern
02 // Datei: tkzeig01.cpp
03
04 #include <stdio.h>
05 #include <stdlib.h>
06
07 int main ()
08 {
09 int * ip;
10
11 ip = (int *) malloc (100 * sizeof(int)) ;
12 if (ip)
13
14   printf ("\nReservierung OK bei %p\n",ip);
15   free (ip);
16   }
17 else
18   printf ("\nReservierung nicht erfolgreich.\n");
19
20 return 0;
21 }
22
```

Bild 16-2 Angeben eines Zeigertyps

In C++ können wir dank der neuen Schlüsselworte "new" und "delete" solche Angaben weglassen. Das Ergebnis von "new" ist immer ein typgerechter Zeiger.

Die Typkonvertierung mit einem "cast" ist absolut. Mit ihr sind beliebige Fehler möglich. Es liegt nur im Ermessen des Programmierers, wie er das Ergebnis handhabt. C++ will diese Freiheit nicht einschränken; man will nur erreichen, daß der Programmierer genauer angibt, was er erreichen will.

```
01 // Typkonvertierung: Funktionale Schreibweise
02 // Datei: tkfunk01.cpp
03
04 #include <iostream.h>
05 #include <stdlib.h>
06
07 int main ()
08 {
09 typedef int * intp;
10 intp ip;
11 int   i1 = int (); // Initialisierung wie global
12
13 cout<<"\nDefault-Initialisierung: " <<i1<<endl;
14 ip = intp(malloc (100 * sizeof(int)));
15 if (ip)
16    {
17    cout << "\nReservierung erfolgreich bei "
18       << ip << endl;
19    free (ip);
20    }
21 else
22    cout << "\nReservierung nicht erfolgreich.\n";
23
24 return 0;
25 }
26
```

Bild 16-3 Funktionale Schreibweise

Funktionale Schreibweise

In C++ können wir neben der typischen Schreibweise aus C, die den
"cast" benutzt, auch eine Schreibweise verwenden, die wie der Aufruf einer Funktion aussieht.

Funktionale Schreibweise für Basisdatentypen

Die bei der funktionalen Schreibweise gerufene Konvertierungsfunktion sieht wie der Aufruf eines Konstruktors aus. Auch für die Basisdatentypen kann der Typwandlungsaufruf funktional erfolgen. C++ verhält sich so, als gäbe es auch für Basisdatentypen einen Konstruktor. Eine ähnliche Schreibweise begegnet uns auch bei der Vererbung und den zugehörenden Konstruktoren.

Die bei der funktionalen Schreibweise verwendeten Klammern haben eine höhere Priorität als die Klammern der Typkonvertierung mit einem "cast". Es sind die Klammern des Funktionsaufrufes, die die höchste Priorität besitzen. Es ist daher ein angenehmer Nebeneffekt, daß diese Schreibweise meist nicht weiter geklammert werden muß (Bild 16-3).

Eine Besonderheit ist die Typkonvertierung mit einem leeren Ausdruck. Hier wird der Wert zurückgeliefert, mit dem eine uninitialisierte Variable im globalen Bereich beim Laden implizit vorbesetzt werden würde. Dies ist zumeist der Wert 0. Im Beispiel (Bild 16-3) wird in der Zeile 11 eine *int*-Variable mit dem Ergebnis einer solchen Konvertierung vorbesetzt.

Der funktionale Typkonvertierungsaufruf geschieht in der Zeile 14.

Viele Programmierer haben sich vor allem unter UNIX daran gewöhnt, daß globale Variablen ohne explizite Initialisierung mit Null vorbesetzt werden. Dennoch ist eine explizite Angabe immer zu empfehlen.

Funktionale Schreibweise für Klassen

Innerhalb von Methoden kann man mit der funktionalen Schreibweise der Typkonvertierung eine Beschleunigung erreichen. Dazu ändern wir das altbekannte "ratio"-Beispiel ab.

In den bisherigen Beispielen zur Klasse "ratio" haben wir ein lokales Hilfsobjekt oder ein formales Wert-Parameterobjekt benötigt, um den Ergebniswert aufzubauen. Mit Hilfe der Typkonvertierung können wir getrennte Ergebnisvariablen für Zähler und Nenner bereitstellen, die erst in

---

der *return*-Anweisung benutzt werden, um mit Hilfe einer Typkonvertierung das anonyme Rückgabeobjekt aufzubauen (Bild 16-4).

```
01  // Typkonvertierung: Rückgabe
02  // tkruek01.cpp
03
04  class ratio
05  {
06  int zaehler, nenner;
07  public:
08  ratio (int z = 0, int n = 1)
09              {zaehler = z, nenner = n;}
10  ratio operator+ (const ratio & op2);
11  };
12
13  ratio ratio::operator+ (const ratio & op2)
14  {
15  int hz, hn;
16  hn = nenner*op2.nenner;
17  hz = zaehler*op2.nenner+op2.zaehler*nenner;
18  return ratio (hz,hn);
19  }
20
21
```

Bild 16-4 Rückgabe mit Wertkonstruktor

Die Typkonvertierung benutzt den Wertkonstruktor. Der bisher bei der
Rückgabe benutzte Kopierkonstruktor wird nicht mehr gerufen.

Zwar gibt es auch in dieser Version ein anonymes Hilfsobjekt während
der Rückgabe des Wertes, es gibt aber kein lokales Hilfsobjekt mehr.
Und ein Objekt weniger bedeutet auch, daß für dieses Objekt kein Konstruktor und kein Destruktor ablaufen muß.

Zumindest haben wir im Beispiel zwei Funktionsaufrufe eingespart.

Nur die Rückgabe geschieht nach wie vor als Wertrückgabe mit Hilfsobjekt, auf das wir nicht verzichten können.

Klassen-Konvertierungsoperatoren

Bei der Konvertierung mit Klassen müssen wir die Richtung der Konvertierung beachten.

```
01  // Konvertierung mit Konstruktoren
02  // Datei: tkkon01.cpp
03
04  class ratio
05  {
06  int zaehler, nenner;
07  public:
08  ratio (int z=0, int n=1) {zaehler=z,nenner=n;}
09  ratio & operator= (const ratio & op);
10  ratio operator + (const ratio & op2);
11  };
12
13  int main ()
14  {
15  ratio A, B(1,2);
16
17  A = B + 6;       // mit ratio-Hilfsobjekt
18
19  return 0;
20  }
21
```

Bild 16-5 Typkonvertierung mit Konstruktor

Konstruktoren, die implizit oder explizit aufgerufen werden, bilden die Brücke von Basis-Datentypen hin zu einer Klasse. Die andere Richtung, von einer Klasse zu einem Basisdatentyp, wird eine eigene Konvertie-rungsmethode benötigen.

Betrachten wir eine Addition zwischen einem "ratio"-Objekt und einer *int*-Konstanten. Der Compiler wird hier ein Hilfsobjekt anlegen, es mit dem zu konvertierenden Wert initialisieren und dann mit dem Objekt die gewünschte Operation durchführen (Bild 16-5).

Im Beispiel wird im Additionsausdruck ein temporäres Objekt angelegt und mit Hilfe des Konstruktors initialisiert. Der verwendete Konstruktor muß dabei mit einem einzelnen Parameter aufrufbar sein. Der zweite Parameter kommt hier aus der Vorbesetzung der Parameter in der Kon-struktordeklaration.

Am Ende der Additionsoperation (Zeile 17) wird das temporäre Objekt wieder entfernt.

Konstruktoren, die zur Typkonvertierung benutzt werden, dürfen bei ihrer Deklaration in der Klasse nicht mit dem Attribut "explicit" versehen wer-den, das die implizite Verwendung als Typkonvertierer verbietet.

Man unterscheidet mit dem Attribut "explicit"-Konstruktoren, die ihre Kon-vertierungsfähigkeit nur dann erhalten, wenn sie mit Hilfe einer explizit angegebenen Syntax dazu benutzt werden. Ohne "explicit" können Kon-struktoren automatisch gerufen werden, wie wir es bei einer Konvertie-rung einer ganzen Zahl auf ein "ratio"-Objekt bei Parameterübergaben wiederholt gesehen haben.

Die andere Richtung, die Konvertierung von einer Klasse zu einem Ba-sisdatentyp oder einer anderen Klasse, benötigt einen eigenen Typkon-vertierungsoperator (Bild 16-6 / Zeile 15).

Analog den ebenfalls implizit gerufenen Konstruktoren oder dem De-struktor wird der Operator ohne Rückgabewert definiert. In der Definition der Methode muß es dennoch eine "return"-Anweisung geben, die den gewünschten Wert nach einer Typwandlung liefert.

Die Syntax mag hier etwas gewöhnungsbedürftig sein.

```
01 // Typkonvertierungs-Operator
02 // Datei: tkoper01.cpp
04 #include <iostream.h>
05
06 class ratio
07 {
08 int zaehler, nenner;
09 public:
10 ratio (int z = 0, int n = 1)
11            {zaehler = z, nenner = n;}
12 operator double (); // Konvertierung zu double
13 };
14
15 ratio::operator double () // Konvert.methode
16 {
17 return double (zaehler) / double (nenner);
18 }
19 // Testrahmen
20 int main()
21 {
22 ratio A(1,2);
23 cout<<"\nErgebnis : "<<double(A)<<endl; // fu.
24 cout<<"Mit cast: " <<(double)A<<endl; // konv.
25 if (A)                          // implizit
26   cout << "Objekt nicht 0" << endl;
27 else
28   cout << "Objekt ist 0" << endl;
29
30 return 0;
31 }
```

Bild 16-6 Konvertierungs-Operator

Der in der Klasse definierte Operator wird automatisch an allen Stellen verwendet, in denen eine implizite oder explizite Typkonvertierung von einem Objekt der Klasse zu einem gewünschten Datentyp notwendig wird.

Im Beispiel (Bild 16-6) wird zuerst eine funktionale Schreibweise benutzt, danach die konventionelle Schreibweise mit einem "cast", und schließlich wird innerhalb der "if"-Abfrage eine implizite Konvertierung angefordert.

Die Konvertierungsmethode wird neben ihrer eigentlichen Funktion gelegentlich auch zur Statusabfrage benutzt (Bild 16-7).

```
01  // Typkonvertierung bei Ein- und Ausgabe
02  // Datei: tkein01.cpp
03
04  #include <iostream.h>
05
06  int main()
07  {
08  int x;
09  cin >> x;
10  cout << "\nGeben Sie eine Zahl ein: ";
11  if (cin) // Konvertierung auf void*,
12      cout << "Eingabe war: "<< x << endl;
13  else
14      cout << "\nFehlerhafte Eingabe\n" << endl;
15  return 0;
16  }
17
```

Bild 16-7 Statusabfrage mit Typkonvertierung

In den Klassen der Ein- und Ausgabebibliothek, die ohne Fehlerauswurf arbeiten, wird intern ein Status mitgeführt. Im Fehlerfalle blockiert das Ein- oder Ausgabeobjekt und läßt keine weiteren Operationen zu. Zur Abfrage des internen Zustandes wird hier entweder ein "not"-Operator (!) eingesetzt oder eine Typkonvertierung, die als Ergebnis einen "void"-Zeiger liefert.

Mit dieser Rückgabe kann unmittelbar ein Ein- oder Ausgabeobjekt in der "if"-Abfrage benutzt werden.

Typkonvertierungen bei Vererbungen

Im Zusammenhang mit der Vererbung stehen wir häufig vor Typanpassungsproblemen.

Rufen wir innerhalb einer Methode einer abgeleiteten Klasse eine Methode der Basisklasse auf, dann muß eine Typkonvertierung der "this"-Zeiger stattfinden. Innerhalb der Methode der abgeleiteten Klasse zeigt *this* auf ein Objekt der abgeleiteten Klasse, in der Basisklassenmethode auf ein Objekt der Basisklasse.

Die implizite Typkonvertierung erlaubt, einen Zeiger der Basisklasse mit der Adresse eines abgeleiteten Objektes zu initialisieren oder eine entsprechende Zuweisung zu machen. Im Fall der Bindungsanpassung wird die Initialisierung verwendet.

Eine zweite Variante haben wir bei den Kopierkonstruktoren gesehen. Der Kopierkonstruktor der abgeleiteten Klasse erhält ein Objekt der abgeleiteten Klasse als aktuellen Parameter. Er reicht dieses Objekt weiter an den Kopierkonstruktor der Basisklasse.

Hier wird nun eine Referenz auf ein Basisklassenobjekt mit einem Objekt der abgeleiteten Klasse initialisiert. Die implizite Typanpassung wird für eine korrekte Vorbesetzung sorgen.

Neue Konvertierungsoperatoren in C++

Die universelle Typkonvertierung in C mit Hilfe der erzwungenen Typkonvertierung ist wegen ihrer allgemeinen Gültigkeit problematisch.

Im Standard sind daher spezielle Konvertierungsoperatoren enthalten, die nach Möglichkeit den bisher verwendeten "cast"-Operator vollständig ersetzen sollen. Ziel ist es, für verschiedene Anwendungsfälle spezielle Typwandlungen anzubieten und Mißbrauch zu verhindern.

Diese Operatoren werden noch nicht von allen Compilern unterstützt. Manche Compiler verwenden auch noch eigene Datentypen bei der Behandlung fehlgeschlagener Konvertierungen. Man kann daher nur empfehlen, für Typkonvertierungen im neuen Stil noch einmal das Compilerhandbuch zu studieren.

Die neuen Operatoren sind auf Grund ihres Verhaltens und ihrer Sicherheit ausgewählt worden.

Der "static_cast"-Operator wird eine Typwandlung zur Übersetzungszeit vornehmen. Er ist zumeist relativ sicher anzuwenden.

Der "dynamic_cast-Operator" wird möglicherweise erst während der Laufzeit die Typkonvertierung durchführen. Dazu muß aber die Typinformation zur Laufzeit zur Verfügung stehen. Daher setzt der Operator polymorphe Basisklassen voraus.

Der allgemeinste Operator wird "reinterpret_cast" sein, der auch gefährliche Wandlungen zulässt.

Beginnen wollen wir die Diskussion mit einem einfachen, neuen Operator zum Entfernen der Konstantheit.

Der Operator "const_cast"

Mit Hilfe des "const_cast"-Operators können die Attribute "volatile" und "const" entfernt werden. Alle anderen Konvertierungsoperatoren respektieren die Konstantheit, sodaß "const_cast" die einzige Möglichkeit bietet, diese Attribute zu entfernen.

Dem Operator "const_cast" folgt in spitzen Klammern der gewünschte Datentyp und in runden Klammern der Ausdruck, der zu konvertieren ist. Als Ergebnis sollte man den gleichen Typ angeben, den der ursprüngliche Ausdruck besitzt. Nur "const"- bzw. "volatile"-Attribute sollten beim Ziel fehlen.

Erlaubt sind Zeiger, Referenzen und Variable mit einem "const"- oder "volatile"- Attribut. Ebenso können Zeiger auf Eigenschaften konvertiert werden. Die dazu notwendigen speziellen Zeiger sind im Kapitel über die dynamischen Objektbeziehungen beschrieben.

Mehrere "const"-Attribute sind insbesondere beim Umgang mit Zeigern möglich.

```
01 // Entfernen von const oder volatile
02 // Datei: concast1.cpp
03
04 #include <iostream.h>
05
06 int main ()
07 {
08 char c = 'A';          // Variable vorbesetzen
09 const char * const ccp=&c;//ko. Zeiger auf Ko.
10 char * cp;
11
12 // *ccp ='X';          // ergibt Fehlermeldung
13 cp=const_cast<char *>(ccp);// ccp auf char *
14 *cp = 'X';             // Zugriff mit neuen Zeiger
15
16 cout <<"\nWert nach Änderung: "<< c <<endl;
                // c enthält X
17 return 0;
18 }
19
```

Bild 16-8 Entfernen eines const-Attributes

Eine häufige Verwendung dürfte die Entfernung von Attributen von Parametern sein. Nach Möglichkeit wird man alle Parameter, die Referenzen oder Zeiger sind, mit "const" absichern, um keine Schreibzugriffe auf den Aktual-Parameter zu gestatten. Will man dennoch den Parameter zur Rückgabe oder beim Aufruf einer anderen Funktion benutzen, muß das Attribut entfernt werden (Bild 16-8).

Der Operator "static_cast"

Mit dem Operator "static_cast" kann man Konvertierungen formulieren, die zur Übersetzungszeit geschehen. Damit wird "static_cast" der am häufigsten verwendete Nachfolger des alten "cast"-Operators werden.

Weiter kann man immer dann, wenn eine implizite, automatische Konvertierung möglich ist, mit Hilfe des "static_cast"-Operators die Typwandlung umkehren. Dies gilt auch dann, wenn dazu Konvertierungsoperatoren gerufen werden müssen, die der Programmierer selbst geschrieben hat.

Dies wird in vielen Fällen funktionieren. Die Verwendung des typgewandelten Ergebnisses liegt jedoch nach wie vor im Ermessen des Programmierers.

Zieltyp und Ausdruckstyp müssen zur Übersetzungszeit vollständig bekannt sein. Eine Vorwärtsdeklaration einer Klasse genügt daher nicht.

Mit Hilfe des "static_cast"-Operators können Zeiger, Referenzen, arithmetische Typen oder Aufzählungstypen gewandelt werden. Insbesondere die Wandlung eines typlosen Zeigers auf einen "int"-Zeiger wird vielen C-Programmierern bekannt vorkommen (Bild 16-9).

Zeiger auf abgeleitete Klassen oder Adressen von abgeleiteten Objekten können auf Adressen von Basisklassen gewandelt werden, jedoch nicht umgekehrt. Eine Wandlung hin zu einer höheren Abstraktionsebene ist somit möglich, die Wandlung zu einer spezialisierteren, abgeleiteten Klasse nicht. Die Wandlungsrichtung zur Basisklasse bezeichnet man gelegentlich als up cast, zur abgeleiteten Klasse hin als down cast.

Die Ausgangsklasse darf nicht polymorph sein, sonst kann der Compiler die Typkonvertierung nicht mit Hilfe des "static_cast" zur Übersetzungszeit erledigen. In diesem Fall nimmt man einen "dynamic_cast"-Operator.

Ist der Zieldatentyp eine Referenz, kann das Ergebnis der Typwandlung auch auf der linken Seite einer Zuweisung stehen.

```
01  // static_cast
02  // Datei: stacast1.cpp
03
04  #include <iostream.h>
05  class bk                  // Basisklasse
06  { int x;
07  };
08  class ak : private bk   // abgeleitete Klasse
09  {
10  int a1;
11  };
12
13  bk b1;                    // Objektdefinitionen
14  ak a1;
15
16  int main ()
17  {
18  enum ampel { rot, gelb, gruen };
19  int y = 99;
20  ampel e0 = gelb;;
21  void * vp;
22
23  char c1 =   static_cast<char>(y);    // Standard
24  int xx =    static_cast<int>(e0);    // Standard
25  bk *bp =    static_cast<bk *>(&a1); // Standard
26  ak *ap =    static_cast<ak *>(&b1);//Bedenklich
27  ampel e1 = static_cast<ampel>(4);    //Bedenklich
28  float *fp= static_cast<float *>(NULL);//Standard
29  int * ip = static_cast<int *>(vp); // void*/int*
30  cout << e1 << endl;
31  return 0;
32  }
33
```

Bild 16-9 Compiler-Typwandlungen (static_cast)

Sollte der Ausdruck ein Attribut "const" oder "volatile" umfassen, kann "static_cast" diese Attribute nicht entfernen. Dazu wird der Operator "const_cast" verwendet.

Der Operator "dynamic_cast"

Der "dynamic_cast"-Operator erweitert die Möglichkeiten des Operators insbesondere beim Umgang mit Zeigern auf Klassen innerhalb einer Vererbungshierarchie. Da hier die Typkonvertierung auch während der Laufzeit erfolgen kann, sind auch Typkonvertierungen mit Basisklassenzeigern und einer Konvertierung hin zu Zeigern auf abgeleitete Klassen möglich.

Die Voraussetzung für jede Wandlung hin zu einer abgeleiteten Klasse ist die Polymorphie der Basisklasse, da nur in diesem Fall Typinformationen innerhalb der Objekte zur Verfügung stehen.

Kann ein Zeiger nicht in seinem Typ gewandelt werden, liefert "dynamic_cast" einen NULL-Zeiger als Ergebnis. Im Fall einer nicht durchführbaren Typkonvertierung einer Referenz wirft der "dynamic_cast"-Operator eine Fehlervariable des Typs "bad_cast" aus. Der Auswurf von Fehlervariablen ist eine neue Fehlerbehandlungsstrategie, der ein eigenes Kapitel gewidmet ist.

Im Beispiel (Bild 16-10) werden "static_cast" und "dynamic_cast" gegenübergestellt. Mit Hilfe eines "static_cast"-Operators kann eine Konvertierung zu einem Zeiger auf eine abgeleitete Klasse erreicht werden, da diese Typkonvertierung der Compiler durchführt. Die Konvertierung wird jedoch oft fehlerhaft sein.

Da unser Zeiger "bp1" auf ein Basisklassenobjekt zeigt, würde ein Zugriff mit Hilfe eines Zeigers auf eine abgeleitete Klasse in einen undefinierten Datenbereich hineingreifen oder eine entsprechende Methode der abgeleiteten Klasse rufen, die dann ihrerseits nicht vorhandene Eigenschaften zu bearbeiten versucht. Dort, wo der Zeiger auf eine abgeleitete Klasse hinzeigt, liegt eben nur ein Basisklassenobjekt.

```
01 // static vs dynamic cast
02 // Datei: dyncast2.cpp
03 #include <iostream.h>
04 class basis         // Polymorphe Basisklasse
05 {
06 int b1;
07 public:
08 virtual void print() {cout << b1;}
09 };
10 class abgeleitet : public basis
11 {
12 int a1;
13 public:
14 void print() {cout << a1;}
15 };
17 int main ()
18 {
19 basis B;
20 abgeleitet A;
21 basis * bp1;
22 abgeleitet * ap1;
24 bp1 = & B;          // Setze Zeiger auf Basisobjekt
26 ap1 = static_cast<abgeleitet *>(bp1);
27 if (ap1 == NULL)   // Hier: kein Fehler erkannt
28     cerr << "\nFehlerhafte Typkonvertierung\n";
29 else
30     cout << "\nErfolgreiche Typkonvertierung\n";
32 ap1 = dynamic_cast<abgeleitet *>(bp1);
33 if (ap1 == NULL)   // Hier: Fehler erkannt
34     cerr << "\nFehlerhafte Typkonvertierung\n";
35 else
36     cout << "\nErfolgreiche Typkonvertierung\n";
38 bp1 = &A;   // Basiszeiger auf abgel.Objekt
```

(Fortsetzung nächste Seite)

```
39  ap1 = dynamic_cast<abgeleitet *>(bp1);
40  if(ap1 == NULL) //OK, ap1 zeigt auf abg. Objekt
41    cerr << "\nFehlerhafte Typkonvertierung\n";
42  else
43    cout<<"\nErfolgreiche Typkonvertierung\n"<<endl;
44  return 0;
45  }
46
47
```

Bild 16-10 Dynamische Typkonvertierung

Der Operator "dynamic_cast" findet diesen Fehler und meldet eine ungültige Adresse zurück.

Erst nachdem dem Basisklassenzeiger die Adresse eines Objektes der abgeleiteten Klasse zugewiesen wurde, kann "dynamic_cast" die Typwandlung durchführen. Jetzt ist das Ergebnis korrekt, denn wir haben ja mit dem Basisklassenzeiger tatsächlich auf ein abgeleitetes Objekt gezeigt.

Der "dynamic_cast"-Operator benutzt zur Überprüfung während der Laufzeit die vorhandene Typinformation im Objekt (auch RTTI genannt) und kann damit eine fehlerhafte Konvertierung melden.

Diese Art Fehler kann nur bei einer Konvertierung hin zu abgeleiteten Klassen auftreten. Eine Konvertierung hin zu Basisklassen wird von beiden Operatoren gleichartig zur Übersetzungszeit durchgeführt.

Der Operator "reinterpret_cast"

Der Operator "reinterpret_cast" deckt die heiklen Fälle der Typkonvertierung ab. Die Realisierung der Typkonvertierung mit "reinterpret_cast" ist nicht allgemein gültig beschreibbar, da sie abhängig von der Compiler-Implementierung ist.

```
01 // reinterpret_cast
02 // Datei: reinter1.cpp
03
04 // reinterpret_cast<Zieltyp>(ausdruck)"
05 // Achtung: immer implementierungsabhängig.
06
07 int funk(int x)  // Hilfsfunktion
08 {
09 return x;
10 }
11
12 int main()
13 {
14 char far * videozeiger;
15 // Wandlung von long auf Zeiger
16 videozeiger = reinterpret_cast<char far *>
                  (0xb0000000L);
17
18 // Umwandlung Funktions-Zeigers
19 // Funktionszeiger
20 typedef void (* PFV)();
21 PFV pfunk = reinterpret_cast<PFV>(funk);
22 pfunk();        // falscher Aufruf der Funktion
23
24 return 0;
25 }
26
27
```

Bild 16-11 Typwandlungen (reinterpret_cast)

Besondere Fälle der Typkonvertierung sind Adreßwandlungen. So kann man aus einer ganzen Zahl eine Adresse gewinnen und umgekehrt. Natürlich muß der Programmierer in solchen Fällen sehr genau die verwendete Maschine sowie die Übersetzungsumgebung kennen.

Der Standard erwähnt nur, daß die Implementierung des "reinterpret_cast"-Operators für den erfahrenen Programmierer, der die zugrunde liegende Speicherarchitektur der Maschine gut kennen sollte, keine Überraschungen bieten sollte.

Im Beispiel (Bild 16-11) wird "reinterpret_cast" benutzt, um einen Zeiger mit Hilfe einer hexadezimalen Zahl zum direkten Zugriff auf den Speicher einer Videokarte aufzubauen.

Eine andere Verwendung ist die erzwungene Typkonvertierung für Funktionszeiger. Einmal angenommen, ein Programmierer will in einer Tabelle die Adressen unterschiedlicher Funktionen speichern und sie dann indirekt aufrufen. Dies ist nur mit einer Typwandlung des Zeigers möglich.

Tendenzen in der Typkonvertierung

Mit der Vielzahl der neuen Typwandlungsoperatoren kann der Programmierer die eigenen Vorstellungen deutlich formulieren. Dies dient der Programmsicherheit.

Es ist in allen Fällen möglich, einen passenden Konvertierungsoperator zu finden. Der alte "cast" aus den Zeiten von C sollte nun ausgedient haben.

Im nächsten Kapitel

Mit den neuen Typkonvertierungs-Operatoren sind wir bereits in Bereiche gelangt, die erst langsam in die Compiler einfließen.

Typwandlungen versuchen auf Programmierwunsch den Rahmen der strengen Typprüfungen ein wenig aufzuweichen, um z.B. völlig allgemeine Funktionen wie "malloc()" benutzen zu können.

Im Standard und in vielen Compilern gibt es bereits ein Verfahren, das weit besser geeignet ist, allgemeingültige und doch typsichere Formulierungen zu schreiben: die Codeschablonen oder Templates.

Templates/Codeschablonen

Programmiersprachen unterscheiden sich in den vorhandenen Ausdrucksmöglichkeiten. C++ ist eine der Sprachen, die sich der strengen Typprüfung verschrieben haben, um möglichst viele Probleme während der Übersetzung entdecken zu können. Strenge Typprüfung ist ein typisches Merkmal der Compilersprachen.

Besonders Interpretersprachen bieten einen anderen Ansatzpunkt. Sie erlauben häufig allgemeingültige Algorithmen zu schreiben, die unabhängig vom verwendeten Datentyp Aufgaben erledigen können. Gerade bei den Grundalgorithmen der Informatik, wie Listen, Feldern oder Bäumen, ist der Algorithmus stets der gleiche. Nur der Datentyp der verwalteten Elemente wird jedesmal neu gewählt.

Auf der Suche nach einer Möglichkeit, die beiden Welten der Typorientierung und der allgemeingültigen Algorithmen zu vereinen, kam man in C++ auf die Konstruktion der "templates". Auf deutsch könnte man dies mit "Codeschablonen" übersetzen.

Ein Template ist eine Vorlage des Programmierers, die einen oder mehrere Platzhalter für Datentypen besitzt. Die Funktion oder die ganze Klasse wird unabhängig von einem speziellen Typ geschrieben. Anstelle eines fest vorgegebenen Datentyps wird bei Bedarf einer der Platzhalter angegeben.

Erst bei der Verwendung der Funktion oder der Klasse erzeugt der Compiler auf Grund seiner Codeschablone den tatsächlichen Code. Dabei verwendet er den bei der Verwendung benutzten oder explizit angegebenen Datentyp.

Überlagerte Funktionen

Bisher haben wir Funktionen kennen gelernt, die überlagert werden konnten. Für die verschiedenen Anwendungszwecke mußten wir immer wieder die gleiche Funktion schreiben, die sich nur durch den verwendeten Parameter unterschied.

In solchen Fällen wurde oft der Präprozessor mit seiner Makrofähigkeit verwendet. Leider können jedoch Präprozessoren nur Texte ersetzen und haben keinerlei Kontrolle über ihr Arbeitsergebnis.

Da somit die Makros des Präprozessors fehleranfällig sind, sollten sie in C++ nicht weiter verwendet werden. Die Aufgabe des Präprozessors ist in C++ hauptsächlich die bedingte Übersetzung.

```
01 // Überlagerte max-Funktionen
02 // Datei: overlo1.h
03
04 int max (int op1, int op2);
05 float max (float op1, float op2);
06 char * max (char * op1, char * op2);
07 long max (long op1, long op2);
08 double max (double op1, double op2);
09
```

Bild 17-1 Deklaration der überlagerten Funktionen

Im Beispiel (Bild 17-2) finden wir einen Satz von überlagerten Funktionen, die fast alle den gleichen Algorithmus besitzen und sich nur im verwendeten Datentyp unterscheiden. Die einzige Ausnahme bildet die Vergleichsfunktion für Texte ("char *"). Hier wurden nicht die Zeiger verglichen, sondern die Buchstaben, auf die die Zeiger zeigen.

Trotzdem bilden die Funktionen zusammen keine allgemein gültige Lösung. Jeder neue Datentyp, der verglichen werden soll, benötigt wieder eine neue Funktion.

```
01  // Überlagerte max-Funktionen
02  // Datei: overlo1.cpp
03  #include "overlo1.h"
04
05  int max (int op1, int op2)
06  {
07  return op1 > op2 ? op1 : op2;
08  }
09
10  float max (float op1, float op2)
11  {
12  return op1 > op2 ? op1 : op2;
13  }
14
15  char * max (char * op1, char * op2)
16  {
17  return *op1 > *op2?op1:op2;//anderer Algorithmus
18  }
19
20  long max (long op1, long op2)
21  {
22  return op1 > op2 ? op1 : op2;
23  }
24
25  double max (double op1, double op2)
26  {
27  return op1 > op2 ? op1 : op2;
28  }
```

Bild 17-2 Überlagerte Funktionen

Um die Funktionen benutzen zu können, wurde zusätzlich eine Informationsdatei mit den Funktionsdeklarationen angelegt (Bild 17-1).

Die Informationsdatei muß wie die Implementierung bei jeder neuen Funktion ebenfalls gepflegt werden, da der Anwender sie benötigt.

```
01  // Test der Funktions-Templates
02  // Datei: mtempl.cpp
03
04  #include <stdio.h>
05  #include "overlol.h"
06
07  int main ()
08  {
09  int x;
10  double y;
11  char * z;
12  x = max (17,99);
13  printf ("\nErgebnis 1: %i\n",x);
14  y = max (3.14, 2.7);
15  printf ("\nErgebnis 2: %f\n",y);
16  z = max ("Hallo", "Funktion");
17  printf ("\nErgebnis 3: %s\n", z);
18  return 0;
19  }
20
```

Bild 17-3 Testrahmen für überlagerte Funktionen

Im Hauptprogramm (Bild 17-3) lesen wir mit "include" die Informationsdatei der Funktionen ein und verwenden die einzelnen Funktionen. Der
Compiler kann bei der Verwendung wie gewohnt aus der Vielzahl der
vorhandenen gleichnamigen Funktionen die passende anhand des Para-
metertyps auswählen und aufrufen.

Diese Lösung ist der Makrolösung deutlich überlegen. Dem Ziel einer allgemeinen Lösung sind wir damit aber kaum näher gekommen.

Funktions-Templates

Mit der Entwicklung von C++ wurde die Sprache um einen sehr interessanten Mechanismus erweitert, der Typsicherheit und Allgemeingültigkeit elegant miteinander vereint. Der Standard definiert für die Behandlung allgemeiner Fälle Templates oder Codeschablonen.

Templates sind Vorlagen, die bei ihrer Definition nicht zu Code führen. Erst bei der Verwendung wird der Compiler automatisch benötigten Code erzeugen. Soweit ähneln sie den Makros. Da Codeschablonen vom Compiler bearbeitet werden, bleibt im Gegensatz zu Makros die Typsicherheit erhalten.

Alle Funktionen, die einen identischen Algorithmus benutzen, können in einer Codeschablone zusammengefaßt werden. Im hier verwendeten Beispiel, das wir einmal mit Funktionen und einmal mit einer Codeschablone realisieren wollen, bildet die einzige Ausnahme die Vergleichsfunktion für Texte, die getrennt geschrieben werden muß. Die Templates werden zumeist in eine Informationsdatei geschrieben. Um alle Informationen an einer Stelle zu halten, wurde hier auch die Funktion deklariert, die nicht mit dem normalen Algorithmus arbeitet (Bild 17-4).

```
01 // Überlagerte max-Funktionen
02 // Datei: futemp1.h
03
04 extern char * max (char *, char *);
05
06 template <class TYP>
07 TYP max (TYP op1, TYP op2)
08 {
09 return op1 > op2 ? op1 : op2;
10 }
11
```

Bild 17-4 Header-Datei mit Funktions-Template

Eine Codeschablone beginnt mit dem Schlüsselwort "template". In spi-zen Klammern eingeschlossen folgt die Liste der verwendeten Parame-ter-Datentypen. In unserem Fall begnügt sich die Codeschablone mit e-nen Typ. Für die Zwecke einer Codeschablone wird mit *class* generell ein Datentyp bezeichnet, also nicht nur eigene Klasse sondern auch die vordefinierten Datentypen. Unsere Schablone können wir somit auch mit *int* verwenden.

An allen Stellen, in denen in den Vergleichsfunktionen ein bestimmter Datentyp vorkam, wird der Datentyp bei der Generierung durch den Pa-rameter TYP ersetzt. Der Name des Parameters ist natürlich frei erfun-den.

```
01  // Test der Funktions-Templates
02  // Datei: mtemp2.cpp
03
04  #include <stdio.h>
05  #include "futemp1.h"
06
07  int main ()
08  {
09  int x;
10  double y;
11  char * z;
12  x = max (17,99);
13  printf ("\nErgebnis 1: %i\n",x);
14  y = max (3.14, 2.7);
15  printf ("\nErgebnis 2: %f\n",y);
16  z = max ("Hallo", "Funktion");
17  printf ("\nErgebnis 3: %s\n", z);
18  return 0;
19  }
20
```

Bild 17-5 Hauptprogramm für Templates

Die Schablone gilt auch für Klassen. In diesem Fall muß jedoch vorausgesetzt werden, daß für die verwendete Klasse der Operator ">" überlagert wurde.

Im Gegensatz zu Makros generiert der Compiler typgeprüfte Funktionen, die auch linkbar sind.

Das Testprogramm (Bild 17-5) wurde geringfügig geändert. Anstelle der Informationsdatei mit den Deklarationen der überlagerten Funktionen kann nun die Informationsdatei mit der Codeschablone benutzt werden.

Bei jedem Aufruf einer "max()"-Funktion sucht der Compiler, ob es bereits eine exakt passende Funktion gibt. Hat der Anwender eine Funktion geschrieben und ist sie während der Übersetzung bekannt, dann wird sie auch verwendet. Bei der Suche des Compilers, welche Funktion er bei einem Aufruf einsetzen soll, haben selbst geschriebene Funktionen Vorrang vor einer Template-Funktion.

In unserem Fall ist die Vergleichsfunktion mit dem Datentyp "char *" erhalten geblieben, wird getrennt übersetzt und schließlich zum Hauptprogramm hinzu gebunden (Bild 17-6).

Ist keine Funktion bekannt, generiert der Compiler anhand der bekannten Codeschablone eine neue Funktion.

```
01 // Verbleibende Vergleichsfunktion
02 // Datei: overlo2.cpp
03
04 char * max (char * op1, char * op2)
05 {
06 return *op1 > *op2?op1:op2; // Textalgorithmus
07 }
08
```

Bild 17-6 Verbliebene Vergleichsfunktion

Typangaben innerhalb von Templates

Zur Erleichterung der Überprüfung durch den Compiler werden Typangaben mit Hilfe des Schlüsselworts *typename* gekennzeichnet. Will man also z.B. innerhalb eines Templates eine Typdefinition mit "typedef" schreiben, setzt man vor den bezogenen Typnamen "typename".

Linken von Template-Funktionen

Es besteht nun die Möglichkeit, daß Funktionen in unterschiedlichen Modulen getrennt generiert werden. Die mehrfach generierten Funktionen werden beim Linken im Normalfall zu einer einzigen Funktion zusammen gefaßt. Dies steht zwar nicht als Pflicht im Standard, aber die Compilerhersteller bemühen sich, dieses Feature einzubauen.

Mit der Einführung der Codeschablonen haben wir ein sehr flexibles Mittel erhalten, in einfacher und allgemeiner Weise Algorithmen zu definieren.

In vielen Fällen kann man durch die Verwendung von Templates Quellcodezeilen sparen und Algorithmen sehr viel allgemeiner formulieren.

Im Gegensatz zur Lösung mit überlagerten Methoden kann der Compiler bei der Verwendung eines neuen Datentyps selbständig die benötigte Funktion generieren. Der Programmierer muß dabei keine Zeile des bisherigen Codes ändern.

Templates tragen deutlich zu einer Verbesserung der Codequalität bei. Insbesondere Template-Bibliotheken, die eine Vielzahl von getesteten Algorithmen enthalten, sollten an keinem Arbeitsplatz eines Programmierers fehlen.

Explizite Deklaration von generierten Funktionen

Ähnlich der Deklaration von eigenen Funktionen, die zusätzlich zu einer Codeschablone geschrieben worden sind, können auch mögliche Instanzen für automatisch zu generierenden Funktionen deklariert werden. Die Deklaration hat Konsequenzen bei der Verwendung.

```
01 // Explizite Funktionsanforderung - 1
02 // Datei: expliz1.cpp
03
04 #include <iostream.h>
05
06 template <class TYP>
07 TYP max (TYP op1, TYP op2)
08 {
09 return op1 > op2 ? op1 : op2;
10 }
11
12 int main ()
13 {
14 int x;
15 x = max(10,20);
16 cout << "\n\nErgebnis: " << x;
17 x = max ('A','B');
18 cout << "\nErgebnis: " << hex << x;
19 // x = max (20,'A');              // Fehlermeldung
20
21 return 0;
22 }
23
```

Bild 17-7 Exakte Generierung von Funktionen

Im Normalfall wird nur dann eine Template-Funktion erzeugt, wenn die Parameter exakt passen. Versuchen wir, eine Funktion aufzurufen, die bei der Parameterübergabe eine implizite Typkonvertierung benötigen würde, wird keine Funktion angelegt. Der Compiler meldet einen Fehler (Bild 17-7).

Haben wir aber eine zu generierende Funktion nach der Definition der Codeschablone zusätzlich deklariert, dann wird sie auf alle Fälle erzeugt und steht auch für Aufrufe mit impliziter Typkonvertierung zur Verfügung.

Ein Aufruf mit unterschiedlichen Parametern wird nun darauf geprüft, ob die explizit deklarierte Funktion nach entsprechender impliziter Typkonvertierung der Parameter gerufen werden kann.

Sehen wir uns die erzwungene Generierung im folgenden Beispiel einmal an.

Dazu fügen wir zur Demonstration eine Deklaration in das bisherige Beispiel ein (Bild 17-8).

```
01 // Explizite Funktionsanforderung - 2
02 // Datei: expliz2.cpp
03
04 #include <iostream.h>
05
06 template <class TYP>
07 TYP max (TYP op1, TYP op2)
08 {
09 return op1 > op2 ? op1 : op2;
10 }
11
12 int max (int, int);     // Explizite Deklaration
13
14 int main ()
15 {
16 int x;
17 x = max(10,20);
18 cout << "\n\nErgebnis: " << x;
19 x = max ('A','B');
20 cout << "\nErgebnis: " << hex << x;
21 x = max (20,'A');              // nun klappt es
22 cout << "\nErgebnis: " << hex << x;
23
24 return 0;
25 }
26
```

Bild 17-8 Erzwungene Generierung einer Funktion

Beachten Sie insbesondere die Zeile 21, die nun in der Lage ist, eine implizite Typkonvertierung durchzuführen..

Template-Makros

Codeschablonen können nicht nur Funktionen generieren, sondern auch Makros, die wir als "inline"-Funktionen kennengelernt haben. In der Definition der Codeschablone wird wie gewohnt das Schlüsselwort "inline" vorangestellt, um die Generierung eines Makros zu verlangen. Das Makro wird bei jeder Expansion einkopiert (Bild 17-9).

Die anderen Dateien des Beispiels werden durch die Änderung in der Header-Datei nicht betroffen. Sie müssen nur noch einmal übersetzt und gebunden werden.

```
01 // Überlagerte max inline-Funktionen
02 // Datei: futemp2.h
03
04 extern char * max (char *, char *);
05
06 template <class TYP>
07 inline TYP max (TYP op1, TYP op2)
08 {
09 return op1 > op2 ? op1 : op2;
10 }
11
```

Bild 17-9 Definition einer Makro-Codeschablone

Klassen-Templates

Mit der Generierung einzelner Funktionen konnten Codeschablonen erst einen Teil ihrer Leistungsfähigkeit zeigen. In der erweiterten Form können Templates benutzt werden, um ganze Klassen samt den mit ihr verbundenen Methoden zu generieren.

Ein besonderes Anwendungsfeld finden Klassen-Templates in den Fällen, in denen Klassen Datenstrukturen zur Verwaltung von Variablen oder Objekten repräsentieren. Solche Verwaltungsstrukturen werden auch als Container bezeichnet.

Containerklassen

Eine Klasse *Liste* verwaltet Elemente eines bestimmten Datentyps. Alle Listen haben identische Algorithmen. Sie unterscheiden sich nur im Datentyp, der verwaltet wird.

Gleiches gilt für Stacks, die sich ebenfalls nur durch den Datentyp unterscheiden, der am Stack verwaltet wird. Viele weitere solche Fälle existieren: Warteschlangen, Puffer usw. Hier finden Codeschablonen ein weites Betätigungsfeld.

Der große Unterschied zu einem Satz vordefinierter Klassen liegt wie bei den Funktionen im Automatismus. Definieren wir einen neuen Datentyp und wollen Objekte dieses Datentyps in einem mit einer Codeschablone definierten Stack verwalten, dann ist kein Eingriff in den allgemeinen Stackcode notwendig. Alle Anpassungen wird der Compiler für uns vornehmen.

Mit Templates kann man Container allgemein beschreiben.

sind daher ein wichtiges und produktives Merkmal des C++-Standards. Ihre Existenz gehört nicht zwangsläufig in den Bereich der Objektorientierung, aber ihre Existenz ist eine der vielen kleinen Annehmlichkeiten, die C++ dem Programmierer bietet. Auch wird hier deutlich, daß C++ nicht nur eine Sprache ist, sondern eine Zusammenfassung vieler fortschrittlicher Programmiertechniken unter einem Dach.

Es gibt Autoren, die berichten von einer Reduzierung von bis zu 30% des Codes eines Programms durch den massiven Einsatz von Templates.

Als Beispiel soll eine einfache Klasse "feld" dienen, die die grundlegende Verwendung von Codeschablonen für Klassen zeigt (Bild 17-10).

```
01 // Codeschablonen - Feldklasse
02 // Datei: feld1.h
03 #include <stdlib.h>
04
05 template <class TYP>
06 class feld                  // Beispiel für Container
07 {
08 int maxindex;
09 TYP * puffer;               // unabhängig von TYP
10 public:
11 TYP & operator [](int index);
12 feld (int anzahl);
13 ~feld();
14 };
15
16 template <class TYP>                    // Konstruktor
17 feld<TYP>::feld (int anzahl)
18 {
19 if (anzahl > 0)
20   {
21   maxindex = anzahl -1;
22   puffer = new TYP[anzahl];
23   }
24 else
25    maxindex = -1;
26 }
27
28 template <class TYP>
29 feld<TYP>::~feld()                      // Destruktor
30 {
31 delete [] puffer;
32 }
```

(Fortsetzung nächste Seite)

```
33
34 template <class TYP>            // Feld-Operator
35 TYP & feld<TYP>::operator[] (int index)
36 {
37 if (index < 0 || index > maxindex)
38    exit(1);
39 return puffer[index];
40 }
41
```

Bild 17-10 Feld-Klasse mit Templates

Die Feld-Klasse soll eine beliebige Anzahl gleicher Elemente verwalten. Der zu verwaltende Datentyp steht bei Definition der Klasse noch nicht fest. Bei der Definition wird wieder das Schlüsselwort "template" zusammen mit der Platzhalterliste in spitzen Klammern der eigentlichen Klassendefinition vorangestellt.

Innerhalb der Klassendefinition wird überall wo notwendig der Platzhalter anstelle eines vorhandenen Datentyps benutzt.

Bei der Definition der Methoden muß man berücksichtigen, daß sie ihrerseits auch wieder Codeschablonen sind und deshalb den "template"-Vorspann benötigen.

Alternativ könnte man sie als Makros schreiben, also entweder ohne weitere Zusätze innerhalb der Klassendefinition oder mit dem Schlüsselwort "inline" außerhalb.

Im Anwenderprogramm kann die allgemeine Klasse benutzt werden (Bild 17-11). Allerdings ist es notwendig, den allgemeinen Klassennamen beim Definieren eines Objektes um den aktuell benutzten Datentyp in spitzen Klammern zu ergänzen.

```
01  // Testprogramm zum Feld-Template
02  // Datei: mfeld1.cpp
03
04  #include <stdio.h>
05  #include "feld1.h"
06
07
08  int main ()
09  {
10  long lvar;
11  feld<long> f1 (20);
12
13  f1[6] = 17L;
14  lvar = f1[6];
15  printf ("\nWert = %ld\n", lvar);
16
17  return 0;
18  }
19
```

Bild 17-11 Testrahmen für eine Template-Klasse

Erst bei der Übersetzung des Anwenderprogramms werden die Klasse und damit der Datentyp sowie die zugehörigen Methoden generiert. Dabei werden nur die Methoden generiert, die auch verwendet werden. Die Template-Definition allein führt noch nicht zu Code.

Behandlung von eigenen Klassen

Für Klassen gilt die gleiche Spielregel wie für Funktionen. Stellt der Programmierer eine Klasse mit einem vorgegebenen Datentyp zur Verfügung, wird der Compiler keine eigene Klasse anlegen.

Selbstdefinierte Klassen haben wieder Vorrang vor generierten Klassen.

Der Name einer selbstdefinierten Klasse setzt sich wie bei den generierten Klassen aus dem Namen und dem benutzten Typ in spitzen Klammern zusammen.

Templates mit Wertparametern

In den bisherigen Beispielen wurden als Parameter in der Definition der Codeschablonen ausschließlich Platzhalter für Datentypen verwendet. Neben Datentypenparametern (den Platzhaltern für einen Datentyp) können auch konventionelle Parameter stehen, die Platzhalter für Werte sind und bei der Verwendung mit einem konstanten Wert gefüllt werden.

```
01 // Codeschablonen - Feldklasse
02 // Datei: feld2.h
03 #include <stdlib.h>
04
05 template <class TYP, int anzahl>
06 class feld
07 {
08 int maxindex;
09 TYP * puffer;
10 public:
11 TYP & operator [](int index);
12 feld ();
13 ~feld();
14 };
15
16 template <class TYP, int anzahl>
17 feld<TYP,anzahl>::feld()            // Konstruktor
18 {
19 maxindex = anzahl -1;
20 puffer = new TYP[anzahl];
21 }
```

(Fortsetzung nächste Seite)

```
22
23 template <class TYP,int anzahl>
24 feld<TYP,anzahl>::~feld()        // Destruktor
25 {
26 delete [] puffer;
27 }
28
29 template <class TYP, int anzahl> //Feldzugriff
30 TYP & feld<TYP,anzahl>::operator[] (int index)
31 {
32 if (index < 0 || index > maxindex)
33    exit(1);
34 return puffer[index];
35 }
36
```

Bild 17-12 Feldtemplate mit Wertparameter

Die Größe des Speicherfeldes wurde als Parameter für den Wertkonstruktor angegeben. Nun kann die Größe auch in die Typdefinition selbst mit aufgenommen werden. Dazu wird ein Wertparameter benötigt. Er steht in jeder Methode als Teil des Datentyps zur Verfügung und kann im Code verwendet werden.

Die Wertangaben müssen bei der Definition natürlich konstant sein, sonst kann keine Klasse generiert werden.

Interessant ist im Beispiel (Bild 17-12) die Rückgabe des überlagerten Klammer-Operators, die wir schon einmal kennen gelernt haben. Dank der Verwendung einer Referenzrückgabe kann ein Feldzugriff auf beiden Seiten der Zuweisung stehen.

Die Fehlerbehandlung im Zugriffsoperator ist ein Abbruch des Programms bei einer Verletzung des Index. Eine harte, aber nicht unübliche Maßnahme insbesondere bei Multitasking-Systemen.

```
01  // Testprogramm zum Feld-Template
02  // Datei: mfeld2.cpp
03
04  #include <stdio.h>
05  #include "feld2.h"
06
07
08  int main ()
09  {
10  long lvar;
11  feld<long,100> f1;       // <long und Konstante>
12
13  f1[6] = 17L; // Feldzugriff auf beiden möglich
14  lvar = f1[6];
15  printf ("\nWert = %ld\n", lvar);
16
17  return 0;
18  }
19
```

Bild 17-13 Testrahmen für Parameterkonstante

Im Testrahmen (Bild 17-13) wird ein Objekt zur Verwaltung von 100 "long"-Werten definiert. Genauso gut hätten auch Objekte einer selbstdefinierten Klasse verwaltet werden können. Jeder bekannte Datentyp kann als formaler Typparameter bei der Definition des Feldes verwendet werden.

Wert-Parameter und statischer Speicher

Die als Typinformation übergebenen Werte können auch innerhalb der Klassendefinition verwendet werden. Der Parameter, der die Größe des gewünschten Feldes angibt, kann so für eine statische Speicherallokierung durch den Compiler als Größenangabe des Feldes genutzt werden.

```
01 // Feldklasse/statischer Speicher
02 // Datei: feld3.h
03 #include <stdlib.h>
04
05 template <class TYP, int anzahl>
06 class feld
07 {
08 int maxindex;
09 TYP puffer[anzahl];          // statisches Feld
10 public:
11 TYP & operator [](int index);
12 feld ();
13 ~feld();
14 };
15
16 template <class TYP, int anzahl>
17 feld<TYP,anzahl>::feld()     // Konstruktor
18 {
19 maxindex = anzahl -1;
20 }
22 template <class TYP,int anzahl>
23 feld<TYP,anzahl>::~feld()        // Destruktor
24 {
25 }
27 template <class TYP, int anzahl> // Feldoperator
28 TYP & feld<TYP,anzahl>::operator[] (int index)
29 {
30 if (index < 0 || index > maxindex)
31     exit(1);
32 return puffer[index];
33 }
34
```

Bild 17-14 Klasse mit statischem Feld

Damit wird die möglicherweise fehlerbehaftete Allokierung des Speicherplatzes vom Heap umgangen. Der Preis ist dafür ein wesentlich größeres Objekt und ein Datentyp, der durch seine Größe mitdefiniert wird.

Ändern wir daher das Beispiel noch einmal ab und benutzen die statische Definition des Speicherfeldes (Bild 17-14).

```
01  // Testprogramm zum Feld-Template
02  // Datei: mfeld3.cpp
03
04  #include <iostream.h>
05  #include "feld3.h"
06
07  // Statisches Pufferfeld
08  int main ()
09  {
10  long lvar;
11  feld<long,100> f1;
12
13  cout << "\nObjektgroesse: "<<sizeof(f1) <<endl;
14  f1[6] = 17L;
15  lvar = f1[6];
16  cout << "\nWert = " << lvar << endl;;
17
18  return 0;
19  }
20
```

Bild 17-15 Statisches Speicherfeld

Im Konstruktor muß nun kein Speicher angefordert werden, und der Destruktor ist sozusagen arbeitslos geworden und könnte entfallen.

Im Testrahmen wird eine Zeile eingefügt, die die Größe des neuen Objektes angibt. Die Größe kann wie üblich mit "sizeof(Objekt)" ermittelt werden. Die angezeigte Größe ist in C++ die Anzahl der benötigten Bytes (Bild 17-15).

Gegenüber den bisherigen Objektgrößen, die nur den Verwaltungskopf umfaßten, sehen wir eine deutliche Vergrößerung.

Mit den hat der Programmierer eine umfangreiche Hilfestellung und eine große Bandbreite an Möglichkeiten gewonnen. Ein Preis für diesen Komfort könnte ein deutlich steigender Umfang des Codes sein.

Schließlich genügt im letzten Beispiel bereits eine Änderung der Größe, um einen neuen Datentyp zu erzeugen. Und mit dem Datentyp werden auch alle Methoden erneut erzeugt.

Templates und Bibliotheken

Codeschablonen eignen sich ausgezeichnet, um allgemein gültige Algorithmen in standardisierter Form zur Verfügung zu stellen. Als Teil der Standardisierungs-Bemühungen wurde von der Firma Hewlett & Packard in Zusammenarbeit mit AT&T eine Bibliothek entwickelt, die Teil des kommenden C++-Standards geworden ist.

Mit dieser Entwicklung wirkt die Sprache C++ weit über den einfachen objektorientierten Ansatz hinaus. Neben der Sprache entstehen Standard-Bibliotheken mit umfangreichen Sammlungen von Algorithmen. Je mehr standardisiert ist, desto einfacher können Codegeneratoren oder graphische Software-Baukästen produziert werden.

Mancher Manager träumt schon davon, man Software nicht mehr schreiben muß, sondern nur noch montieren. Ein fragwürdiger Denkansatz. Grundlage jeder erfolgreichen Tätigkeit in der Softwareerstellung bleibt persönliches Engagement und Wissen.

Problem der Fehlerbehandlung

Im Beispiel mit der dynamischen Verwaltung des Speicherplatzes trat ein typisches Problem auf. Was soll man tun, wenn in einer der Methoden ein wichtiger Fehler auftritt?

Im Falle des Konstruktors wurde bei einem Fehler der maximale Index mit -1 vorbelegt. Hier wurde sozusagen der Betriebsstatus festgehalten. Dieser Status hätte eigentlich in allen weiteren Methoden immer und immer wieder abgefragt werden müssen. Insbesondere beim Zugriffsoperator wurde dies unterlassen, um beim wesentlichen Thema des Kapitels zu bleiben.

Auch in der Zugriffsmethode konnte ein Fehler auftreten, der dann durch Programmabbruch behandelt wurde.

Im nächsten Kapitel

Mit der Verwendung von ganzen Template-Bibliotheken stellt sich auch hier die Frage nach einer korrekten Fehlerbehandlung, die sicher und allgemeingültig sein sollte.

Bisherige Fehlerbehandlungen, die auf dem Begriff einer Statusmeldung basieren, sind weder allgemeingültig noch sicher. Kein Programmierer wird schließlich gezwungen, nach einem Betriebssystemaufruf auch den möglichen Fehlerstatus abzufragen. So manches Programm zeigt erst bei der Benutzung unerwünschte Eigenschaften, die oft auf vergessene Statusabfragen zurückzuführen sind.

Aber auch hier bietet C++ ganz neue und verbesserte Möglichkeiten. Das bisherige Modell der Statusabfrage wird durch das Modell der synchronen Signale oder Fehlerauswürfe ersetzt. Davon handelt das folgende Kapitel.

Fehlerbehandlung mit C++

Der Benutzer eines Programms erwartet heute eine erhebliche Robustheit der Programme gegen Fehlbedienungen oder Störungen im Rechner. Um diese Robustheit zu erzeugen, müssen Programme eine Vielzahl von Tests durchführen, um zu jedem Zeitpunkt den korrekten Ablauf sicherzustellen.

Für den Umgang im Programm mit Meldungen über Ablaufprobleme gibt es unterschiedliche Verfahren, die wir aus der Sicht von C++ in diesem Kapitel untersuchen wollen.

In den wenigsten Fällen wird eine Fehlermeldung tatsächlich die Bedeutung eines fehlerhaften Zustandes haben. Zumeist handelt es sich bei der Fehlermeldung um etwas ganz Normales, wie "am Ende der Datei angekommen".

Trotzdem bleibt die Frage, ob in allen Fällen, wo es notwendig wäre, der Programmierer die Meldung korrekt auswertet, eventuell Gegenmaßnahmen ergreift und ob dies genügt, um das Programm fortsetzen zu können.

Noch einen ganz anderen Aspekt sollte man berücksichtigen, wenn man über die Fehleranfälligkeit von Programmen spricht. Der Test von unzähligen System- und Bibliotheksaufrufen, die in jedem größeren Programm vorkommen, bläht den Quelltext auf und macht ihn zumindest sehr schwer lesbar. Mit steigender Zeilenanzahl wächst absolut aber wieder das Fehlerrisiko.

Als Autor oder als Dozent macht man sich ab und zu das Leben leicht, indem man einfach das Wesentliche zeigt und die Fehlerbehandlung weg läßt. Vielleicht wirkt diese Vorgehensweise auch als schlechtes Vorbild.

Fehlerbehandlungen in C und C++

Alle Betriebssystemaufrufe und die meisten Aufrufe der Standardbibliothek, die eine Ein- oder Ausgabe durchführen, liefern eine Statusinformation zurück. Die Frage ist, wie man diese Statusinformation im Programm handhabt.

Ignorieren einer Statusmeldung

Ein einfaches, aber leider zu häufig vorkommendes Verfahren ist das schlichte Ignorieren eines möglichen Fehlerzustandes.

```
01 // Fehlerbehandlung - Ignorieren
02 // Datei: ignor1.cpp
03
04 #include <stdio.h>
05
06 int main ()
07 {
08 int x = printf ("Hello World\n");
09 printf ("Ergebnis der Ersten Ausgabe: %d\n",x);
10 return 0;
11 }
12
```

Bild 18-1 Ignorieren eines möglichen Fehlers

Das erste Beispiel (Bild 18-1) zeigt die typische Situation. Wie jede andere Funktion, die eine Dienstleistung des Betriebssystems in Anspruch nimmt, meldet "printf()" das Ergebnis seiner Arbeit zurück. Hat die Ausgabe funktioniert, gibt "printf()" die Anzahl der ausgegebenen Zeichen zurück. Ist das Ergebnis 0, konnte nicht geschrieben werden.

Dies ist bei einer Ausgabe auf den Bildschirm unwahrscheinlich, aber es besteht ja immer noch die Möglichkeit, daß die Standardausgabe beim Aufruf umgelenkt wurde. Dann sollte das Schreiben auf eine volle Diskette erkannt werden.

Der erste "printf()"-Aufruf wird im Beispiel noch abgefragt, ohne allerdings das Ergebnis auf 0 zu testen. Statt dessen wird der Rückgabewert mit einem häufig vorkommenden "printf()"-Aufruf ohne Abholen des Ergebnisses ausgegeben.

Statusabfrage

In manchen Fällen kommt in einer einzigen Rückgabe sowohl ein Wert als auch eine Statusinformation zurück. Ein Beispiel ist die Funktion "getchar()".

```
01  // Fehlerbehandlung - Wert und Status
02  // Datei: getstat1.cpp
03
04  #include <stdio.h>
05
06  int main()
07  {
08  int c;
09  while ((c = getchar()) != EOF)
10    putchar(c);        // Ohne Fehlerabfrage
11  return 0;
12  }
13
```

Bild 18-2 EOF als Statusmeldung

In einem "int"-Ergebnis kommt im Normalfall ein Zeichen im niederwertigen Teil zurück. Der höherwertige Teil des Ergebnisses ist dabei 0. Meldet das Betriebssystem einen speziellen Wert (EOF) zurück, wird dies als Dateiende gewertet (Bild 18-2).

Im Programm ist mit "putchar()" wieder ein schlechtes Beispiel gegeben. "Putchar()" wird nicht geprüft. "Putchar()" liefert entweder das gerade ausgegebene Zeichen oder im Fehlerfall ebenfalls EOF zurück.

Das Nichtabholen eines Ergebnisses ist eine bewußte Designentscheidung in C, um dem Programmierer alle Freiheiten zu lassen.

Wollte der Programmierer nach dem Erkennen von EOF genau herausfinden, welche Fehlerart aufgetreten ist, müsste er mit Makros wie "feof()" die Ursache genauer bestimmen.

Die Konstante, die für EOF benutzt wird, ist -1. Die binäre Darstellung von -1 ist ein Bitmuster mit lauter Einsen. Auch der höherwertige Statusteil besteht damit nicht mehr aus einer 0 und unterscheidet damit ein mögliches Zeichen, in dem ebenfalls alle 8 Bits auf 1 stehen.

Eine Klasse für sich bilden Funktionen, die normalerweise einen Zeiger zurückliefern. Im Fehlerfall wird hier ein spezieller geliefert: die NULL. Hinter NULL verbirgt sich tatsächlich der Wert 0. Der Compiler wird unter allen Betriebssystemen, oder wie es heute häufig heißt, auf allen Plattformen, sicherstellen, daß diese Adresse ungültig ist. In den besprochenen Beispielen war es oft die Funktion "malloc()", die diesen Spielregeln genügte.

Eine andere Form der Statusmeldung vermeidet die Funktionsrückgabe. Insbesondere bei Betriebssystemaufrufen kann man oft einen Zeiger auf eine Statusvariable übergeben, die nach der Rückkehr den Operationsstatus enthält.

Asynchrone Signale

Eine weitere Möglichkeit sind asynchrone Signale. Ein externes Ereignis tritt zu einem Zeitpunkt auf, der keinen Bezug zum Ablauf des Programms hat, also asynchron zum Ablauf. Technisch sind solche Meldungen durch Unterbrechungen realisiert. Unterbrechungen sind Programmumschaltungen, die ausschließlich über Hardware erfolgen.

Innerhalb der Bedienroutine einer Unterbrechung wird das Betriebssystem über das Auftreten des Ereignisses informiert. Das Betriebssystem wird nach dem Verlassen der Bedienroutine das betroffene Programm informieren. Dies ist dann das Signal vom Betriebssystem an ein Programm.

```
01 // Fall : Fehlerbehandlung mit Signalen
02 // Datei: esignal1.cpp
03
04 #include <stdio.h>
05 #include <stdlib.h>
06 #include <signal.h>
07 #include <dos.h> // abhängig vom Betriebssystem
08
09 void mein_signal_handler(int signal_nummer)
10    {
11    fprintf (stderr,
12       "\n\"esignal1\" bekam Signal Nr. %d \n",
13       signal_nummer);
14    fcloseall();      // Alles schließen
15    exit (1);         // Abbruch melden
16    }
18 int main ()
19 {
20 printf ("\n\nTeste die Signal-Behandlung\n\n");
21 signal (SIGINT, mein_signal_handler);
22 for (;;)            // Endlosschleife
23    {
24    sleep(1);        // 1 Sek. warten
25    printf ("Geben Sie CTL-C ein.!\r");
26    }
28 return 0;           // Wird nie erreicht !
29 }
30
```

Bild 18-3 Asynchrone Signalbehandlung

Der Programmierer muß hier mit dem Betriebssystem zusammen die Voraussetzungen für eine Behandlung bereitstellen. Die Behandlungsfunktionen sind eigenständig und werden im Programm nicht genutzt. Sie dienen nur zur Abarbeitung von Signalen.

Beispiele für asynchrone Ereignisse und damit verbundene Signale sind vielfältig. So kann ein Anwender zu irgendeinem Zeitpunkt versuchen das Programm abzubrechen. Die Abbruchanforderung kann zu einem beliebigen Zeitpunkt gegeben werden, auch wenn das Programm gerade nicht auf Eingaben des Benutzers wartet.

Ein anderes Beispiel sind Übertragungsprobleme einer Modem-Strecke. Ist ein Benutzer mit Hilfe einer Modemstrecke an einem UNIX-Rechner angeschlossen, wird der Rechner ein Hardwaresignal erhalten, falls die Modemstrecke zusammenbricht, und damit alle Prozesse, die der Benutzer gestartet hat, abbrechen.

Signalbehandlungen erfordern eigene Unterprogramme des Benutzers, die jedoch vom Betriebssystem aus aufgerufen werden, nicht vom eigentlichen Programm. Solche Funktionen nennt man Signalbehandlungs-Funktionen oder auch Rückruf- (engl. callback) Funktionen (Bild 18-3).

Die Abarbeitung erfordert eine Funktionstabelle und einen Index. Beim Start eines Programms wird in Multitasking-Systemen zur Verwaltung ein Programmleitblock angelegt (engl. task control block). Darin enthalten ist eine Sprungtabelle, die mit der Adresse einer allgemeinen Abbruchfunktion vorbesetzt wird.

Diese Tabelle kann der Programmierer zur Laufzeit durch eigene Eintragungen modifizieren. Kommt nun eines der vordefinierten asynchronen Ereignisse, fängt das Betriebssystem es ab und ruft mit der Nummer als Index die Funktion aus der zugehörigen Programmtabelle auf. Dies ist dann die Signalbehandlung.

Wiederaufsetzpunkte

Eine weitere Technik, die häufig benutzt wird, sind Wiederaufsetzpunkte. Man speichert Informationen über den Programmzustand, wie er an einer bestimmten Stelle im Programm vorliegt. Tritt im weiteren Verlauf ein Fehler auf, kann man von beliebiger Stelle, also auch aus einem tief verschachtelten Funktionsaufruf an diese Stelle zurückkehren.

Dazu existiert in C ein Funktionenpaar "setjmp()" / "longjmp()". Mit der Funktion "setjmp()" wird in eine globale Variable der momentane Programmzustand gespeichert. Die Zustandsinformationen umfassen mindestens einige Register, den gewünschten Zustand des Befehlszeigers und den Stack-Zustand.

Mit diesem Funktionenpaar realisiert man nicht-lokale Sprünge.

Im Zusammenhang mit den Dienstleistungen der Sprache C++ funktioniert dies jedoch nur sehr unvollständig, wie das Beispiel dazu zeigt (Bild 18-4).

Verläßt man mit dem unbedingten Sprungbefehl eine Funktion, werden lokale Objekte nicht mit dem Destruktor behandelt, da die C-Funktion natürlich von den Eigenschaften von C++ noch nichts wissen konnte. Der Programmzustand kann damit irreparabel beschädigt sein.

```
01  // Verlassen einer Methode mit longjmp
02  // Datei: ratjmp.cpp
04  #include <stdio.h>
05  #include <setjmp.h>
07  class ratio
08  {
09  int n;
10  int z;
11  public:
12  ratio () { z=0,n=1;}
13  ratio (int zz, int nn) { z = zz, n = nn;}
14  ~ratio() { printf ("\nDestruktor\n");}
15  ratio add (const ratio &r);
16  void print () { printf ("\nZ: %d, N: %d",z,n);}
17  };
19  // Globale Variable
20  jmp_buf jmpbuf;
22  ratio ratio::add (const ratio &r)
23  {
24  ratio hilf;
25  hilf.n = n*r.n;
26  hilf.z = z*r.n +r.z*n;
27  longjmp (jmpbuf,3); // hilf ohne Destruktor !
28  return hilf;
29  }
31  int main ()
32  {
33  printf ("\x1b[H\x1b[2J"); // Bildschirm löschen
34  ratio r1 (1,2);
35  ratio r2;
37  if (setjmp (jmpbuf)==0)
38     printf ("\nWiederaufsetz- Punkt definiert\n");
39  else
40     {
```

(Fortsetzung nächste Seite)

```
41    printf ("\nProgrammabbruch\n);
42    return 1;
43    }
44 r2 = r1.add( r1);
45 r2.print();
46 return 0;
47 }
48
```

Bild 18-4 Arbeiten mit Wiederaufsetzpunkten

Konventionelle Fehlerbehandlung in C++

In C++ ergaben sich in Bezug auf die Fehlerbehandlung neue Probleme. Die beiden Hauptbereiche sind die Speicherverwaltung und die Konstruktoren.

Was soll geschehen, wenn ein Objekt dynamisch angelegt werden soll und kein Speicherplatz mehr vorhanden ist? In den Sprachversionen bis 2.0, die keine strukturierte Fehlerbehandlung kannten, wurde bei einem Fehlschlag des "new"-Operators ein ungültiger Zeiger zurückgegeben. Natürlich wurde in diesem Fall auch der Konstruktor nicht aufgerufen.

Diese Statusrückgabe entsprach dem in C üblichen Verfahren. Trotzdem gibt es hier ein Randproblem, das so nicht gelöst werden konnte. Was soll geschehen, wenn in einem Konstruktor eines globalen Objekts ein Fehler auftritt? Die Konstruktoren der globalen Variablen laufen, bevor die "main()"-Funktion gerufen wird. An wen soll hier eine Meldung abgesetzt werden?

Objekte und Zustandseigenschaften

Die übliche Lösung dafür war, daß Objekte eine Statusvariable mitgeführt haben. Sollte ein Fehler aufgetreten sein, dann wird das Objekt in einen inaktiven Zustand gesetzt und jede weitere Operation verweigert. Ein Beispiel für dieses Verhalten sind die Ein- und Ausgabeobjekte "cin", "cout" und "cerr", die nach einem Fehler explizit wieder freigegeben werden müssen.

Im Beispiel (Bild 18-5) soll eine Zahl eingelesen werden. Geben wir statt einer Zahl einen Text ein, kann er nicht auf "int" konvertiert werden; wir haben einen Fehler gemacht.

Mit den bekannten Verfahren (not-Operator, Typkonvertierung und Statuslese-Funktion) kann man sich über den Betriebszustand des E/A-Objektes informieren. Hier lesen wir den Betriebszustand in die Variable "error" ein und testen die einzelnen Bits.

Im Fehlerfalle wird der Betriebszustand mit der Methode "clear(0)" zurückgesetzt und mit "sync()" auch die Synchronisation mit dem zugrunde liegenden Standardkanal herbeigeführt. Danach erst kann das Objekt wieder zur Eingabe benutzt werden.

```
01 // Behandlung von E/A-Fehlern
02 // Datei: strerr01.cpp
04 #include <stdlib.h>
05 #include <iostream.h>
07 int main ()
08 {
09 int x;
11 if (system ("cls"))   // Bildschirm löschen
12    cout << "\x1b[H\x1b[2J" << flush;
13 cout << "Fehlerbehandlung der I/O-Klassen\n";
15 do
16 {
17 int error;
19 cout <<"\nGeben Sie eine Zahl ein : ";
20 cin >> x;
21 if (!cin)              // entspricht: cin.fail()
22    {
23    cerr<<"\nFehlerzustand: ";// Fehler blockiert
24    error = cin.rdstate(); // Fehlerzustand holen
25    if (error & ios::goodbit)
26      cerr << "GOODBIT";
27    if (error & ios::eofbit)
28      cerr << "EOFBIT";
29    if (error & ios::failbit)
30      cerr << "FAILBIT";
31    if (error & ios::badbit)
32      cerr << "BADBIT";
33    cerr << " erkannt.\n";
34    cin.clear(0);         // Freigabe
35    cin.sync();         // Synchronisation mit stdin
36    }
37 else
38    break;               // Einlesen erfolgreich
39 }
```

(Fortsetzung auf der nächsten Seite)

```
40 while (1);
41
42 cout << "\nZahlen-Ergebnis : " << x;
43 return 0;
44 }
45
```

Bild 18-5 Abfangen von E/A-Fehlern bei Streams

Fehlerhandler für die Speicherverwaltung

Die Speicherverwaltung ist neben der E/A ebenfalls traditionell ein Bereich, dessen Fehlerbehandlung nicht einfach ist. Schließlich braucht das
Programm den angeforderten Speicher. Ob eine weitere Bearbeitung
überhaupt möglich ist, wenn die Anforderung fehlschlägt, mag vom einzelnen Fall abhängen.

In den bisher behandelten Beispielen zu "new" wurde entweder auf eine
Fehlerkontrolle verzichtet oder die Rückgabe auf die ungültige Adresse
NULL untersucht. Der Grund, warum man in vielen Fällen beruhigt auf
eine Fehlerüberprüfung bei einer einzelnen Verwendung des "new"-Ope-
rators verzichten kann, liegt in speziellen Dienstleistungen der Laufzeitumgebung.

Für die Speicherverwaltung wurde die Möglichkeit geschaffen, eine eigene Fehlerfunktion zu installieren. Damit wurde das Verhalten des
"new"-Operators geändert. Anstatt im Fehlerfall einen ungültigen Zeiger
zu liefern, wurde nach der Installation der Fehlerfunktion bei Speicher-
mangel diese Funktion gerufen.

Der Vorteil dieses Verfahrens ist es, daß man nicht jedesmal wieder eine
Abfrage durchführen muß, sondern sich auf die eigene Funktion verlassen kann. In der Behandlung des Speichermangels können noch Aufräumarbeiten durchgeführt werden und anschließend wird üblicherweise
das Programm mit "exit(1)" verlassen.

Das Beispiel (Bild 18-6) zeigt das prinzipielle Vorgehen. Der Programmierer schreibt eine Funktion, die man ohne Parameter aufrufen kann und die auch keinen Rückgabewert besitzt. Diese Funktion darf nicht zurückkehren, sondern muß das Programm nach geeigneten Aufräumarbeiten verlassen.

Die Adresse der Funktion wird mit Hilfe der Funktion "set_new_handler()" der Laufzeitumgebung bekannt gegeben. Die Adresse der bisher installierten Funktion wird dabei zurückgeliefert und kann für eine spätere Verwendung zwischengespeichert werden.

In den ersten Versionen von C++ war es auch möglich, die Adresse der Handlerfunktion einer globalen Variablen zuzuweisen. Dieses Verfahren ist jedoch veraltet und wird im Standard nicht mehr unterstützt.

Die Behandlungsfunktion hat prinzipiell drei Möglichkeiten: a) Sie weiß, wie mehr Speicher zur Verfügung gestellt werden kann. Dann kann sie Speicher bereitstellen und zurückkehren. b) Sie benutzt den noch zu besprechenden Mechanismus der Exceptions und wirft ein Objekt der Klasse "bad_alloc" oder einer davon abgeleiteten Klasse aus. c) Sie beendet das Programm und verläßt es mit exit() oder "abort()".

Nachdem nun die eigene Abbruchfunktion gesetzt wurde kann sie möglicherweise durch eine wiederholte immer größerer Speicherbereiche getestet werden. Die Schleife begrenzt allerdings die Durchlaufanzahl. Unter DOS-Systemen ist der frei verfügbare Speicher insbesondere im "small"-Modell des Compilers sehr begrenzt. Unter UNIX und ähnlichen Betriebssystemen kann jedoch sehr viel mehr dynamischer Speicherplatz zur Verfügung gestellt werden, so daß hier ein Testen der Systemgrenzen nicht sinnvoll ist.

Mit dem Setzen des allgemeinen Abbruch-Handlers kann man sich in den Programmen die einzelne Abfrage bei jeder Speicheranforderung sparen. Der Preis ist allerdings ein totaler Abbruch bei einem Fehler und damit der Verzicht auf eine letzte Möglichkeit, bei einem Fehler einzugreifen. Der Laufzeitgewinn kann dies durchaus rechtfertigen.

```
01 // Setzen der Fehlerbehandlung bei new
02 // Datei: handler.cpp
03 // Die Zuweisung an _new_handler ist veraltet.
05 #include <stdio.h>
06 #include <stdlib.h>
07 #include <new.h>
09 int z = 1;              // global für den handler
11 void new_handler ()
12 {
13 printf ("\nHier ist new: Ich habe keinen "
14     "Speicher für %i double-Vars. mehr frei.\n",
15     z);
16 exit (1);          // keine Reparaturmöglichkeit
17 }
19 int main ()
20 {
21 int i;
22 double * zeiger;
23 void (*fz)();
25 fz = set_new_handler (new_handler); // oder:
26 // _new_handler = mein_handler;      // veraltet!
27
28 for (i=0;i< 100;i++)      // Endlosschleife
29   { if ((zeiger = new double [z] ) != NULL)
30   {
31   delete zeiger;          // Platz freigeben
32    z = z +1000;
33   }
34   else
35   {
36    fprintf(stdout,"\nHandler lief nicht.\n");
37   }
38 }
39 return 0;
40 }
```

Bild 18-6: Frühe Bindung und Feldzugriff

Wünschenswert wäre die Mischung aus beiden Eigenschaften. Man sollte auf die Laufzeit verbrauchende Einzelabfrage verzichten können und trotzdem die Kontrolle nicht aufgeben müssen. Diese Vorteile bietet die strukturierte Fehlerbehandlung; technisch ausgedrückt handelt es sich um synchrone Signale.

Strukturierte Fehlerbehandlung in C++

Im Vorschlag an das Standardisierungskomitee [ARM] wurde eine Erweiterung in Form einer strukturierten Fehlerbehandlung (exception handling) vorgeschlagen.

Die Grundidee ist die Verwendung synchroner Signale. In einer Funktion des Programms wird ein Fehler erkannt und ein Signal mit einer speziellen Fehlervariablen generiert. Zur Bearbeitung des Fehlers wird in einer höheren Schicht des Programms eine passende Fehlerbehandlungsroutine geschrieben, die dann die Fehlervariable auswerten kann.

Signale können auch in einer Schicht teilweise behandelt und nur zur weiteren Bearbeitung an die jeweils höhere Schicht weitergereicht werden.

Garantierte Fehlerbehandlung

Bevor wir die Einzelheiten diskutieren, möchte ich den alles entscheidenden Punkt voranstellen.

Entscheidend ist, daß ein Fehler, der im Rahmen der strukturierten Fehlerbehandlung gemeldet wurde, nicht übergangen werden kann. Schreibt der Programmierer keine Fehlerbehandlungsfunktion, wird die Kontrolle an vordefinierte Handler übergeben, die das Programm abbrechen.

Strukturierte Fehlermeldungen müssen somit zwangsweise bearbeitet werden. Dies ist besonders bei der Verwendung von Standardbibliotheken wichtig. Sofern in der Bibliothek Fehler gemeldet werden (z. B. Lese- oder Schreibfehler), würde eine Mißachtung der Meldung zum geordneten Abschluss des Programms führen.

Neue Schlüsselwörter

Die strukturierte Fehlerbehandlung arbeitet mit den neuen Schlüsselwörtern "try", "throw" und "catch" (Bild 18-7).

```
01  // Strukturierte Fehlerbehandlung - Grundlagen
02  // Datei: sfehl01.cpp
03
04  #include <iostream.h>
05
06  int main ()
07  {
08  try
09    {
10    cout << "\x1b[H\x1b[2J"; //Bildschirm löschen
11    cout << "Strukturierte Fehlerbehandlung\n";
12    // generiere temporäre Textvariable
13    throw "Fehler Simulation";
14    cout << "\n\nNicht verwendet.\n\n";
15    }
16  catch (int i)        // Hier nicht benutzt
17    {
18    cerr << "\nFehlerbehandlung für int\n;
19    }
20  catch (char * cp)    // für throw char *
21    {
22    cerr<<"\nFehlerbehandlung für char *: "<<cp;
23    }
24  return 0;
25  }
26
```

Bild 18-7 Strukturierte Fehlerbehandlung

Ein "try"-Block definiert einen Bereich, für den eine eigene Fehlerbehandlung geschrieben werden soll. Innerhalb des Blockes werden nun Anweisungen ausgeführt und Funktionen mit beliebiger Aufruftiefe gerufen. Entsprechend der dynamischen Funktions- und Blockverschachtelung werden am Stack Rückkehradressen abgelegt und lokale Objekte aufgebaut.

Wird nun innerhalb des Codes, der in einem "try"-Block ausgeführt wird, ein Fehler erkannt, wird eine Meldungsvariable "ausgeworfen". Der Auswurf geschieht mit dem Schlüsselwort "throw". "Throw" erhält als Parameter einen typisierten Ausdruck. Bei Bedarf wird mit Hilfe des Ausdrucks eine Fehlervariable dynamisch angelegt und initialisiert. Insbesondere bei Konstanten kann der Compiler auch intern einen Verweis weitergeben, anstatt eine eigene Variable anzulegen. Im Falle eines temporären Objekts wird der passende Konstruktor für das Hilfsobjekt gerufen.

Nach dem Auswurf wird der Aufrufstack bereinigt. Alle bis zu diesem Auswurfpunkt aufgerufen Funktionen (Methoden) werden beendet und die darin angelegten Objekte mit ihrem Destruktor zerstört. Der Stack wird also rückwärts abgearbeitet. Die Probleme der nicht-lokalen Sprünge werden hier vermieden.

Nach dem Aufräumen des Stacks wird der "try"-Block verlassen. Die Anweisungen nach "throw" werden nicht mehr ausgeführt. Es wird erwartet, daß sich hinter dem "try"-Block eine oder mehrere "catch"-Funktionen befinden. "Catch"-Funktionen erwarten einen Parameter. Die "catch"-Anweisungen werden durchsucht, ob eine "catch"-Anweisung gefunden wird, deren Parameter dem Datentyp der ausgeworfenen Variablen entspricht. Die Suchreihenfolge entspricht dabei dem Programmtext.

Wird eine "catch"-Funktion mit passendem Parametertyp gefunden, wird der Fehler als bearbeitet angesehen und die weitere Behandlung der Anwenderfunktion überlassen.

```
01 // Strukturierte Fehlerbehandlung
02 // Auswurf eines Fehlers, ohne Behandlung
03 // Datei: sfehl02.cpp
04
05 #include <iostream.h>
06
07 long teile (long op1, long op2)
08 {
09 if (op2 == 0)
10    throw 99L;          // Auswerfen long-Fehlers
11 return op1/op2;
12 }
14 int main ()
15 {
16 try
17    {
18    cout << "\x1b[H\x1b[2J";
19    cout<<"Strukturierte Fehlerbehandlung: Fall 2";
20    cout << "\nErgebnis ist:" << teile (33L,0L);
21    }
22 catch (int i)          // wird hier nicht erreicht
23    {
24    cerr << "\nFehlerbehandlung für int\n";
25    }
26 catch (char * cp)   // wird hier nicht erreicht
27    {
28    cerr << "\nFehlerbehandlung für char *\n";
29    }
30 return 0;
31 }
32
```

Bild 18-8 Automatischer Abbruch durch terminate()

Allgemeine Abbruchfunktion

Wird keine passende "catch"-Funktion gefunden, wird die vordefinierte Funktion "terminate()" aufgerufen. Im Standardfall beendet diese Funktion dann das Programm mit "exit()". Damit wird garantiert, daß kein ausgeworfener Fehler übersehen wird.

Im Beispiel (Bild 18-8) wird innerhalb der gerufenen Funktion eine Exception mit einem "long"-Wert ausgeworfen. Für diesen Fehlertyp steht kein Fänger bereit, so daß der Defaulthandler aufgerufen wird.

Setzen der allgemeinen Abbruchfunktion

Der Defaulthandler "terminate()" kann auch durch den Programmierer ersetzt werden. Damit erhält der Programmierer die Möglichkeit, ein gezieltes Beenden des Programms zu steuern.

Die Behandlung des Abbruches (Bild 18-9) schließt hier alle Dateien und bricht das Programm ab. Dies wäre zwar nicht unbedingt nötig, da offene Dateien am Programmende sowieso geschlossen werden, aber es demonstriert den Sinn einer eigenen Behandlungsfunktion.

Die Funktion "set_new_handler()" hat hier die Funktion, den eigenen Handler zu registrieren. Sie liefert die Adresse des bisher installierten Handlers zurück. Man könnte diese Adresse speichern und nach Bedarf den vorherigen Zustand wieder herstellen.

```
01  // Strukturierte Fehlerbehandlung
02  // Setzen der allgemeinen Fehlerbehandlung
03  // Datei: sfehl03.cpp
05  #include <stdio.h>
06  #include <iostream.h>
07  #include <except.h>
09  // Bei nicht behandelten Fehlern
10  void abbrechen ()
11  {
12  cerr << "\nAbbruch, unbehandelter Fehler.\n";
13  fcloseall();        // sinnvolle Schlußbehandlung
14  exit (3);
15  }
17  long teile (long op1, long op2)
18  {
19  if (op2 == 0)
20     throw 99L;        // Auswerfen long-Fehler
21  return op1/op2;
22  }
24  int main ()
25  {
26  set_terminate(abbrechen);// Setze Fehlerhandler
28  try
29     {
30     cerr <<"\x1b[H\x1b[2J";
31     cerr<<"Strukturierte Fehlerbehandlung: Fall 3";
32     cerr <<"\nSetzen default Fehlerbehandlung.";
33     cerr<<"\nErgebnis ist: ",teile (33L,0L)<<endl;
34     }
35  catch (int i)        // wird hier nicht erreicht
36     {
37     cerr << "\nFehlerbehandlung für int\n";
38     }
```

```
39 return 0;
40 }
41
```

Bild 18-9 Setzen eines eigenen Abbruchhandlers

Mehrstufige Fehlerbehandlung

Die Fehlerbehandlung kann auch in mehreren Stufen durch mehrere Handler erfolgen, die in logisch verschachtelten Blöcken definiert werden. Dazu dient in einem Handler, der die Bearbeitung weiterreichen will, der Aufruf von "throw" ohne Parameter. Hier wird die gerade bearbeitete Fehlervariable an einen übergeordneten Handler weitergereicht (Bild 18-10).

Insbesondere bei Software, die nach einem Schichtenmodell aufgebaut ist, kann jede Schicht aus ihrer Sicht den Fehler behandeln und bei Bedarf an die jeweils übergeordnete Schicht weiterreichen.

```
01  // Mehrstufige Fehlerbehandlung
02  // Datei: sfehl04.cpp
03
04  #include <iostream.h>
06  int div_funktion (int a, int b)
07  {
08  try
09    {
10      if (b == 0)
11      throw ("Division durch 0");
12        else
13      return a/b;
14    }
15  catch (char * fehl)
16    {
17      cerr << "\nTeil 1 der Fehlerbehandlung \n"
18      << fehl << "\n" << endl;
19      throw; // Auswerfen momentane Fehlervariable
20    }
21  }
23  int main ()
24  {
25  cout << "\x1b[H\x1b[2J"; // Bildschirm löschen
26  try
27    {
28  cout<<"\nErgebnis: " <<div_funktion(10,0)<<endl;
29    }
30  catch (char * cp)
31    {
32    cerr<<"\nTeil 2 der Behandlung.\n" <<cp<<endl;
33    }
34  return 0;
35  }
```

Bild 18-10 Mehrstufige Fehlerbehandlung

Behandlung des Default-Falles

Als Parametertyp kann das Auslassungssymbol für Schnittstellen verwendet werden. Eine "catch"-Anweisung, deren Parameter aus drei Punkten besteht, fängt beliebige Fehler (Bild 18-11).

Damit kann in einer Kette von "catch"-Funktionen der default-Fall eingeführt werden. Dieser Fall steht immer am Schluß der Fälle, da die "catch"-Funktionen der Reihe nach auf Verwendbarkeit getestet werden.

Speicherverwaltungsfehler bei new

Die Reaktion auf Fehler bei "new" war bei älteren Compilern noch nicht konform zum Standard. Überprüfen Sie hier, ob der von Ihnen verwendete Compiler dem Standard entspricht.

Tritt bei "new" ein Fehler auf, wirft in älteren Implementierungen der "new"-Operator ein "xalloc"-Objekt aus. Nun kann ein Konstruktor nur beschränkt eine eigene Fehlerbehandlung durchführen. In allen Fällen, die er nicht handhaben kann, wird der Fehler von der eigenen Fehlerbehandlung erneut ausgeworfen.

Ein "xalloc"-Objekt erhält mit Hilfe des Konstruktors einen Hinweistext und eine Größenangabe.

```
01 // Strukturierte Fehlerbehandlung
02 // Allgemeiner Fehlerbehandler
03 // Datei: sfehl05.cpp
04
05 #include <iostream.h>
06
07 int div_funktion (int a, int b)
08 {
09 if (b == 0)
10        throw ("Division durch 0");
11 else
12        return a/b;
13 }
15 int main ()
16 {
17 cout << "\x1b[H\x1b[2J"; // Bildschirm löschen
18 try
19    {
20   cout<<"\nErgebnis :"<<div_funktion(10,0)<<endl;
21    }
22 catch (int i)
23    {
24   err<<"\nFehlerbehandlung für int.\n"<<i<<endl;
25    }
26 catch (...)    // fängt alle anderen Fehler
27    {
28 cerr<<"\nAllgemeine Fehlerbehandlung.\n"<<endl;
29    }
30 return 0;
31 }
32
```

Bild 18-11 Default Fehlerbehandlung

Im Beispiel (Bild 18-12 / Zeilen 22 bis 24) wurde das interne Verhalten von "new" nachgebildet. Sollte die auskommentierte Zeile, die "new" verwendet, einen Fehler ergeben, dann werden intern die nachfolgend gezeigten Anweisungen ausgeführt.

Bei der Initialisierung globaler Objekte kann nicht in einem "try"-Block erfolgen. Das Programm würde bei einem Fehlerauswurf durch "terminate()" beendet. Geschieht daher bei der Konstruktion globaler Objekte ein Fehler, wird das eigentliche Programm nicht erreicht.

Objekte, die als formale Parameter entstehen, könnten nur gesichert werden, wenn der Methoden- oder Funktionsaufruf in einen "try"-Block gelegt wird.

Lokale Objekte könnten innerhalb eines "try"-Blockes angelegt werden. Hier bestünde dann die Möglichkeit des Fangens des Fehlerobjektes.

Allokierungsfehler im Standard-Entwurf

Der früher verwendete Auswurf eines *xalloc*-Objektes wurde im Standard in den Auswurf eines leichter lesbaren *bad_alloc*-Objektes geändert. Die einzige Methode, die der Schreiber einer Behandlungsroutine verwenden kann, heißt what() und liefert einen implementierungsabhängigen Text zurück, der als Fehlercode betrachtet werden kann. Weitere Operationen sind hier nicht möglich.

Mit Hilfe der Funktion "set_terminate()" mit einem Parameterwert NULL kann der Auswurf von "bad_alloc" eingeschaltet werden.

```
01 // Speicherallokierungsfehler
02 // Demonstration durch expliziten Auswurf
03 // Datei: sfehl06.cpp
05 #include <iostream.h>
06 #include <cstring.h>// fuer xalloc
07 #include <except.h>
09 class zeile
10 {
11 char * puffer;
12 public:
13 zeile (char * cp);
14 ~zeile() { delete [] puffer; }
15 };
17 zeile::zeile(char * cp)
18 {
19 try  // Der eigentliche Code ist nur die
20   {  // Kommentarzeile
21 // puffer = new char [strlen (cp) +1];
22   string s ("Nur lokaler Test");// Nur Test
23   xalloc x(s,100);              // Nur Test
24   x.raise();              // Auswurf, Nur Test
25   }
26 catch (xalloc xa)
27   {
28   cerr << "Speicherfehler erkannt" << endl;
29   cerr << "Anzahl chars " << xa.requested()
30     << " nicht gefunden" << endl;
31   exit (9);
32   }
33 strcpy (puffer, cp);
34 }
```

(Fortsetzung nächste Seite)

```
36 int main ()
37 {
38 zeile ("Mein Text");
39 return 0;
40 }
41
```

Bild 18-12 Abfangen von Allokierungsfehlern

Liste der möglichen Exceptions

In der Schnittstelle einer Funktion (oder Methode) kann mit "throw()" eine Liste der möglichen Ausnahmetypen angegeben werden. Die Funktion sollte dann nur die angegebenen Typen generieren. Wird innerhalb der Funktion ein Typ generiert, der nicht angegeben wurde, wird die Funktion "unexpected()" gerufen.

```
01  // Strukturierte Fehlerbehandlung
02  // Abfangen von bad_alloc / April 95 Draft
03  // Datei: sfehl08.cpp
04
05  #include <iostream.h>
06  #include <except.h>
07
08  int main ()
09  {
10  try
11    {
12    cerr <<"\x1b[H\x1b[2J";
13    cerr <<"Strukturierte Fehlerbehandlung: Fall
8";
14    cerr <<"\nAbfangen von bad_alloc.";
15    double * dp = new double[1000];
16    delete [] dp;
17    }
18  catch (bad_alloc ba)// bei Speichermangel
19    {
20    cerr << "\nFehlerbehandlung für bad_alloc: "<<
21                 ba.what() <<"\n";
22    }
23  return 0;
24  }
25
```

Bild 18-13 Allokierungsfehler

Eine leere Liste bedeutet dabei, daß die Funktion keine Exceptions wei-
terreicht. Alle Ausnahmen, die von intern gerufenen Funktionen erzeugt
werden, werden intern behandelt.

```
01 // Strukturierte Fehlerbehandlung
02 // Exceptionangaben
03 // Datei: sfehl07.cpp
04
05 #include <iostream.h>
06
07 int div_funktion (int a, int b) throw (char *)
08   {
09   if (b == 0)
10       throw (99L);   // Nicht angemeldeter Auswurf
11     else             // führt zu: unexpected()
12       return a/b;
13   }
14
15 int main ()
16 {
17 cout << "\x1b[H\x1b[2J";   // Bildschirm löschen
18 try
19   {
20   cout<<"\nErgebnis: "<<div_funktion(10,0)<<endl;
21   }
22 catch (char * cp)
23   {
24   cerr << "\nFehlerbehandlung.\n" <<cp<<endl;
25   }
26 return 0;
27 }
28
```

Bild 18-14 Festlegen der möglichen Exceptions

Die Funktion "unexpected()" kann wieder, wie auch schon die Funktion "terminate()", vom Programmierer selbst definiert werden. Mit "set_unexpected(Funktionsadresse)" wird die eigene Funktion bekanntgegeben.

Für die eigene Behandlungsfunktion gelten die gleichen Spielregeln wie bei "set_terminate()". Das Programm muß in der Funktion beendet werden. Eine Rückkehr oder ein Fehlerauswurf sind nicht zulässig (Bild 18-14).

Im Standard werden die meisten Bibliotheksfunktionen einen eigenen Beschreibungsabschnitt erhalten, der die möglichen, ausgeworfenen Fehler auflistet.

Behandlung von Fehlergruppen

Nicht immer besteht die Notwendigkeit, einen Fehler exakt zu bestimmen. Oft würde es genügen, herauszufinden, ob es sich um einen mathematischen Fehler, eine Speicherallokierungsfehler oder einen Ein- und Ausgabefehler handelt.

Hier wäre eine Gruppenbildung von Vorteil.

Einfache Gruppenbildung über Konstante

Gruppen von Fehlern können über unterschiedliche Mechanismen ausgewertet werden. Zum einen kann eine Aufzählung aller Fehlernamen in einer Enumeration erfolgen. Die "catch"-Anweisung würde eine Variable des Enumerations-Typs fangen. Innerhalb der Funktion müßte man jedoch den eigentlichen Fehlerfall mit Hilfe einer Fallunterscheidung herausfinden.

Aufbau von Fehlerhierarchien

Eine ganz andere Möglichkeit bietet die Vererbung. Ausgehend von einer Fehlerbasisklasse wird eine Vererbungshierarchie erstellt. In einer ""-Anweisung kann nun entweder ein Objekt der Basisklasse oder ein Objekt der abgeleiteten Fehlerklasse gefangen werden.

Eine allgemeine Fehlerklasse kann allerdings nur für die vom Programmierer definierten Fehlerarten erstellt werden, da in der C++-Bibliothek bereits eigene Fehlerklassen existieren.

Zu jedem guten Programmdesign sollte ein hierarchisch gegliederter Fehlerbaum gehören. Fehlerfänger könnten dann entweder auf einen speziellen Fehler oder aber Fehlergruppen angesetzt werden.

Hinweis auf das nächste Kapitel

Die synchronen Signale oder Exceptions sind eine der zahlreichen Erweiterungen, die im Laufe des Standardisierungsprozesses Eingang in C++ gefunden haben. Die Bedeutung für bessere und sichere Programme kann man nicht hoch genug einschätzen.

Uns bleibt im nächsten Kapitel noch eine weitere Neuerung zu besprechen, die Nutzen aus den Typinformationen zieht, die in polymorphen Objekten abgelegt werden: die Operationen zur Typermittlung.

Dynamische Typinformation

Die Vererbung brachte die Möglichkeit mit sich, Basisklassenzeigern Adressen beliebiger Objekte zuzuweisen, die von dieser Basisklasse abgeleitet wurden.

Die Basisklassenzeiger sind somit in einem begrenztem Umfang allgemeine Zeiger, die auf Objekte unterschiedlichen Typs zeigen können, sofern die Typen voneinander abgeleitet wurden. Steht uns nun in einem Modul ein Basisklassenzeiger zur Verfügung, dann kann damit zur Laufzeit nacheinander auf unterschiedliche Typen von Objekten verwiesen werden.

Um nun dynamisch herauszufinden, auf welchen Typ der Basisklassenzeiger aktuell zeigt, wurde in C++ der RTTI-Mechanismus aufgenommen. RTTI steht für "runtime type information" (Laufzeit Typ Information). Dieser Mechanismus erlaubt eine Abfrage des Typs eines Objektes im Code.

Implizite Typverwendung

Bisher haben wir bei der Polymorphie gesehen, daß innerhalb eines polymorphen Objektes die Typinformation gespeichert wurde. Bei jeder Verwendung einer polymorphen Methode wird diese Typinformation zur Laufzeit ausgewertet und zur Selektion der zum Typ passenden virtuellen Methode benutzt. Mit der Polymorphie wurde der Programmierer auf eine elegante Art von einer Typverwaltung befreit.

Einer der großen Vorteile der Polymorphie ist die automatische Erweiterbarkeit. Definiert der Programmierer eine neue Klasse mit Methoden, die virtuelle Basismethoden überlagern, muß am restlichen Code nichts geändert werden.

Wann immer möglich, sollte jeder Programmierer daher die Verwendung der Polymorphie erwägen. Die folgende, explizite Typinformation steht der Idee der Polymorphie gegenüber und kann dazu führen, daß die Einfachheit und Wartbarkeit der Polymorphie unterlaufen wird.

Dynamische Ermittlung des Typs

Die Grenze ihrer Anwendung findet die Polymorphie dann, wenn es gilt, in einem Programm mit Hilfe eines Basisklassenzeigers klassenspezifische Methoden zu verwenden, die nicht polymorph überlagert sind.

```
01  // Elemente des RTTI-Systems
02  // Datei: rttitype.cpp
03
04  class type_info
05  {
06  public:
07  virtual ~type_info();
08  bool operator==(const type_info& rhs) const;
09  bool operator!=(const type_info& rhs) const;
10  bool before(const type_info& rhs) const;
11  const char* name() const;
12  private:
13  type_info(const type_info& rhs);
14  type_info& operator=(const type_info& rhs);
15  };
16
17  const type_info & typeid (Typnamen);
18  const type_info & typeid (Variablennamen);
19
20  Zieltyp dynamic_cast<Zieltyp>(Quellinfo)
21
```

Bild 19-1 Die Elemente des RTTI-Systems

In diesem Fall benötigt der Code eine Unterscheidungsmöglichkeit, auf welchen Typ gerade mit einem allgemeinen Zeiger verwiesen wird. Für derartige Fälle wurde eine dynamische Abfrage des Typs eines Objektes eingeführt.

Das Typinformationssystem wird mit Hilfe der Schlüsselwörter "dynamic_cast" und "typeid" benutzt. Weiter werden Objekte der Klasse "type_info" erzeugt und abgefragt. Eine Übersicht bietet Bild 19-1.

Typinformation mit "type_info"

Das Laufzeitsystem stellt dem Anwender nur eine begrenzte Informationsmöglichkeit über den Typ einer Variablen zur Verfügung. Die Information wird als Objekt der Klasse "type_info" bereitgestellt.

Die Klasse "type_info" stellt dem Anwender Vergleichsoperatoren zur Verfügung (== und !=). Damit kann der Programmierer herausfinden, ob zwei Typabfragen zu identischen oder unterschiedlichen Typen geführt haben. Verglichen werden dabei zwei Objekte der Klasse "type_info". Die Rückgabetypen der Vergleichsfunktionen verwenden den neuen Datentyp "bool", der die beiden Werte "false" und "true" annehmen kann.

Weiter existiert eine Elementfunktionen, die einen lexikalischen (also dem Namen nach) Vergleich zweier Typnamen ermöglicht ("before()"). Der Vergleich der Typnamen geschieht auf Grund des im Compiler verwendeten Zeichensatzes und liefert damit Ergebnisse, die nicht auf allen Systemen gleich sein müssen. Den Namen des Datentyps ermittelt "name()" (Bild 19-2).

Eine Zuweisung wurde für den Anwender durch die Deklaration eines privaten Zuweisungsoperators für den Anwender ausgeschlossen.

```
01  // typeid - Schlüsselwort
02  // Datei: typeid1.cpp
03
04  #include <iostream.h>
05  #include <typeinfo.h>
06
07  class basis
08  {
09  virtual int v_methode(){}
10  };
11  class abgel_1 : public basis {};
12
13  int main ()
14  {
15  abgel_1 a_obj;
16  basis * bp = &a_obj;
17  double dvar;
18  cout << "Typ 1: " << typeid(int).name() << endl;
19  cout << "Typ 2: " << typeid(dvar).name()<< endl;
20  cout << "Typ 3: " << typeid(*bp).name() << endl;
21  cout << "Typ 4: " << typeid(bp).name() << endl;
22  return 0;
23  }
24
```

Bild 19-2 Arbeiten mit typeid

Typermittlung mit "typeid"

Objekte des Typs "type_info" werden mit Hilfe des Schlüsselwortes ""typeid" generiert. Genauer liefert "typeid" eine Referenz auf ein konstantes
"type_info"-Objekt. "Typeid" ist ist auf Objekte, Variable, Ausdrücke und
Typnamen anwendbar.

"Typeid" zeigt ein dynamisches Verhalten. Ist der Operand von "typeid" ein dereferenzierter Basisklassenzeiger, ein Feldzugriff oder eine Referenz, dann liefert "typeid" die Information, auf wen wir uns tatsächlich beziehen.

Ist der Ausdruck, den "typeid" prüft, weder ein Zeiger noch eine Referenz auf ein Objekt einer polymorphen Klasse, dann liefert "typeid" die statische Typinformation zurück.

Wollen wir "typeid" verwenden, benötigen wir Informationen zur Klasse "type_info". Diese finden wir in der Informationsdatei "typeinfo.h", die wir einlesen müssen (Bild 19-2).

Einen Sonderfall stellt die Abfrage mit einem ungültigen Zeiger dar. Hier wird eine Fehlervariable des Typs "bad_typeid" ausgeworfen.

Die Ausgabe des Beispielprogramms findet sich im Bild 19-3.

```
01  Typ  1:  int
02  Typ  2:  double
03  Typ  3:  abgel_1
04  Typ  4:  basis  *
05
```

Bild 19-3 Ausgabe des typeid-Beispiels

Dynamische Typkonvertierung

Den Operator "dynamic_cast "haben wir im Rahmen der allgemeinen Typkonvertierung schon kurz gesehen. Im Zusammenhang mit der Besprechung des Laufzeittypsystems wollen wir seine Aufgaben noch einmal betrachten.

Konvertierung von Zeigern auf Objekte kennen wir bisher in einer Form, die die Adresse eines gegebenen Objektes in einem allgemeinen Basisklassenzeiger speichern kann. Hier findet eine Typkonvertierung eines

Zeigers auf ein abgeleitetes Objekt hin zu einem Zeiger auf die Basisklasse statt. Dies ist eine statische, vom Compiler durchgeführte Typkonvertierung.

Man spricht im Englischen von einem "up cast" (nach oben, logisch allgemeiner).

Die andere Richtung hin zu spezielleren Objekten ("down cast") ist nicht so einfach. Hat man einen Zeiger auf ein Objekt der Basisklasse und weist ihm die Adresse eines Objektes einer abgeleiteten Klasse zu, dann kann man mit diesem Zeiger nicht Methoden der abgeleiteten Klasse aufrufen. Ausgenommen davon sind natürlich polymorphe Methoden, die über einen internen Mechanismus gefunden werden.

Wenn der Programmierer mit Hilfe eines Basisklassenzeigers nicht-polymorphe Methoden einer abgeleiteten Klasse aufrufen können will, benötigt er eine dynamische Konvertierung des Zeigers mit Hilfe von "dynamic_cast".

"Dynamic_cast" erwartet als Quellinformation einen Zeiger oder eine Referenz auf ein Objekt, dessen Typ Teil einer Klassenhierarchie ist. Nur dann stehen in den Objekten Typinformationen zur Verfügung.

Kann keine Typkonvertierung durchgeführt werden, liefert der "dynamic_cast"-Operator eine ungültige Adresse, wenn das Ziel ein Zeiger ist, oder er wirft eine Fehlervariable des Typs "bad_cast" aus, falls das Ziel eine Referenz ist.

Im Beispielprogramm (Bild 19-4) ist die typische Verwendung gezeigt. Mit Hilfe des "dynamic_cast"-Operators wird nun ein "down cast", eine Typwandlung hin zu spezielleren Klassen durchgeführt.

Der Operator vereint in sich zwei Eigenschaften: Er prüft, ob eine Wandlung überhaupt möglich ist und liefert, falls eine Typwandlung sinnvoll ist, den gewandelten Typ zurück. Daß die Prüfung ein wichtiger Bestandteil ist, haben wir im Kapitel über allgemeine Typkonvertierungen bei der Gegenüberstellung der statischen (vom Compiler durchgeführten) Wandlung mit "static_cast" und der Überprüfung zur Laufzeit mit "dynamic_cast" gesehen.

Man kann sich die Wirkung einfach vorstellen. Zeigt ein Basisklassenzeiger auf ein abgeleitetes Objekt, kann die Rückgabe auf dieses Objekt oder eingeschlossene Objekte zeigen. Voraussetzung dabei ist, daß der Zieltyp nicht eine weiter abgeleitete Klasse (z. B. dritte Ableitung) beschreibt als das momentan bezogene Objekt als Typ hat.

Das Beispielprogramm verwendet eine kleine Besonderheit des Borland Compilers 4.5: Die Fehlervariable hat hier den Typ "Bad_cast" anstelle von "bad_cast". Dies ist keine Unsauberkeit des Compilers, da zum Erscheinungsdatum dieses Compilers die Festlegungen im Standard noch gar nicht abgeschlossen waren. (Andere Compilerhersteller haben sich erst gar nicht bemüht, die neueren Details schnell einzubauen.)

Im Beispiel werden zwei dynamische Konvertierungen versucht. Die erste wird dabei erfolgreich sein, die zweite fehlschlagen. Die Fangfunktionen werden nicht verwendet, da bei einer Zeigerkonvertierung keine Fehlervariable ausgeworfen wird.

Mit den drei besprochenen Elementen kann der Programmierer auf die Typinformation zugreifen, die in polymorphen Objekten abgelegt ist. Diese Informationen werden aber in vielen Fällen Änderungen unterliegen, die mit jeder neu definierten Klasse im Typsystem auftauchen können. Die Verwendung sollte daher so weit wie möglich zu Gunsten eines polymorphen Aufrufs eingeschränkt werden.

```
01 // Typkonvertierung - dynamische Wandlung
02 // Datei: dynaca1.cpp
04 #include <iostream.h>
05 #include <typeinfo.h>
07 class Basis
08 {
09       // RTTI nur bei polymorphen Klassen
10       virtual void methode(void) { }
11 };
13 class Abgeleitet : public Basis
14 { };
16 int main(void) {
17    try {
18    Basis b;
19    Abgeleitet d, *pd;
20    Basis *bp1 = &d;
21 // Basis1-Zeiger nach Abgel. "herunter"-wandeln.
22    if ((pd =dynamic_cast<Abgeleitet *>(bp1)) !=0)
23    cout << "Ergebnistyp:   ** "
24       << typeid(pd).name() << " **" <<endl;
25    else
26     cerr << "Fehlerhafte Wandlung 1" << endl;
27     if ((pd=dynamic_cast<Abgeleitet *>(&b)) != 0)
28   cout<<"Ergebnis 2 : "<<typeid(pd).name()<<endl;
29       else
30    cerr << "Fehlerhafte Wandlung 2" << endl;
31    }
32    catch (Bad_cast) {        // Standard: bad_cast
33    cout << "dynamic_cast hat versagt" << endl;
34    return 1;
35    }
36   catch (...) {
37   cout <<"Keine Exception-Behandlung."<< endl;
38   return 1;
```

(Fortsetzung nächste Seite)

```
39    }                  .
40    return 0;
41 }
42
```

Bild 19-4 Typkonvertierung mit Klassenhierarchie

Im nächsten Kapitel

In den vergangenen Kapiteln haben wir einen Streifzug durch die Welt von C++ gemacht..

Die vielen Chancen und Möglichkeiten von C++ haben wir uns erarbeiten müssen. Auch C++ steht ja in der Tradition von C, einer Sprache, die mit wenigen Schlüsselwörtern viel ausdrücken konnte. Der Preis für die Einfachheit war, Verständnis aufzubauen für die Elemente der Sprache und der Objekt-orientierten Programmierung.

Und damit sind wir beim Nachwort angelangt.

Nachwort

Mit C++ hat die Entwicklung der Programmiersprachen eine deutliche Hürde überwunden. Mit Hilfe der Klassen orientiert die sich Sprache wesentlich mehr an den Problemen der realen Welt als ihre Vorgängerin. Und sie behält die große Stärke der bisherigen Sprache "C" bei: die Flexibilität im Umgang mit maschinennahen Elementen wie Zeigern. Mit der veränderten Sicht wird sich auch der Programmier- und Entwicklungsstil verändern.

Objektorientiert programmieren heißt auch: die Probleme der realen Welt besser erkennen und verstehen. Dazu ist logisches Denken und Engagement nötig. Wo bisher oft die Detailprobleme der Programmiersprache oder der verwendeten Maschine den Programmierstil prägten, soll die OOP den Blick auf das Wesentliche des bearbeiteten Problems richten. Es ist daher sicher kein Zufall, daß gerade benutzerfreundliche Oberflächen meist einen objektorientierten Aufbau zeigen.

Neben den graphischen Oberflächen, die die PCs oder UNIX-Rechner immer mehr erobern, und der Vernetzung, wird die objektorientierte Programmierung, und damit C++, sicher zu den großen Gewinnern der nächsten Jahre zählen.

Mit der wesentlich erhöhten Sicherheit der Programme steigt auch die Wartungsfreundlichkeit. Und, wie ich hoffe, der Spaß am Programmieren.

Was bleibt Ihnen als Leser noch zu tun? Nun, das Wichtigste ist es, sich ein Beispiel zu suchen, an dem eigenes Interesse hängt. Ohne Praxis kann man kaum effektiv programmieren.

Und über die eigentliche Sprache hinaus, sollte ein Programmierer sich auch mit der Analyse und dem Design von Programmen beschäftigen. Hier gibt es eine Fülle von Literatur und Tools.

Wenn Sie also planen, einmal selbst ein größeres Projekt anzugehen, dann sollten Sie sich die Mühe machen, auch Design-Aspekte zu betrachten. Am weitesten verbreitet sind heute die Arbeiten zur UML (unified modeling language).

Die UML ist eine objektorientierte Modellierungssprache, die von Grady Booch, James Rumbaugh und Ivar Jacobson entwickelt wurde. Es wäre hier sicher sinnvoll, auch in das Design von Softwaresystemen Zeit zu investieren.

Nun aber wünsche ich Ihnen

"Viel Erfolg!"

Walter Herglotz
wjh@walter-herglotz.de

Index

Index

Literatur- und Software-Verzeichnis

Margaret A. Ellis / Bjarne Stroustrup
The annotated C++ Reference Manual
Addison Wesley, 1990

Stroustrup, Bjarne
The C++ Programming Language
Dritte Ausgabe
Addison Wesley, 1997

Bruce Eckel
Thinking in C++
Prentice Hall, 1995

Keith E. Gorlen, Sanford M. Orlow, Perry S. Plexico
Data Abstraction and Object-Oriented Programming in C++
John Wiley & Sons / B.G.Teubner, 1990

Richard S. Wiener, Lewis J. Pinson
An Introduction to Object-Oriented Programming and C++
Addison Wesley, 1988

Walter Herglotz
Einsteigerseminar C
bhv Verlag, 1998

Walter Herglotz
Von C zu C++
MCD Publicis / Siemens, 1996

UNIX System V.4
Stefan Stapelberg
Addison Wesley, 1993

Hilfesystem Visual C++ 6.0 Microsoft

GNU 2.7.2.1 Compiler / Linux SuSE 5.3

Hilfesystem Borland 5.0 C++

Bertrand Meyer
Objektorientierte Softwareentwicklung
Carl Hanser/Prentice Hall, 1990

Rumbaugh et al.
Object-Oriented Modelling and Design
Prentice Hall, 1991

Ivar Jacobsen
Object-Oriented Software Engeneering
Addison Wesley, 1992

Glossar

Zusammenfassung wichtiger Begriffe

- Bindung

    Die Bindung definiert, welches Objekt mit welcher Methode bearbeitet wird. Bei früher Bindung ermittelt der Compiler die Zuordnung, bei später Bindung erfolgt beim Ablauf die Zuordnung. Die Bindung wird innerhalb der Methoden mit einem automatischen Zeiger "this" auf das bearbeitete Objekt realisiert.

- Botschaft

    In der OOP Sichtweise betrachtet man die Objekte als aktive Elemente in einer Software. Man spricht daher von Botschaften anstelle von Funktionsaufrufen. Realisiert wird das Botschaftenkonzept mit Polymorphismus.

- Destruktor

    Ein Destruktor ist eine Methode, die automatisch am Ende der Lebensdauer eines Objektes gerufen wird. Eine häufige Aufgabe ist die Rückgabe dynamisch angelegten Speicherplatzes.

- Eigenschaft

    Eine Eigenschaft ist ein Datenelement der Klasse. Die Eigenschaft unterliegt dem Zugriffsschutz.

- Instanz

    Eine Instanz ist eine strukturierte Variable mit Metainformation. Den Aufbau beschreibt eine Klasse. Zusätzlich zu den Eigenschaften enthält eine Instanz Informationen (oder Verweise) auf die Klasse und den Objektnamen. Instanzen werden in C++ nicht verwendet. (siehe: Objekt)

- Kapselung

    Die Datenkapselung ist ein Schutzmechanismus. Daten werden innerhalb eines Objekts privat gehalten. Ein Zugriff ist nur den Funktionen gestattet, die in der Klassendefinition erwähnt werden. Seiteneffekte werden damit vermieden.

- Klasse

    Klassen sind Beschreibungen eines Datenmodells. Sie legen sowohl Daten als auch die damit zugelassenen Operationen fest. Je nach Sprache stellen sie einen Typ dar (C++) oder sind selbst wieder Variable (Smalltalk).

- Konstruktor

    Ein Konstruktor ist eine Methode, die automatisch gerufen wird, wenn ein Objekt beginnt zu existieren. Neben der Initialisierung kann er beliebige weitere Aufgaben übernehmen.
- Objekt

    Ein Objekt ist eine strukturierte Variable. Den Aufbau beschreibt eine Klasse. Metainformationen sind nur dann enthalten, wenn in der Klasse Funktionen mit später Bindung benutzt werden.
- Paradigma

    Sichtweise, Satz von Spielregeln
- Polymorphismus

    Polymorphismus bedeutet: Vielgestaltigkeit. Ein anderer Ausdruck ist die späte Bindung. Erst während der Laufzeit eines Programms ermittelt man mit Code die benötigte Methode. Polymorphismus benötigt eine offen vererbte Klassenhierarchie, Adressierung des Objektes mit Zeigern und "virtual"- Methoden in einer Basisklasse. Polymorphismus realisiert das Botschaftenkonzept.
- Metainformation

    Metainformationen sind Daten, die automatisch zu Objekten hinzugefügt werden. Typische Beispiele sind: Name der Klasse, Name des Objektes, Name des Programmierers, Name der Basisklasse etc. Metainformationen werden z.B. in Smalltalk benutzt.
- Methode

    Die Methode ist eine spezielle Funktion. Der Compiler kann eine Methode an ein Objekt binden. Der Aufruf der Methode geschieht mit dem "."-Operator.
- Schlüsselwörter

    Schlüsselwörter oder reservierte Wörter bilden den Sprachumfang. Sie dürfen vom Programmierer nicht für eigene Namen verwendet werden. Beispiele sind: if, new, class
- Überlagern

    Die Überlagerung von Funktionsnamen oder Operatorsymbolen bedeutet, daß der Programmierer einen Funktionsnamen (oder ein Symbol) mehrfach definieren darf. Der Compiler verwendet als zusätzliches Unterscheidungsmerkmal den Klassennamen und die Schnittstelle.

- Vererbung / inheritance

    Die Vererbung ist ein Mechanismus, der abgeleitete Klassen aus Basisklassen aufbaut. Man erreicht damit eine Objekt-orientierte Strukturierung eines Problems und eine Wiederverwendung von geschriebenen Klassen. In manchen Sprachen hängen alle Klassen von einer Ur-Basisklasse (root) ab.

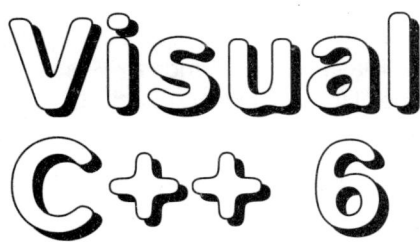
 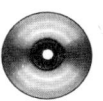